CONTES
POSTHUMES
D'HOFFMANN

CONTES
POSTHUMES
D'HOFFMANN

TRADUITS PAR

CHAMPFLEURY

INTRODUCTION DES CONTES D'HOFFMANN EN FRANCE
CARACTÉRISTIQUE D'HOFFMANN PAR ROCHLITZ, FUNCK, HITZIG, WEBER
HOFFMANN MUSICIEN
SES DESSINS, SA CORRESPONDANCE, SON TESTAMENT
CONTES : L'IRLANDAIS EWSON ; AVENTURES D'UN AVENTURIER
HAIMATOCHARE ; FENÊTRE DU COIN DU COUSIN
DUO, PAROLES ET MUSIQUE D'HOFFMANN

PARIS,

MICHEL LÉVY FRÈRES, LIBRAIRES-ÉDITEURS,
RUE VIVIENNE, 2 bis.

1856.

— Droits de reproduction et de traduction réservés. —

A

MON VAILLANT AMI

COURBET.

J'aurai toujours une vive reconnaissance pour les hommes qui m'ont appris quelque chose ou qui m'ont procuré de vives sensations. À quoi bon cacher les sources où on buvait avec tant de délices dans sa jeunesse?

Aussi ne renierais-je jamais l'influence qu'ont exercée sur moi Diderot, Balzac et Hoffmann plus particulièrement.

Mes idées ont déjà pu se modifier sur ces créateurs d'un ordre tout différent; elles se modifieront encore, mais je ne saurai méconnaître des maîtres qui m'ont beaucoup ému, beaucoup rafraîchi, beaucoup appris.

Tout jeune, j'avais formé le projet de publier un livre à la mémoire de certains hommes qui ont éclairé les chemins rocailleux où je marchais penché : des dossiers volumineux dorment dans des armoires, remplis de notes et de curiosités. J'ai laissé tout cela de côté, et il est présumable qu'il n'en sortira que des fragments isolés; cependant j'ai cru utile de relier en un volume diverses études sur Hoffmann, et diverses curiosités posthumes.

L'homme qui réfléchit y trouvera un enseignement certain : sur le danger d'entrer trop exclusivement dans l'Art, et de ne voir dans la nature que prétexte à contes, musique et dessin. On peut tirer de la personnalité maladive d'Hoffmann nombre de réflexions que je laisse à faire aux lecteurs; mais vous verrez, ami, par les tourmentes, les angoisses et les souffrances de cette existence nerveuse que les envieux, les impuissants et les philistins ne sont pas seuls à tourmenter l'artiste.

Souvent la fortune vient, la gloire, les honneurs; mais il y a toujours derrière l'artiste un tourmenteur qui lui fait souffrir mille tortures, mille angoisses plus vives que celles inventées par les jaloux.

Ce tourmenteur, n'est-il pas l'Art lui-même?

CHAMPFLEURY.

25 mars 1856.

CONTES POSTHUMES

CHAPITRE I⁰ʳ

De l'Introduction des Contes d'Hoffmann en France

En 1823, il parut deux volumes in-12 intitulés *Olivier Brusson*, sans signature d'auteur. Le livre n'obtint pas un succès considérable, et il serait passé tout à fait inaperçu, si l'anonyme n'eût tenu un certain rang littéraire. A cette époque se débattaient au milieu des romans deux hommes qui, à quelques années de là, devaient prendre la tête du mouvement littéraire et en changer complétement la face. MM. de Balzac et Victor Hugo, tous deux, armés de la volonté, s'étaient précipités dans la mêlée et avaient à faire un auto-da-fé plus énorme que celui du curé de *Don Quichotte*. C'étaient des romans de chevalerie, des romans en lettres, des romans d'amour, astorales et champêtres, des romans sentimentaux, pathé...ques, attendrissants et larmoyants, des romans de tous les pays; des histoires allemandes, grecques, bohémiennes, hongroises, polonaises, prussiennes, russes, saxones, etc. (S'il fallait citer le catalogue du fameux libraire Pigoreau, dix pages de nomenclature ne suffiraient pas.) Il y avait encore des romans d'aventure, des romans de magie, des romans de fantômes, des romans mystérieux, des romans de brigands et des romans *noirs.* Le meilleur conseil à donner à un jeune homme qui voudrait débuter dans les lettres avec une vocation médiocre serait de lui mettr entre les mains ce nécrologe de romans et de lui dire : « Lis. Si tu crois pouvoir faire connaître ton nom au public en jetant un volume au milieu de ces volumes, travaille ; mais si tu n'as pas une volonté et une santé de fer, prends garde d'user ton esprit et ton corps dans des luttes infertiles. »

Olivier Brusson parut la même année que *l'Anonyme* ou *Ni Père ni Mère,* par A. de Viellerglé Saint-Alme, mauvaise armure qui cachait le robuste travailleur Honoré de Balzac ; la même année que *Han d'Islande,* de Victor Hugo, qui en était déjà à sa seconde édition ; la même année que *Ourika,* par Mme de Duras, qui tirait son livre seulement à cinquante exemplaires ; la même année que *Ipsiboé,* par M. le vicomte d'Arlincourt, alors un des rois du roman ; la même année que *la Dernière fée,* par Horace de Saint-Aubin, seconde incarnation de M. de Balzac ; la même année que *Pen Owen,* de Théodore Hook, romancier anglais, qui n'a pas eu le succès de Dickens en France ; la même année que *Thélène ou l'Amour et la Guerre,* de Victor Ducange, le romancier favori des grisettes sentimentales ; la même année que *Quentin Durward,* de Walter Scott ; enfin la même année que *les Pionniers,* de Cooper.

CHAPITRE I.

La traduction des auteurs étrangers jouait un grand rôle dans cette année 1823, et je ne parle ni des romans d'Auguste Lafontaine, ni des imitations de l'anglais, qui pullulaient alors, ni des œuvres de Ludwigh de Sabaroth, pseudonyme sous lequel se cachait je ne sais quelle cuisinière.

Olivier Brusson, sans nom d'auteur, sans sous-titre alléchant, comme *le Spectre des ruines* ou *le Solitaire des Vosges*, n'eut qu'un faible succès. L'auteur, dans sa préface, adressée à Mme Du......, disait :

« Pourquoi me demander ce que peut faire, au fond des bois qui environnent Paris, un ermite qui n'a ni remords à subir, ni vieux jours à passer, ni ambition à distraire, ni faveur de la cour à expier ! Je vous envoie pour réponse ces feuilles que j'ai souvent écrites en pensant à vous.

« Ne me demandez point comment ces aventures sont venues à ma connaissance. Un abrégé des faits écrits dans une langue singulière, sans couleur des temps et sans observation des mœurs, m'avait été remis par un philosophe étranger. J'en ai transcrit cette espèce de traduction en développant, au courant d'une plume souvent distraite, toutes les actions et tous les caractères que j'affectionnais, à mesure que je faisais connaissance avec eux. »

L'auteur anonyme de la préface, qui avait sans doute de grands devoirs à remplir, craignant qu'on ne l'accusât de *jouer aux noix*, comme fut accusé Ésope, ajoutait : « Si nos amis s'informent quelque jour de ce que faisaient dans ce même temps ceux de nous qui aiment encore leur patrie et sentent le plus profond regret de ne pouvoir la servir, on leur pardonnera d'avoir fait des romans, ne fût-ce que pour détourner leurs regards de l'histoire qui s'accomplissait sous leurs yeux. »

L'écrivain politique demandant pardon de s'occuper de romans sous la restauration, était M. Delatouche ; l'auteur des *Faits écrits dans une langue singulière, sans couleur des temps et sans observation des mœurs*, était Hoffmann ; enfin le livre intitulé *Olivier Brusson* n'était autre que la nouvelle connue sous le titre de *Mlle de Scudéry*.

M. Delatouche fut attaqué plus tard assez vivement à propos de son roman anonyme ; car dans les lettres tout se découvre tôt ou tard. Les biographes, les commentateurs, les bibliophiles finissent toujours par découvrir les mystères les plus cachés. Sept ans plus tard, un nouveau traducteur, M. Loëve-Weymar, écrivait avec une légère nuance ironique dans sa préface de *Mlle de Scudéry* :

« *Olivier Brusson* est un emprunt fait à Hoffmann. Le roman français, petit chef-d'œuvre de genre et de grâce, fut beaucoup loué et beaucoup lu. L'arrangeur anonyme, écrivain brillant, riche d'esprit et de talent, doté de tant d'autres succès, se réjouira sans nul doute de voir restituer au pauvre auteur allemand le fonds qui lui appartient, et qui avait tant gagné en passant par des mains étrangères. »

Touché au vif, M. Delatouche répond :

« Ce fut M. Schübart, l'associé de la maison Schübart et Heideloff, qui me communiqua en 1823, en même temps qu'à M. Rabbe, aujourd'hui regretté de ses amis, et à MM. Thiers, Mignet et quelques autres écrivains vivants, la première version de *Mlle de Scudéry*. Ce travail était celui d'un Allemand que je n'ai pas connu. Sur la question de savoir, après la lecture de sa version peu française, comment le futur éditeur pourrait trouver un livre dans ce conte, il fut décidé que j'étais le moins impropre à retoucher cette première ébauche. Mais, direz-vous, pourquoi manque-t-il au frontispice d'*Olivier Brusson* le nom de l'auteur original ? Parce que nous l'ignorions tous, Monsieur. Hoffmann était, en 1823, parfaitement inconnu en France. »

M. de Balzac se trouva à peu près dans le même cas ; mais je trouve plus de bonne foi littéraire dans sa préface que dans celle de M. Delatouche.

« Au début de la vie littéraire de l'auteur, écrivait M. de Balzac dans la préface de *l'Élixir de longue vie*, un ami, mort depuis longtemps, lui donna le sujet de cette étude, que plus tard il trouva dans un recueil publié vers le commencement de ce siècle ; et, selon ses conjectures, c'est une fantaisie due à Hoffmann, de Berlin, publiée dans quelque almanach d'Allemagne, et oubliée dans ses œuvres par les éditeurs. La *Comédie humaine* est assez riche en inventions pour que l'auteur avoue un innocent emprunt ; comme le bon La Fontaine, il aura traité d'ailleurs à sa manière, et sans le savoir, un fait déjà conté. »

Les œuvres d'Hoffmann avaient beaucoup de peine à entrer en France sous leur véritable titre. En 1829, le libraire Mame publiait « *l'Élixir du Diable*, histoire tirée des papiers du frère Médard, capucin, publié par C. Spindler, et traduit de l'allemand par Jean Cohen. » C'était sans doute la fantaisie du libraire qui imposait le nom de Spindler à ces quatre volumes, car le traducteur ne pouvait ignorer que le roman fût d'Hoffmann.

L'Élixir du Diable, qui n'a rien de commun avec *l'É-*

lixir de longue vie de M. de Balzac, est un médiocre roman. Il doit dater de la jeunesse d'Hoffmann, qui, ainsi que beaucoup de grands écrivains, fut long à se trouver. On reconnaît dans ce livre l'influence de trop grandes lectures du romancier Lewis. *L'Élixir du Diable* est plus faible que le roman trop vanté du *Moine :* seul, le deuxième chapitre du tome second permet de reconnaître l'auteur des *Contes fantastiques*. Regardez entrer cette figure comique « qui avait un nez pointu et rouge, deux petits yeux étincelants, un menton d'une longueur démesurée et un toupet frisé d'une hauteur immense, qui se terminait par derrière en une coiffure ronde. Ce singulier personnage portait en outre un large jabot, un gilet d'un rouge éclatant, au-dessous duquel retombaient deux longues chaines de montre, un pantalon, un frac trop large en certains endroits et trop étroit en d'autres, de sorte qu'il n'avait pas l'air d'être fait pour celui qui le portait. »

N'est-ce pas là une bonne caricature?

« L'étranger entre en faisant un grand nombre de révérences. Il tenait à la main son chapeau, une paire de ciseaux et un peigne : « Monsieur, dit-il, je suis le coiffeur de la maison, et je viens vous offrir mes services, mes inappréciables services. » Le moine défroqué lui demanda s'il oserait entreprendre de remettre en ordre ses cheveux déformés par un long voyage et le défaut de talent de celui qui les avait coupés en dernier lieu. Le coiffeur examina la tête avec des yeux d'artiste, et répondit, en tenant sa main droite posée avec grâce et les doigts arrondis sur sa poitrine : « Remettre en ordre !... O Dieu ! Pietro Belcampo, on te méconnaît ! Mais ne places-tu pas toi-même la lumière sous le boisseau, au lieu de t'en servir pour éclairer le monde? La forme de ta main, l'étincelle du génie qui brille dans tes yeux, et qui colore en passant ton nez des teintes de l'aurore, ne devraient-elles pas apprendre au connaisseur, dès le premier coup d'œil, que tu possèdes l'esprit sublime qui tend vers l'idéal?... Remettre en ordre! voilà une expression bien froide, Monsieur! »

Le moine dit au coiffeur qu'il met toute confiance dans son adresse. « Mon adresse! continua-t-il sur le même ton. Qu'est-ce que l'adresse? Quel est l'homme qu'on peut appeler adroit? Est-ce celui qui, après avoir pris ses mesures, sauta à trente toises de distance au milieu du fossé; celui qui, à vingt pas, lança une lentille à travers le trou d'une aiguille; celui qui suspendit un poids de cinq cents livres à la pointe de son épée et le tint après cela en équilibre sur son nez pendant six heures six minutes six secondes et un instant! Vous parlez d'adresse! L'adresse est inconnue à Pietro Belcampo, qui se sent enflammé du feu sacré de l'art. L'art! Monsieur, l'art! Mon imagination s'égare au sein des merveilleuses boucles de l'édifice brillant qu'un souffle du zéphyr élève et renverse. C'est là qu'elle est, qu'elle travaille. Ah! l'art est quelque chose de divin; car, sachez, Monsieur, que l'art n'est pas précisément l'art dont on parle tant; il provient plutôt de l'ensemble de ce qu'on appelle communément l'art!... Vous me comprenez, Monsieur, et vous me paraissez avoir une tête pensante, si j'en dois juger par cette boucle qui retombe sur le côté droit de votre front. »

Le petit perruquier demanda la permission de considérer, « sous les rapports de longueur, de largeur et de profondeur, la tête, la taille, les regards, les gestes de celui qu'il va coiffer. » Il verra ainsi si son client penche vers l'antique ou le romantique, vers l'héroïque ou le grand, ou le sublime, ou le naïf, ou le bucolique, ou l'épigrammatique, ou le bizarre. « Alors les muscles de ses doigts agiront, et les ciseaux sonores aideront le chef-d'œuvre nouveau. » Le coiffeur pria son client de faire deux ou trois fois le tour de la chambre, et pendant ce temps il le regardait attentivement ; il se mit ensuite à frétiller autour du moine, à soupirer et à haleter ; puis il tira son mouchoir et essuya les grosses gouttes de sueur qui découlaient de son front. Il dit, avec un soupir : « Hélas ! Monsieur, qu'est-ce que vous venez de faire ! Vous ne vous êtes pas abandonné à votre modestie naturelle, vos mouvements étaient forcés, j'ai observé un combat entre deux natures opposées. Faites encore quelques pas, Monsieur. »

Enfin le petit coiffeur découvre que sous le costume mondain du moine défroqué perce quelque chose d'ecclésiastique dans sa démarche. Il s'écrie : *De profundis clamavi ad te, Domine !... Oremus... Per omnia secula seculorum... Amen.*

« Le petit homme chanta ces dernières paroles d'une voix enrouée et chevrotante, en imitant avec une rare perfection la tenue et les gestes du moine. Il se tourna comme s'il eût été devant l'autel, s'agenouilla, se releva ; puis tout à coup, prenant un air plein de fierté, il fronça le sourcil, ouvrit les yeux, et se mit à travailler les cheveux du moine tout en frétillant, en faisant des grimaces et en se livrant aux licences les plus extravagantes. Tantôt il prenait l'air sombre et triste, tantôt il riait, tantôt il se plaçait dans une position d'athlète, tantôt il se levait sur la pointe des pieds... »

Ce chapitre, dont je ne cite qu'une partie, serait important à rétablir tout entier dans une bonne édition des *Contes* d'Hoffmann. Il jure, par son effet comique, au milieu de *l'Élixir du Diable*, et le petit perruquier enthousiaste montre quel parti devait tirer plus tard le grand conteur de ces figures grotesques qui se promènent dans son œuvre. Il est singulier de voir isolé un personnage de cette valeur, qui arrive accidentellement dans le roman, et qui s'en retourne de même. Hoffmann, à l'époque où il composa le roman de *l'Élixir du Diable*, manquait évidemment d'expérience, car plus tard il n'eût pas inventé un type réjouissant, uniquement pour le montrer dans un seul chapitre.

Ayant rendu à Hoffmann ce qu'on avait mis sous le nom de Spindler, j'arrive à la grande édition des *Contes*, à la traduction qui a popularisé tout à fait son nom en France. Le succès des *Contes* d'Hoffmann, publiés par M. Loëve-Weymar, fut immense à Paris. Les premiers volumes parurent en 1830 : les quelques années qui suivirent l'avénement de Louis-Philippe furent bonnes pour les lettres. La librairie apportait une révolution dans le format et dans l'esprit des romans : l'in-douze fut exilé avec Charles X, et l'in-octavo triomphant entra dans tous les cabinets de lecture. Les vieilles classifications de romans *gais* et de romans *noirs* semblaient remonter au déluge ; il était seulement question de romantisme. On put voir des libraires s'intituler fièrement *libraires romantiques*; on annonçait les livres de la *jeune école*. Le plus célèbre libraire d'alors fut Renduel, qui éditait tout sans restriction : *Notre-Dame de Paris*, les *Paroles d'un Croyant*, les *Contes immoraux* du Lycanthrope, les *Romans moyen âge* du bibliophile Jacob, et les *Reisebilder* d'Henri Heine.

A cette même librairie parurent les œuvres complètes d'Hoffmann en vingt volumes in-12. M. Loëve-Weymar appela la première série des contes fantastiques, et depuis cette époque, *fantastique* est resté et restera encore longtemps, quoique jamais le mot de *fantastique* n'ait été employé par le conteur allemand. Il est vrai que le merveilleux joue un assez grand rôle dans l'œuvre d'Hoffmann pour justifier l'épithète de fantastique ; il est vrai également que la mode était aux contes, et que chaque auteur se torturait la cervelle pour trouver autre chose que des *contes bruns*, des *contes roses*, des *contes de toutes les couleurs*, des *contes par une tête à l'envers*. Ces motifs justifient un peu M. Loëve-Weymar d'avoir donné le titre de fantastique à des œuvres où la réalité se combine si naturellement à la peinture de l'état particulier d'une nature tourmentée.

Les Allemands eux-mêmes furent étonnés et peut-être jaloux du succès d'Hoffmann en France. Les Allemands en général ne comprennent pas Hoffmann : ils le regardent avec une certaine pitié méprisante. L'Allemand patriote cite Schiller à tous propos ; l'Allemand plus Allemand cite Jean-Paul Richter. La jeune Allemagne, tout en adorant Goethe, a soin de rappeler avec mépris les fonctions qu'il avait acceptées du gouvernement. Schiller, Goethe, Jean-Paul Richter sont les trois grands hommes acceptés par l'Allemagne en masse ; mais Hoffmann et son étrange individualité, le romancier terrible et grotesque, l'Allemagne ne l'admet pas.

— Il est pour les prêtres et pour la noblesse, me disait un Bavarois poëte. — Comment, Hoffmann ? lui demandais-je tout étonné. — Oui, contre le peuple. — Je n'ai jamais lu une ligne de Hoffmann en faveur des prêtres et de la noblesse, dis-je à mon Bavarois ; au contraire, il s'est moqué souvent dans ses contes de personnages qui occupent des dignités dans l'État. — N'importe, disait le Bavarois... » Les idées du Bavarois me tracassaient autant que sa façon de parler français ; je cherchai à me souvenir si par hasard Hoffmann n'avait pas jeté le ridicule sur un homme du peuple, et je ne me rappelai que de conseillers, d'étudiants, etc., qui jouent des rôles désagréables. — Schiller, à la bonne heure, dit le Bavarois, en voilà un qui écrit pour le peuple et qui a tapé sur les prêtres et les nobles. — Et Hoffmann, lui dis-je, n'a rien écrit contre les prêtres et la noblesse ? — Non, jamais, dit le Bavarois qui semblait tout en colère. — Je crois vous comprendre : celui qui n'écrit pas contre les prêtres et les nobles, nécessairement est avec eux. — Oui, dit le Bavarois. — Et alors il est contre le peuple ? — Oui, s'écria le Bavarois. Hoffmann est contre le peuple.

L'opinion du Bavarois est misérable ; et cependant elle représente l'opinion de la jeune Allemagne. Les démocrates se réunissent avec les utilitaires pour asservir l'art et l'employer au service de leurs idées. Toute œuvre qui n'est pas directement démocratique n'existe pas pour eux. Et ils ne comprennent pas leur dieu, Schiller ; ils n'admirent que ses défauts, ses déclamations, ses attaques violentes des *Brigands* contre la société. Ses œuvres calmes et plus domestiques, *la Fille du Musicien*, qui durera encore quand on ne saura plus le titre des *Brigands,* ils ne la comprennent pas plus que les œuvres d'Hoffmann.

En France, le mouvement était beaucoup plus favorable au conteur allemand : on ne s'inquiétait ni d'utilitarisme ni de démocratisme ; les doctrines nouvelles faisaient de l'art un souverain maître ne relevant que de lui-même. On ne cherchait pas si l'auteur était républicain ou monarchiste, sceptique ou croyant, matérialiste ou spiritualiste, on lui demandait d'être *romantique,* c'est-à-dire de trouver des formes nouvelles, car la doctrine avouée du romantisme fut *la liberté dans l'art,* proclamée dans une préface de M. Victor Hugo, qui dirigeait le mouvement. Il se commit des crimes bien énormes à la faveur de cette liberté illimitée ; mais si les doctrines littéraires de 1830 tournèrent peu à peu vers la couleur et le style imagé, il n'en est pas moins resté des œuvres d'une grande valeur en dehors de l'école, mais que l'école favorisa sans le savoir.

M. Loëve-Weymar, écrivain spirituel et critique distingué, n'eut qu'un tort, celui de mentir à son prospectus, qui annonçait les œuvres *complètes* d'Hoffmann, *sans en rien omettre.* Sans doute sa traduction est la plus complète de toutes celles qui furent publiées depuis ; elle renferme plus de contes, mais elle est loin de contenir tous les contes d'Hoffmann : bien plus, certains contes sont mutilés, coupés et arrangés.

Le meilleur service que puissent rendre aux lecteurs intelligents les traducteurs, c'est la coutume à laquelle ils ne manquent jamais, de se maltraiter et de se déchirer entre eux. Ainsi un honnête homme qui ne sait pas une langue étrangère, peut s'assurer combien il a été trompé par un traducteur, s'il existe d'autres traductions ; car il est certain que chaque traducteur, pour se faire valoir, dévoilera les fautes et les ignorances de ses prédécesseurs.

M. Loëve-Weymar avait démasqué M. Henri Delatouche, M. Toussenel dévoila M. Loëve-Weymar, et avec M. Toussenel vinrent se joindre plus tard M. Henry Egmont et M. Émile de Labédollière pour jeter des pierres dans le jardin de M. Loëve-Weymar.

Un bon traducteur est un homme à respecter : il sait une langue que peu de ses compatriotes connaissent ; il a découvert un grand génie à l'étranger, il veut le faire passer dans sa langue. C'est un service qu'il rend à sa nation, si son travail est sérieux. Mais de quelle indignation n'est-il pas saisi lorsqu'il voit qu'une besogne mal faite empêche la sienne de se placer convenablement.

L'édition de M. Théodore Toussenel, qui se publiait concurremment avec celle de M. Loëve-Weymar, ne put être continuée et fut arrêtée à huit volumes in-12. Cependant elle était traitée avec plus de soin que la précédente ; les mutilations désolantes de l'édition Renduel n'existaient pas ; au lieu d'arranger en forme de biographie la vie d'Hoffmann comme l'avait fait le critique des *Débats*, M. Toussenel se proposait de donner la véritable biographie de Hitzig, l'intime ami du conteur. Le même malheur arriva à M. Henry Egmont, qui ne put donner que quatre volumes in-8° à son édition d'Hoffmann, et qui désirait continuer ; mais le public avait acheté la traduction de M. Loëve-

Weymar, fort coûteuse, et le public la trouvait suffisante. Qu'importent au public quelques changements, quelques coupures, quelques mutilations? Il trouve assez de drame, assez de fantaisie dans les *Contes*, tels que les lui a fait connaître M. Loëve-Weymar, sans perdre de temps à comparer diverses éditions entre elles, à se demander si des fragments de la plus grande importance n'ont pas été enlevés.

Mais dans le public il y a des curieux, des enthousiastes qui, une fois qu'ils se sont pris de sympathie pour un auteur, ne vivent plus qu'avec l'ardente curiosité de le connaître à fond, de l'étudier dans ses livres, de chercher l'état de son esprit dans chacune de ses lignes. A ces enthousiastes les traducteurs ont bientôt dévoilé les misères de leurs travaux.

De toutes les suppressions de M. Loëve-Weymar, je ne veux en citer qu'une pour montrer comment, en retranchant quelques lignes, on voile tout à coup la physionomie d'un auteur.

Dans le conte intitulé *les Espions*, l'étudiant Anselme s'exprime ainsi d'une comique façon sur le siège de Dresde :

« Qu'il est triste d'être enfermé dans cette maudite enceinte de remparts, de bastions, de parapets, de forts, de passages couverts ! Que de peines et de misères je fus obligé de supporter ! On n'avait rien à mettre sous la dent. Si en feuilletant le dictionnaire, pour passer le temps, l'on tombait sur le mot *manger*, on s'écriait avec étonnement : manger, qu'est-ce que c'est que cela ?... Des gens qui avaient eu autrefois de l'embonpoint boutonnaient leur propre peau comme une large camisole, comme un spencer naturel. »

Ce discours d'Anselme a été traduit par M. Loëve-Weymar : *il murmurait des paroles inintelligibles*. Est-il, au contraire, rien de plus clair ? Mais les quelques lignes suivantes, également supprimées, ont une valeur immense quand on les rapproche de la biographie d'Hoffmann.

« Lorsque enfin se donna la bataille de Leipzig, dit Anselme, toute l'Allemagne poussa des cris de joie, fière et heureuse d'avoir reconquis son indépendance, et nous, nous étions encore dans les chaînes de l'esclavage. Il me semblait que je devais, par une action extraordinaire, chercher à procurer de l'air et de la liberté à moi et à tous ceux qui étaient comme moi captifs. Cela peut te paraître plaisant, d'après le caractère que tu me supposes, mais j'eus la folle idée d'incendier et de faire sauter un fort où je savais que les Français avaient mis une forte provision de poudre. »

En supprimant une dizaine de lignes qui, en apparence, ne servent en rien à l'action du roman, M. Loëve-Weymar a supprimé le caractère patriotique d'Hoffmann, sa profonde nationalité, la haine qu'il portait à nos armées. Et n'est-il pas bon de montrer au public quel patriotisme violent s'empare tout à coup de ces pauvres poëtes, écrivains et artistes que les philosophes de tous temps ont essayé de rabaisser en en faisant des gens énervés par l'art, sans foi, sans moralité, corrupteurs du peuple ? L'art s'empare de ces martyrs, qui ne vivent pas de la vie bourgeoise ; mais au grand jour, au jour où la patrie est menacée, l'art s'envole et laisse percer, purs de toute souillure, les grands sentiments nationaux, que la philosophie a étouffés depuis longtemps chez les prétendus gardeurs de moralité.

Hoffmann, dans un pauvre grenier sans feu, dessine des caricatures contre les Français; mais il est capable de mettre le feu à une poudrière pour faire sauter les ennemis, si on a besoin de lui. A la même époque vivait en Espagne un grand génie, qui a plus d'un rapport dans le talent avec Hoffmann : je veux parler de Goya, l'auteur fantastique des *Caprices*. Une chose bizarre : Hoffmann, qui s'inquiétait beaucoup des productions de l'étranger, qui ne rêvait qu'à Gozzi l'Italien, qu'à Lewis l'Anglais, n'entendit jamais parler de Goya et de ses étranges *Caprices*, qui ont une place toute marquée dans les bibliothèques à côté des *Contes fantastiques*. Goya se conduisit comme Hoffmann à l'égard des étrangers. Pendant l'invasion des Français en Espagne, il jugea même digne de faire passer ses colères nationales sur la toile. Et le roi Louis-Philippe, lorsqu'il fit exposer en France le musée espagnol, ne crut pas devoir montrer au public la furie de pinceau qui animait le cœur de Goya lorsqu'il peignit le grand aigle, l'œil rouge, les serres crochues, descendant en abattant ses ailes immenses vers une foule d'Espagnols qui fuyaient épouvantés.

Pourquoi Hoffmann n'a-t-il pas connu les œuvres de Goya, au lieu des dessins froids de Callot, qui ont tant agi sur le conteur? Car il s'est trompé en intitulant *Fantaisies* une série de contes *à la manière de Callot*. Jamais le graveur lorrain n'a été à la hauteur du romancier, qui voyait des idées sérieuses sous un burin glacial.

« L'ironie qui met en conflit l'homme et la brute pour

tourner en dérision les habitudes et les façons mesquines de l'homme, est le symptôme d'un esprit profond ; et c'est ainsi que ces figures grotesques de Callot, à moitié humaines, à moitié bestiales, dévoilent à l'observateur judicieux et pénétrant toute la secrète morale qui se cache sous le masque de la scurrilité. »

M. Loëve-Weymar a supprimé une étude qui sert de préface aux *Fantaisies à la manière de Callot*. Pourtant ces sortes de critiques, qui montrent un grand génie préoccupé d'un art inférieur et admirant à tort des réputations consacrées, leur donnent une vie nouvelle [*].

M. Loëve-Weymar, du reste, ne se souciait pas beaucoup de montrer un Hoffmann esthétique ; il aimait mieux l'habiller en honnête allemand, contant bien et ne traînant pas avec lui un bagage d'idées critiques, de questions de peinture, etc. Le public n'aime pas tant les réflexions, dit-on. Avec un pareil raisonnement, on coupe, on élague, on rogne les observations ; l'action ne marche pas assez vite, on tranche dans le dialogue, sous le prétexte qu'il est *inintelligible :* et c'est ainsi que l'introduction du conte de *Marino Falieri* est entièrement supprimée. J'avoue que le conte de *Marino Falieri* n'est pas un des meilleurs d'Hoffmann ; mais il n'a rien de choquant pour les esprits simples, ceux qui trouvent que

[*] Hoffmann n'est-il pas coupable d'avoir redoré la couronne de plâtre de Salvator Rosa, un assez mauvais peintre mélodramatique, dont le grand talent consiste à avoir beaucoup vécu avec des bandits ? Il en est de même de Callot et de son enfance avec les Bohémiens. L'avenir est tout entier dans ces traditions, qui plaisent beaucoup aux biographes ; c'est là le moment de se montrer et de faire de l'effet. Ils ne sauraient comment s'en tirer avec un pauvre diable de peintre qui a vécu toute sa vie en face de la nature, et qui n'a rencontré ni brigands ni Bohémiens.

Mlle de Scudéry est le chef-d'œuvre du conteur allemand.

Si le conte de *Marino Falieri* n'est pas un chef-d'œuvre, en revanche, l'introduction, biffée par M. Loëve-Weymar, ne manque pas d'intérêt. Cette Nouvelle fut inspirée par un tableau du peintre Kolbe, membre de l'Académie des Beaux-Arts de Berlin.

« Devant ce tableau, dit Hoffmann, il s'éleva un jour une discussion frivole pour savoir si le peintre avait voulu représenter des personnages historiques, ou bien s'il avait songé à ne faire de l'art que pour l'art, c'est-à-dire à figurer, comme l'indiqueraient suffisamment les vers du livret, la situation d'un homme âgé et presque éteint, qui, malgré toutes les satisfactions et les splendeurs imaginables, ne peut apaiser l'inquiétude et les désirs d'un cœur avide. — Je ne sais pas, dit l'un de ces rares amateurs de la peinture, comment l'on peut ainsi corrompre sa propre jouissance avec ces éternels commentaires. Sans m'embarrasser de deviner le trait positif de la vie de ce doge que reproduit l'artiste, cet éclat de richesse et de puissance qui domine l'ensemble me saisit d'une émotion vague et indéfinissable. Un étranger d'un aspect noble et imposant s'était approché des amateurs, un manteau gris pittoresquement drapé sur l'épaule, et contemplant le tableau avec des yeux étincelants, il dit d'un ton presque solennel : — C'est un mystérieux phénomène, en effet. Tel artiste rêve un tableau dont les figures, d'abord insaisissables comme des vapeurs flottant dans l'espace, semblent n'adopter une forme, un caractère qu'au gré de son esprit, et n'avoir de patrie que dans son imagination. Et puis il arrive que ce tableau réalisé, se liant soudain au passé et même à l'avenir, est l'image exacte d'un fait accompli ou qui se produira plus tard. Peut-être Kolbe lui-même ignore-t-il que les personnages qu'il a peints sur cette toile ne sont autres que le doge Marino Falieri et son épouse Annunziata. »

L'importance de ce passage n'a pas besoin d'être démontrée. C'est pourtant par de telles raisons que les traducteurs ont tous supprimé une bonne partie du livre *des Frères Sérapion*. Les Frères Sérapion sont une association de poëtes, de musiciens et de peintres qui passent leurs soirées à des causeries artistiques. « Les conversations, entre lesquelles sont intercalés les contes, a dit un des derniers traducteurs, ne sont point dépourvues de traits spirituels et d'aperçus ingénieux ; mais on y trouve d'insipides longueurs, capables de rebuter même les flegmatiques compatriotes de l'auteur, et, à plus forte raison, un lecteur français. C'est ce qui les a fait avec raison supprimer par les traducteurs de toutes les nations. »

Les traducteurs de toutes les nations rendraient plus de services en dormant tout le jour qu'en traduisant de la sorte. Aussitôt que quelque tournure les embarrasse ou échappe à leur esprit vulgaire, ils dénoncent tout de suite l'auteur comme plein de longueurs *insipides*, incompréhensibles, inintelligibles. Je crois avoir donné des preuves du sans-façon des traductions de M. Loëve-Weymar. Les conversations critiques des Frères Sérapion, quand on les publiera, montreront à quelle sauce étaient accommodés les délicats poissons que les traducteurs ont dérobés et mangés comme des goulus.

CHAPITRE II

Essai sur les Œuvres d'Hoffmann.

Le succès dans les œuvres d'imagination, fût-ce même d'un simple mélodrame de la Gaîté, est toujours un fait plein d'intérêt, curieux à observer et gonflé d'un monde d'idées. La constatation pure de ce succès, si brutal qu'il puisse être, vous fait redevenir public, foule, peuple. Toutes discussions critiques, théories esthétiques, froides analyses, sont écartées pour faire place à la *sensation*, qui est la seule manière de comprendre et de juger des masses. Il arrive souvent que ces sortes de succès si bruyants s'éteignent plus vite que la réponse de l'écho : ils ont l'ardeur éphémère d'un feu de paille de la Saint-Jean, et ne comptent pas dans l'histoire de l'art, sinon pour quelques catalogueurs qui ont ramassé de ce grand tourbillon de bois sec et de flammes quelques mornes cendres.

Dans ces sortes de questions, le théâtre trompe plus que le livre, quoiqu'on soit malheureusement trop souvent témoin dans l'œuvre imprimée de faux succès improvisés et démentis deux mois après; cependant le fait se produit assez fréquemment, et pour juger sérieusement une œuvre, pour être certain de sa viabilité, pour s'assurer qu'elle résiste aux ravages du temps, aux modes et aux caprices du lecteur, il faut qu'un demi-siècle au moins ait passé sur cette œuvre. Après cinquante ans il est permis d'affirmer qu'une œuvre est entrée définivement dans la bibliothèque de la postérité pour n'en plus sortir. Sans doute une épuration viendra, un choix se fera lentement, petit à petit, par cette main mystérieuse de la postérité, qui n'aime pas les trop longues œuvres; des œuvres complètes en vingt volumes il ne restera souvent qu'un volume, et, si ce volume est composé de plusieurs morceaux différents, peut-être un seul morceau survivra. La postérité n'a pas une assez grande bibliothèque pour loger les œuvres complètes des féconds écrivains.

Hoffmann est, à l'heure qu'il est, presque jugé, ou du moins il ne tardera pas à l'être, et il est permis de croire, en étudiant ses œuvres et la faveur dont elles ont joui jusqu'à présent en France, que quelques-uns de ses contes (un, deux, trois, qui sait!) entreront dans cette merveilleuse bibliothèque de la postérité.

Les quinze ou vingt éditions dévorées par la France ne suffisent-elles pas déjà pour classer Hoffmann, lu et compris par toutes sortes de publics différents, par les enfants, les femmes, les hommes mûrs qui y trouvent du plaisir et de l'intérêt?

Chez les enfants et les femmes le côté merveilleux et fantastique suffit pour attacher à l'œuvre du conteur. Hoffmann devient intéressant comme les *Mille et une Nuits* avec un accent beaucoup plus étrange, plus mélancolique, plus brumeux et plus maladif. Les *Mille et une Nuits* ne contiennent guère de maladies de l'intelligence, les contes d'Hoffmann en sont remplis : même quand il s'agit des *Quarante Voleurs*, la terreur n'est jamais développée par le conteur arabe avec ces frissons que donnent certaines œuvres de l'Allemand. Les enfants et les femmes, quoique n'analysant pas, sont frappés par les *Contes fantastiques*, et celui de mes lecteurs qui est assez jeune pour avoir lu Hoffmann, enfant, doit avoir dans une des cases de son cerveau quelques personnages bizarres, quelques souvenirs de maisons étranges : ce qui est la meilleure preuve de la force d'Hoffmann.

En littérature tout ce qui s'oublie n'est pas né viable.

Pour ne citer qu'un exemple, les *Contes* de Perrault ne s'oublient pas : donc les *Contes* de Perrault sont une grande œuvre.

Quand plus âgé et plus réfléchi on revient à Hoffmann avec le plaisir qu'ont les intelligences à revenir aux livres qui ont *frappé* dans l'enfance, on ne trouve pas Hoffmann changé, mais on lui découvre des aspects tout nouveaux : le fantastique devient réel, et sous ce manteau bariolé de couleurs grotesques apparaît un homme qui a enfoui ses sensations dans son œuvre ; il les a enfouies profondément, il est vrai, comme un trésor précieux, mais il ne s'agit que d'un peu de persévérance, de bonne foi et d'intelligence pour prendre sa part du trésor.

Pour moi les contes d'Hoffmann ne sont qu'une longue autobiographie avec un masque sur la figure, une sorte de *confessions* aussi réelles que celles de Jean-Jacques, moins orgueilleuses, partant plus sincères.

Sans doute ceux qui lisent pour être amusés ne voient pas ces singulières confidences et n'ont pas besoin de les voir. Il en est pourtant ainsi de la plupart des œuvres bouffonnes en apparence qui ont un sens double, un symbole caché.

Je vais citer immédiatement, pour prouver combien la personnalité du conteur perce sous le masque de ses personnages, une page du conte intitulé : *Petit Zacharie*. Chacun se rappelle l'affreux gnome Cinabre lorsqu'il vient de recevoir une décoration :

« La plaque de l'ordre suspendue au cordon, et surtout les boutons sur le dos agissaient pernicieusement sur les ganglions de l'épine dorsale. En même temps, l'étoile de l'ordre causait une douloureuse pression sur cette région nerveuse et filamenteuse située près de l'artère mésentérique supérieure, au-dessous du diaphragme, et que nous appelons le plexus solaire, partie prédominante du système nerveux dans l'ordre des fonctions organiques. Cet organe dominant est dans un rapport sympathique très-complexe avec le système cérébral, et naturellement le cerveau reçoit une impression funeste des mêmes lésions dont les ganglions ont à souffrir. Or n'est-ce pas l'action libre et normale du système cérébral, résultant de la concentration parfaite de mille rayons divergents en un foyer central qui constitue la conscience et l'individualité? N'est-ce pas dans la double activité de deux sphères, dans l'exercice simultané du système ganglionnaire ou cérébral que consiste le phénomène de la vie? Eh bien! l'atteinte susdite troubla, pervertit chez le ministre les fonctions de l'organisme pensant. Cette influence nuisible acquit de jour en jour plus de gravité, jusqu'au moment où un désaccord total entre les systèmes cérébral et ganglionnaire amena enfin une atrophie complète de la conscience, une démission absolue de la personnalité. Or cette phrase extrême, nous la désignerons par le mot de mort. »

Combien de lecteurs auront passé jusqu'ici devant ce passage sans en avoir la clé? Combien auront trouvé ennuyeuse cette description quasi-médicale, presque sérieuse? Combien de femmes et d'enfants auront sauté cette page? Cependant elle nous révèle l'esprit d'Hoffmann déjà frappé de la maladie qui devait l'emporter, maladie affreuse, le *tabes dorsalis*, dont il mourut en 1822; et le conte du *Petit Zacharie*, d'où est tiré le fragment précédent, était écrit en 1819, trois ans auparavant sa mort! Mais ces sortes de maladies de la moelle épinière frappent à la porte du dos longtemps à l'avance. Les amis d'Hoffmann n'en parlent pas dans leurs mémoires, mais j'entrevois ce qui se passait dans l'esprit du conteur comme s'il me l'avait confié. A de certains symptômes, à des renversements du système nerveux, à des conversations médicales peut-être, il eut un pressentiment de sa maladie, et courut à un dictionnaire de médecine où il étudia cette maladie qui ne pardonne pas. Quoique plein d'inquiétude, il lisait avec avidité l'analyse des symptômes divers des différentes affections qui peuvent se loger dans la moelle épinière, et il recherchait s'il n'avait déjà pas ressenti la majeure partie de ces symptômes, s'ils concordaient exactement avec les analyses du dictionnaire de médecine; peut-être même prit-il des notes, et c'est de ces notes (car il tirait parti de tout) qu'il fit cadeau au méchant *Cinabre* de cette maladie qu'il jugeait la plus horrible pour punir le gnome de ses forfaits.

D'une maladie mortelle, il cherchait à tirer des effets grotesques, comme Scarron riant des torsions de son pauvre corps. La faculté du comique coûte cher, et celui qui fait rire les hommes a souvent la figure amère. L'homme de génie qui amuse le public paye les éclats de rire de ses contemporains par des souffrances de corps et d'âme. Nous n'aurions pas le *Misanthrope* sans les horribles coquetteries de la femme de Molière : le *Malade imaginaire* n'est dû qu'à la maladie de poitrine qui termina si brusquement la vie du poëte. Aussi trouve-t-on d'étranges mélancolies, des amertumes secrètes, des fronts plissés et des bouches ironiques sur les portraits des grands railleurs de l'humanité. Pour eux toute douleur est un objet d'études ; ils en souffrent et ils l'entretiennent, ils en pleurent et ils en rient.

Hoffmann meurt du *tabes dorsalis*, mais on peut dire qu'il est mort de la musique, de la peinture, de la littérature : l'art ébranlait à chaque instant un système nerveux trop délicat.

Il y a dans Jean-Paul Richter une pensée que je n'ai jamais pu lire sans qu'aussitôt la personne d'Hoffmann ne me revint à la mémoire : « L'âme de quelques hommes est trop frêle et trop délicate pour ce monde de ténèbres ; il en est de même du corps de quelques autres qui ne peuvent vivre que dans la température qui convient aux colibris, dans la vallée de Tempé, ou au milieu des plus doux zéphyrs : *Un esprit délicat et un corps délicat, lorsqu'ils se trouvent réunis, s'usent réciproquement.* » Que peut-on ajouter après cette belle pensée? Allez demander à de pareilles natures de s'associer aux *intérêts de l'humanité*, un de ces grands mots dont abusent les gens creux. Hoffmann est *humain*, quoiqu'il soit plongé dans les délicatesses des arts et qu'il ne semble vivre que de poésie, de peinture et de musique. « Les péripéties de l'histoire de l'humanité, dit excellemment M. Degeorge [*], n'avaient pas pour le fantastique Hoffmann l'attrait des péripéties de l'âme humaine considérée individuellement, dans ses souffrances, ses joies, ses aspirations brûlantes vers l'idéal, dans ses efforts pour se dégager des chaînes terrestres. C'est là un crime à notre point de vue actuel; nous n'en ferons pas trop fort le reproche au *bon Hoffmann*, comme il s'appelle lui-même. »

On rencontre en effet force bavards qui parlent de la décadence de la société, de l'abaissement des nations, de la chute des arts et des lettres, de l'égoïsme du XIXᵉ siècle et de mille autres choses qui servent de thème à leur ignorance : ces êtres-là sont ceux qui se prétendent *humains*; dites-leur que vous ne comprenez rien à leurs paroles creuses, vous n'êtes pas tout à fait *inhumain*, mais vous passez pour un homme léger, futile, et qui ne vaut pas plus que le fétu de paille enlevé par le vent.

Hoffmann était *humain*; j'en appelle à ses correspondances intimes adressées à ses amis. Quoique livré profondément aux arts, il accomplissait contre son gré, il est vrai, son devoir au tribunal, et il l'accomplissait bien : témoin

---

[*] *Contes d'Hoffmann*, traduits, pour la première fois, par Ed. Degeorge (*l'Esprit élémentaire*, *les Brigands*, *les Méprises et les Mystères*). Un volume grand in-8º. Lyon, 1848. Cette édition, impossible à se procurer, n'a pas été mise en vente.

le *Protocole des séances du 2 juin* 1822, où le conteur fantastique nous apparaît en juge d'instruction rédigeant avec méthode et précision le rapport d'un crime qui doit servir de base à l'accusation des magistrats.

Les arts ont un peu nui à Hoffmann, en ce qu'ils l'ont détourné de sa route de poëte. Un romancier, un conteur n'a pas le droit de se dissiper de côté et d'autre ; et sauf certains génies italiens, on a vu rarement, dans les époques modernes, un peintre, un musicien, un poëte loger sous le même bonnet. Mais la musique a servi à Hoffmann, en ce qu'elle l'a entraîné à des tentatives nouvelles et qu'on aurait cru impossibles à la littérature, c'est-à-dire qu'il a presque réalisé une *littérature symphonique*. Quelques-unes de ses fantaisies sont purement sonores et s'adressent plutôt à l'oreille qu'à l'esprit, jusqu'à ce qu'une petite ironie vienne tout à coup détruire cet opiacé mélodique, pour ramener le lecteur à la terre ferme du conte.

La caricature, l'art du dessin, qu'Hoffmann, du reste, pratiqua avec beaucoup plus de modération que l'art musical, servit cependant davantage au conteur. Par la vivacité du croquis, Hoffmann apprit à décrire un personnage en une phrase, quelquefois en un mot comme avec un coup de crayon. Au lieu de ces interminables descriptions de physionomies, d'habits, etc., qui mettaient si justement Stendhal en fureur, on voit circuler dans les *Contes fantastiques* des quantités de personnages grotesques qui ne s'oublient jamais. Il n'est personne en France qui ne connaisse la nouvelle qui a pour titre *la Nuit de la Saint-Sylvestre*, cette nouvelle où *l'homme au reflet perdu* se rencontre avec *l'homme qui a perdu son ombre*. Au début de ce chef-d'œuvre, un jeune étudiant, en soirée chez un conseiller de justice, rencontre *Julie,* une femme aimée; il réussit à la joindre dans un petit cabinet éclairé seulement par une lambe d'albâtre, et là, assis sur une ottomane, il lui tient la main et la couvre de regards passionnés.

« En ce moment une sotte figure aux jambes d'araignée, avec des yeux de crapaud à fleur de tête, passa en chancelant et riant bêtement, s'écria d'une voix aigre et glapissante : « Où diantre s'est donc fourrée ma femme ! »

Ces trois lignes détachées brusquement conservent-elles leur vivacité? Au milieu du conte, à travers cette scène d'amour dans un boudoir, ce terrible mari aux *yeux de crapaud,* aux *jambes d'araignée,* fait presque frissonner. Jamais on ne rencontra de mari plus affreusement étrange. On le voit par la citation, il n'y a rien là de *fantastique,* tout est dans la manière de décrire les physionomies, les objets.

Quand, dans le même conte, on voit rouler presqu'en bas des escaliers de la Cave un inconnu, qui s'écrie : « *Ayez la bonté de couvrir votre miroir!* » cette simple phrase est un trait de génie; elle étonne, elle inquiète, elle saisit l'attention. L'homme qui a prononcé un tel mot n'est pas un buveur ordinaire. Aussitôt, pour le lecteur, tout ce qui entoure cette homme devient *fantastique.* C'est en France que nous avons trouvé le mot *fantastique,* à cause de l'étonnement et de la stupéfaction dans laquelle nous tenaient certaines œuvres d'Hoffmann et particulièrement *la Nuit de la Saint-Sylvestre,* un des contes les plus populaires entre tous. Un peu d'ignorance se mêlait à notre opinion : la fameuse *cave* dans laquelle se trouvent réunis l'*homme aux reflets perdus* et l'*homme qui a perdu son ombre* a trompé énormément de gens, qui voyaient une véritable *cave* noire, pleine de tonneaux, éclairée vaguement par de mauvais suifs, avec une vieille table longue et boiteuse pour les buveurs de bière, de punch et de vin du Rhin; mais il faut détruire une partie de ce merveilleux. Les caves de Berlin ne ressemblent en rien aux caves de Berne, où à dix heures du matin on allume la chandelle, où des montagnes de tonneaux servent de lambris, où les paysans trinquent avec les filles débauchées qui emplissent la ville, où, si l'on ne voit pas le voisin qui vous coudoie, on entend sa chanson allemande. Voilà la cave des contes d'Hoffmann telle que nous nous la figurons en France; celles de Berlin n'y ressemblent guère : ce sont de petits salons bien éclairés, avec du papier à fleur, des glaces, de petits cafés presque parisiens, quand on a descendu une quinzaine de marches.

Le merveilleux est-il détruit par cette réalité? L'Alhambra, dont nous rêvons les murs revêtus de marbre et de porphyre, en est-il moins l'Alhambra parce que les murs sont de plâtre? Point; il reste assez de merveilleux dans l'œuvre d'Hoffmann pour sauver les petits cafés *bourgeois* de Berlin. D'ailleurs ne vous laissez pas prendre aux tricornes posés de travers, aux perruques élancées, aux nez de perroquet, aux habits de peluche violet tendre à boutons d'acier dont le conteur affuble une grande partie de ses acteurs, c'est là seulement l'enveloppe qui nous séduit et nous tire l'œil dès l'abord; mais il faut les voir mar-

cher, agir, se démener dans le drame, il faut peser chacun
de leurs mots, sonder leur langage, et peu à peu, par une
observation prolongée, on verra non-seulement les ridicules, mais de véritables passions emplir le corps de ces
grotesques : c'est ce qui fait qu'Hoffmann, avec tous ses défauts, est un conteur de premier ordre.

J'ai dit *ses défauts,* car il faut tout montrer dans
l'homme qu'on aime, ses défauts et même ses vices : c'est
la meilleure façon de prouver qu'on l'aime. Il y a des
contes plus que médiocres dans l'œuvre d'Hoffmann, il y
en a d'incompréhensibles *, il y en a de mauvais, il y
en a d'exécrables. Quand Hoffmann se trompe, il se trompe
beaucoup ; et ce sont justement ses contes les plus longs
qui sont le moins réussis. Je citerai *l'Esprit élémentaire,*
nouvelle pleine de magnétisme, dont l'idée mère est empruntée au *Diable amoureux* de Cazotte. M. Édouard Degeorge donne cette nouvelle comme une des plus remarquables d'Hoffmann ; mais M. Degeorge est purement
enthousiaste, il trouve beau tout ce qu'il a traduit, et il a
raison de le trouver beau, un traducteur devant être un
adepte et un néophyte plein de zèle et de soumission. Tout
à l'heure, d'ailleurs, je citerai un passage remarquable de
M. Degeorge, avec lequel je suis heureux de me rencontrer, car ses introductions critiques partent d'un homme
qui a longtemps médité son auteur favori, qui a pensé et
qui sait avant de se mettre à son bureau ce qu'il va dire.
Ces sortes d'écrivains sont fort rares, même à Paris, et il

---

* Sauf le début et le portrait de *l'homme aux ânes ailés,* qui est décrit en maître, les dernières *Aventures d'un aventurier* rentrent dans cette catégorie, et les transformations ont le tort d'être une imitation trop directe des *Mille et une Nuits.*

est singulier que la province nous en ait envoyé un tout à coup*.

Les Hommes doubles ne sont point non plus le chef-d'œuvre d'Hoffmann ; mais aussi il faut dire comment le roman fut composé. On connaît cette singulière tentative d'il y a quelques années tentée dans *la Presse* par quatre romanciers qui semblaient avoir fait une gageure, Mme de Girardin, MM. Théophile Gauthier, Sandeau et Méry. Sous le titre symbolique de *la Croix de Berny,* qui indiquait quatre romanciers-écuyers, engagés à fond de train dans l'arène du feuilleton, ces écrivains s'étaient donné chacun un rôle dans le roman et devaient s'incarner dans un personnage jusqu'à la fin du roman.

L'idée parut neuve au public. Trente ans auparavant, Hoffmann avait essayé de la réaliser à Berlin, en compagnie de Contessa et de Chamisso, dont il venait de faire la connaissance en arrivant de Leipzig, et qui devinrent plus tard ses amis intimes. Déjà, du reste, cette sorte de fantaisie n'était pas étrangère à l'Allemagne ; car Berhnardi Fouqué, Wilhelm Neumann et Varnagen von Ense s'étaient jadis associés pour une entreprise semblable. Voici quel fut le procédé employé par Hoffmann et ses amis : l'un écrivait un chapitre et le passait à son camarade, qui le repassait au troisième. Il n'y eut pas de plan dressé à l'avance, chacun se plaisant à enchevêtrer l'action, à compliquer les événements, à surcharger le drame de telle sorte qu'à mesure que le roman avançait, il devenait presque

---

* L'auteur est tout à fait inconnu à Paris ; il a habité Lyon, et il n'a pas l'air de se soucier de la gloire littéraire, sa traduction ayant été tirée à cent exemplaires seulement.

impossible de le continuer. Contessa et Chamisso se fatiguèrent les premiers de cette sorte de gymnastique littéraire, dont l'idée venait plus particulièrement d'Hoffmann, et le roman en resta là. Les trois premiers poëtes, Bernhardi Fouqué, Wilhelm Neumann et Varnagen von Ense, avaient eu plus de courage et mirent au jour, en 1808, *les Essais et les Embarras de Charles,* fruit des efforts de leurs trois cerveaux ; mais le livre n'en eut pas plus de succès. L'œuvre d'Hoffmann et de ses amis eût-elle trouvé plus de sympathie? Cela est douteux. Ces fantaisies de la jeunesse qui ne doute de rien, ces écritures nombreuses qui s'appliquent à tout et sur tout, sont excellentes pour se faire la main, mais il est bon de s'en débarrasser et de ne pas essayer plus tard de les accommoder à une nouvelle sauce pour les servir au public ; cependant il résulta de cette société littéraire à trois que les deux plus intéressés reprirent leur part, Hoffmann et Contessa. Chamisso, naturaliste plutôt que romancier, ne s'inquiétait guère de quelques feuillets perdus ; ses deux amis étaient plus *hommes de lettres.* Hoffmann employa ses fragments et les fit entrer dans le conte des *Hommes doubles.* Contessa en fit autant de son côté, et se servit de ses matériaux pour le *Portrait de la mère* et l'*Enfant blond,* deux nouvelles, et il arriva que le public fut tout étonné de trouver dans Hoffmann et dans Contessa les mêmes personnages portant les mêmes noms (le peintre *George Haberland, l'Aubergiste,* etc.)

Une autre nouvelle d'Hoffmann, bien autrement mauvaise que la précédente, est celle qui a pour titre *les Brigands.* Je ne me rends pas compte par quelle série d'idées Hoffmann était arrivé à vouloir arranger à sa façon *les*

Brigands de Schiller, à se servir des mêmes personnages et à retourner le dénoûment du drame en sens contraire. L'idée n'est pas heureuse, et le dramaturge a bien mal inspiré le romancier [*].

Mais il ne faut pas trop insister sur les côtés défectueux d'Hoffmann, sous peine de passer pour un de ces critiques dont le métier est de chercher les puces sur le corps d'un bel animal et de s'écrier : *Encore une puce! encore une! encore une!* comme s'ils avaient remporté une brillante victoire. Il reste dans les œuvres d'Hoffmann de si belles créations qu'on peut bien oublier quelques moments de faiblesse, de découragement, de souffrances, de chagrins et de besoins pressants pendant lesquelles ont pu être enfantés trop vivement certains contes.

« *Les Méprises* et *les Mystères,* faisant partie des *Dernières œuvres* d'Hoffmann, dit M. Ed. Degeorge, participent plus que toutes les autres nouvelles des défauts qu'on a reprochés à cet auteur. Les personnes qui l'ont connu dans les derniers temps de sa vie disent qu'à la suite des excitations produites par les veilles, le vin, le travail, la maladie et le souvenir d'anciens chagrins, il ne retrouvait son activité qu'en abandonnant son esprit aux impressions comiques, aux points de vue ironiques, à une jovialité fantasque. Il n'était pas fou, comme on a bien voulu le dire; mais du mélange de sa verve artistique et d'une hypocondrie incurable, il était résulté une espèce de monomanie de bouffonneries et de charges. Quand le savant, mais souvent

[*] On verra dans la notice sur *Haimatokare* combien Hoffmann vivait sur le fonds des autres, combien il s'inspirait des auteurs étrangers et même de ses contemporains. Les deux imitations de *Cazotte* et de *Schiller* le prouvent suffisamment.

trop sérieux, trop froid professeur Gervinus, dans son histoire littéraire (*National Litteratur der Deutschen*), dit qu'Hoffmann était « trop jovial pour être hypocondre et « trop hypocondre pour être jovial, » nous croyons qu'il se trompe. Dans une âme d'artiste, mobile et très-active, l'un peut exister avec l'autre. Quelle que soit l'autorité de Gervinus en Allemagne, ses jugements sur le « bon « Hoffmann » sont, à notre avis, d'une roideur glaciale. Son antipathie pour Jean-Paul Richter, le maître et le point de départ de tous les fantastiques, Hoffmann, Chamisso, Arnim, Apel, Kruse, Weisflog, etc., rejaillit sur ses disciples, quelque indépendants et originaux qu'ils se soient montrés. C'est un peu le critique (*der Recensent*) qui, au moment où Pégase part à tire d'ailes vers les régions aériennes de la fantaisie et de l'*humour*, le rappelle pour lui demander s'il ne manque pas un clou à son sabot. »

Cette excellente et chaude appréciation de M. Deggcorge se termine par une phrase convaincue et sympathique : « Au nom de Shakespeare, de Cervantes et de Molière, soyons indulgents pour le bon Hoffmann. »

L'Allemagne d'alors accueillait avec plaisir les œuvres d'Hoffmann qui se publiaient dans les diverses revues ; mais l'Allemagne d'aujourd'hui, sauf quelques bons et rares esprits comme il s'en trouve partout malheureusement isolés et en petit nombre, l'Allemagne fait fi de son grand conteur. Les Allemands modernes trouvent Hoffmann trop *réel ;* ils lui reprochent ses grosses plaisanteries, ils le traitent de mauvais écrivain, enfin ils le regardent du même œil qu'un membre de l'Institut qui recevrait la visite de Paul de Kock se portant candidat à l'Académie.

Dans le roman du *Petit Zacharie*, les pans d'habits de l'étudiant Fabian s'allongent démesurément et se rétrécissent des manches par le pouvoir surnaturel d'un magicien :

« Les théologiens ne tardèrent pas à me décrier comme un sectaire, raconte plus tard l'étudiant, et ils se disputaient sur le point de savoir si j'étais de la secte des panthéistes, à cause de mes pans, plutôt que de celle des manichéens, eu égard aux manches. »

Certainement cette bouffonnerie sur les *panthéistes* et les *manichéens*, à propos de *pans* et de *manches* d'habit, doit être regardée d'un mauvais œil par les philosophes et les théologiens ; pour moi je ne dédaigne pas ces fortes plaisanteries qui me rappellent la cuisine allemande, surtout quand elles sont jointes et se rattachent tout d'un coup à des passages d'un ordre plus élevé. Les personnages si comiques d'Hoffmann prennent surtout leur valeur de ce qu'ils se trouvent en regard le plus souvent de types de femmes idéales, sensitives et cependant vraies : *Kreisler* et la belle *Antonia*.

En France, Hoffmann fut beaucoup mieux accueilli qu'en Allemagne : le succès fut inouï et il n'a pas baissé depuis 1828, c'est-à-dire depuis près de trente ans. Les écoles les plus diverses accueillirent Hoffmann, le protégèrent, et bien des hommes jeunes d'alors renieraient peut-être aujourd'hui des paroles trop sympathiques en faveur du conteur. A ce titre les quelques lignes suivantes sont curieuses :

« Les œuvres d'Hoffmann sont pour ainsi dire un cours complet de toutes les impressions instinctives de notre âme. Sous ce rapport, l'imagination du romancier n'est pas inutile aux réflexions du philosophe ; elle lui découvre dans notre âme et dans notre intelligence beaucoup de choses dont la raison est toujours tentée de ne pas tenir assez de compte. Il y a pourtant, il faut que la philosophie s'y résigne, il y a hors du cercle de ses recherches habituelles beaucoup d'idées et de sentiments humains qui tiennent, l'histoire le prouve, une grande place dans le monde. Toute philosophie qui les néglige par dédain, ou qui les nie par esprit de système, est une philosophie incomplète. »

M. Saint-Marc Girardin prononcerait-il aujourd'hui, en son cours public à la Sorbonne, ces paroles audacieuses signées par lui et datées de 1829 ? J'en doute un peu. Ce qu'il y a de positif, c'est que la France fut unanime à accueillir les contes d'Hoffmann et à les ranger parmi les chefs-d'œuvre des romanciers qu'elle accueille assez difficilement de l'étranger. Hoffmann fut tout d'un coup classé à la suite de l'abbé Prévost, de Richardson, de Diderot, de Le Sage, de Cervantes, de Perrault, de Boccace et du mystérieux auteur des *Mille et une Nuits*.

Hoffmann avait cet orgueil secret du génie qui se trahissait quelquefois à la surface, quoi qu'en ait dit son ami Funck : le libraire de Bamberg prétend, dans sa notice biographique, qu'Hoffmann était indifférent à la critique ; qu'il ne lisait jamais les comptes rendus faits sur les livres, et que louanges et attaques lui étaient également indifférentes. Ce n'est pas tout à fait l'opinion du conseiller Rochlitz, qui avait accueilli les premières critiques musicales d'Hoffmann, et qui, en sa qualité de propriétaire et directeur d'une revue musicale, put connaître assez intimement le conteur.

Je crois Rochlitz comme Funck : tous deux peuvent avoir raison. Hoffmann était homme variable, irritable surtout; à de certaines heures il a pu changer complétement, s'irriter de ce qui la veille l'aurait laissé complétement indifférent, et dédaigner aujourd'hui une chose à laquelle hier il eût prêté une extrême attention.

L'orgueil perce toujours à un certain moment chez les hommes qu'on croit les plus modestes : il ne s'agit que de les observer, de s'entretenir longtemps avec eux, et de prendre patience. Ce que l'homme pense, il l'écrit. Les mêmes observations prouvent le fait sur n'importe quel écrivain [*]. Je citerai encore une fois un passage du *Petit Zacharie;* et à ceux qui s'étonneraient de me voir puiser si fréquemment dans un seul conte, cela démontre combien une œuvre d'Hoffmann est pleine de trésors, d'observations profondes et de faits.

« Oui, poëte, s'écrie Prosper Alpanus, tu es bien plus parfait que ne l'imaginent la plupart de ceux à qui tu as communiqué tes essais, c'est-à-dire la traduction visible ou matérielle de cette musique intime de l'âme. C'est la moindre des choses que cette poésie écrite. Cependant tu as composé un bon morceau *dans le style historique*,

---

[*] L'humouriste Gérard, mort l'année passée si dramatiquement, l'homme le plus humble de la littérature, et qui, en cette qualité, ne trouva que des amis parmi ses irritables confrères, Gérard avait beaucoup plus d'orgueil qu'on ne le croyait ; mais cet orgueil était bien caché. J'approuve hautement l'orgueil, et Gérard a perdu même de la puissance en ne le montrant pas assez.

quand tu as retracé d'un large coup de pinceau, et avec une fidélité analytique, l'histoire des amours du rossignol pour la rose purpurine, dont j'ai été le témoin oculaire.

« Prosper Alpanus se tut. Balthazar le regardait tout stupéfait, en ouvrant de grands yeux : il ne savait que penser en entendant Alpanus traiter de composition historique son élégie, qu'il regardait comme la conception la plus fantastique qui eût jamais inspiré sa verve.

— « Il se peut, reprit Alpanus, que mes discours te causent quelque surprise. Mais fais attention à une chose : c'est que je suis, au jugement de tous les gens raisonnables, un de ces personnages qu'on n'admet ordinairement que dans les contes bleus; et tu sais, cher Balthazar, que les individus de cette espèce ont le droit de faire et de dire toutes les folies imaginables, surtout quand au fond de tout cela il y a quelque chose qui n'est pas à dédaigner. »

Retrouvera-t-on dans cette citation la véritable pensée d'Hoffmann comme je crois l'y découvrir? Est-ce une simple facétie humouristique que celle de ranger les *amours d'un rossignol et d'une rose purpurine* parmi les *compositions historiques?* Je ne le pense pas.

Hoffmann, en intitulant ironiquement ses fantaisies *sompositions historiques*, se redressait et répondait vraisemblablement à quelque ami qui avait critiqué son genre de contes. Ce n'est pas une plaisanterie comme on pourrait le supposer quand on médite ces belles paroles : « Tu sais, cher Balthasar, que les individus de cette espèce ont le droit de faire et de dire toutes les folies imaginables, *sur-*

CHAPITRE II.

tout quand au fond de tout cela il y a quelque chose qui n'est pas à dédaigner. »

Je crains de blesser les membres de la commission des monuments historiques, ceux du comité de l'histoire de France, etc., si j'essaie de démontrer qu'Hoffmann pouvait s'intituler *historien*.

L'*historien* passe sa vie à étudier des parchemins et des chartes; il en prend les faits saillants, les coordonne et les présente sous un jour convenable avec un style quelconque.

Le *romancier* ne procède-t-il pas comme l'historien? seulement là où celui-ci *compulse*, celui-là *crée*.

Chaque être enfanté par le *romancier* est vrai, indiscutable, et ne peut être remplacé par aucun être; ses actions, ses pensées, ses habits sont vrais aussi; il n'est permis à personne de l'habiller, de le faire parler, agir ou penser autrement.

Chaque jour l'*historien* voit son système tomber pierre à pierre; il est peu de livre historique qui n'ait son lézardement, sa crevasse agrandis de minute en minute, soit par le temps, soit par la pioche des fureteurs qui découvrent de nouveaux documents : la moindre lettre trouvée dans une vente d'autographes peut montrer un grand personnage historique le contraire de ce qu'on l'avait peint jusque-là.

Un héros de roman prend à jamais place dans la mémoire des hommes; il devient aussi réel qu'un grand capitaine, qu'un empereur dont les portraits et les statues foisonnent, et souvent il est plus populaire.

Personne ne niera que *Don Quichotte* est plus connu

que *Charles-Quint*. Ce système de parallèle pourrait se prolonger longuement et choquerait trop de personnes ; mais c'est là, ou je me trompe fort, ce qu'Hoffmann entendait par *compositions historiques*, essayant, par une malice armée de raison, de se moquer des pédants et des Potmartin de l'Allemagne.

Les Anglais, plus froids et plus analytiques, jugent mieux ces questions que nous. Ils attachent une extrême importance au roman, et sont loin de traiter de frivolités ces drames qui s'adressent à toutes les classes de la société. On m'a conté qu'à un dîner important, un Français invité fut très-étonné d'entendre sir Robert Peel discuter les nouveaux romans en critique distingué. Il connaissait mieux notre littérature de romans que le Français invité, et celui-ci, quoiqu'il fut lettré et curieux de nouveautés, n'en avait jamais autant entendu parler en France que dans le salon du lord anglais. Plus tard, la discussion s'engagea sur un roman anglais qui venait de paraître sans nom d'auteur, *Jane Eyre*, un livre plus remarquable que celui de miss Stowe, quoique nous le connaissions peu en France. L'auteur de ce roman avait gardé l'anonyme, et la conversation s'engagea sur ce terrain, à savoir si le romancier était un homme ou une femme. Sir Robert Peel entama une longue discussion avec un célèbre historien anglais, et montra combien il avait étudié ce roman : c'était une analyse fine, spirituelle, autrement utile que celle des critiques de revues, et le charme n'en était que plus vif dans une conversation.

En face de Robert Peel mettez M. Guizot, et voyez

l'étonnement et la stupéfaction du grave protestant prenant en pitié des hommes d'État qui discutent des romans.

C'est que le roman, quand il s'appelle *Gil Blas, Manon Lescaut, Don Quichotte, Clarisse Harlowe, la Religieuse, le Père Goriot*, suffit pour caractériser une nation, un peuple et quelquefois un siècle.

CHAPITRE III

Vie d'Hoffmann, par Rochlitz.

Le conseiller Frédérich Rochlitz, à qui l'on doit le livre : *For Freunde der Tonkunst* (Pour les amis de l'art musical), Leipzig, 1830, 4 vol. in-12, publia une vie d'Hoffmann, en 1822, dans la *Gazette musicale* dont il était le directeur.

Quoiqu'écrite sous le coup de la mort de l'auteur, cette notice a tous les caractères de l'impartialité. Il était bon de la mettre en pendant de celle du libraire Funck, plus intime ami d'Hoffmann que le conseiller Rochlitz. Le public comparera et jugera.

J'ai connu Hoffmann dans une des plus importantes périodes de sa vie, peut-être dans la meilleure ; je ne crois pas qu'on apprendra mieux par quelqu'autre que moi, quelque surprenant que cela paraisse, les différentes métamorphoses de son existence et de sa vie spirituelle.

C'est qu'alors déjà son imagination ardente, son génie flamboyant et brûlant attirait tout dans son domaine ; ses moindres actions, les actes les plus ordinaires de la vie se transformaient et se développaient pour lui certainement sans le savoir ni le vouloir. Il était donc en effet la source la plus fraîche, mais assurément pas toujours la plus pure, de tout moment de sa vie qui pût lui fournir l'occasion de noter un récit charmant, une anecdote frappante, une fine observation, un bon mot piquant. Mieux que lui tout autre pouvait le faire, qui y avait assisté ou qui s'était habitué de démêler, si je puis dire ainsi, le simple dessin des tableaux largement exécutés et vivement coloriés dans les récits d'Hoffmann.

Et ce qui est plus : Hoffmann a été tout particulièrement un produit et en même temps un acteur assez important d'une période excessivement remarquable de l'histoire moderne, telle qu'elle se manifestait particulièrement vers le nord de l'Allemagne. Il est donc aussi le miroir de cette période, dont il reflète l'image, du moins dans quelques-uns de ses traits principaux, plus vivement et d'une manière plus saisissante que des réflexions abstraites et des descriptions générales ne pourraient le faire. Cette période, elle vient à peine de s'écouler, quelques suites en existent seules; il s'agit de la juger avec calme et d'en comprendre l'enchevêtrement; elle n'est ni trop loin ni trop près de nous; sans une étude sérieuse de cette période, nous ne profiterions, au reste, ni de nos expériences graves, ni de l'enseignement salutaire du temps présent.

Les œuvres d'Hoffmann se sont en peu de temps élevées, devant un public nombreux, à une hauteur considérable, ressemblant à ces fusées sifflantes et brillantes, qui lancent avant de mourir des gerbes de feu tantôt gracieuses, tantôt bruyantes; en peu de temps aussi on les a oubliées, ainsi que les fusées, quand elles ont éclairé leur chemin brillant ; quelques enfants peut-être quittent leurs jeux pour courir ramasser les morceaux de papier fumants, tombés par terre. Ce dédain, les œuvres d'Hoffmann ne le méritent pas, surtout les meilleures d'entre elles. J'espère, en rappelant l'auteur, pouvoir rappeler les œuvres.

Enfin, je me permettrai une observation générale : de même que tout le monde croit reconnaître dans un tableau les traits principaux en général, sans pouvoir se mettre d'accord sur les détails, de même on envisage d'une manière différente les tableaux vivants, les hommes avec leurs particularités, leurs caractères, leurs mœurs et leur vie. Il ne faut cependant pas craindre que les critiques et les descriptions se multiplient à l'infini ; on cesse enfin de raconter quand il n'y a plus personne qui puisse bien écouter...

Si j'ai eu besoin de me justifier devant le lecteur, je crois y avoir réussi.

Du reste, quelque facile qu'il eût été de compléter mon essai à l'aide de la biographie excellente d'Hitzig, et de m'étendre davantage sur la jeunesse et sur certaines tendances de l'esprit qu'Hoffmann a manifestées plus tard, je préfère donner mon sentiment propre. J'ai été vivement ému et inspiré par la nouvelle de la mort prématurée d'Hoffmann ; en un pareil moment les œuvres grandissent. J'ai ajouté ici, pour compléter le tableau, certains traits secondaires que j'ai puisés dans mes souvenirs, et que j'avais mis de côté pour ne pas froisser l'intérêt que l'on porte à un ami décédé depuis peu.

Ernest-Théodore-Guillaume Hoffmann naquit en 1776,

à Kœnigsberg, en Prusse; sa famille était riche et dans des conditions très-favorables au développement d'Hoffmann.

Dès les premières années, on s'occupa soigneusement de l'instruction de l'enfant, mais on négligea son éducation, il le dit lui-même en ajoutant : « ce qui était précisément le diable ! »

Il eut le plus grand malheur qui puisse arriver à un enfant impressionnable : il vit bien du mal avant d'avoir pu apprécier le bien, avant qu'on n'eut éveillé et nourri en lui la foi et l'amour du bien. Et ce qui était bien plus grave : il devait voir le mal constamment et chez des personnes auxquelles il avait naturellement le besoin de s'attacher avec toute la vivacité de son cœur. Les suites de ce malheur se montrèrent dans toutes les périodes de sa vie [*]. D'une intelligence remarquable et comprenant très-vite, il saisit facilement les choses les plus disparates de toutes les sciences possibles, et les garda pendant toute sa vie. Ainsi il arriva que de tout ce qui compose l'instruction fondamentale du savant, Hoffmann avait pris une part assez considérable, et il devinait les parties qu'il ne pouvait pas encore aborder spécia-

---

[*] Un soir de l'hiver de l'année 1812, je me trouvais avec lui et avec un de ses amis à discuter longuement et sérieusement *Iphigénie* de Goëthe. Entre autres choses, nous parlâmes aussi de l'impression qu'elle nous avait faite dans son ensemble et ses détails. Sans connaître alors la jeunesse d'Hoffmann, je m'arrêtais avec plaisir au beau passage où Iphigénie, soupirant du fond du cœur, s'écrie :

Heureux celui qui aime à se souvenir de ses pères !...

Hoffmann, sans m'interrompre comme il le faisait habituellement, me fixait d'un regard scrutateur, puis il se leva tout à coup brusquement et courut dans l'embrasure de la dernière croisée de la chambre; surpris, je me tus. Au bout de deux minutes, Hoffmann se retourna, et cachant la colère sous l'air et le ton d'une frivolité légère, il dit : « Nous avons eu aujourd'hui la lecture des « *Sœurs de Prague.* » Voilà une absurdité énorme que cette folle pièce !... »

lement. Ainsi, par exemple, il était assez bon pianiste (le compositeur respectable Podlielsky, organiste à Kœnigsberg, avait été son professeur); il chantait très-agréablement, surtout des morceaux comiques. Il était en même temps dessinateur habile et se distinguait par ses caricatures et ses esquisses fantastiques; enfin il montra un vrai talent pour les scènes comiques et burlesques qu'il aimait à représenter.

Tel était Hoffmann quand, dans sa ville natale, il fut reçu parmi les clercs de l'Université; il choisit l'étude du droit, mais sa famille avait perdu une grande partie de la fortune; beaucoup d'autres circonstances firent comprendre à Hoffmann qu'il était obligé de s'arracher à la douceur de sa vie, et de travailler sérieusement pour s'assurer un avenir par la science qu'il avait choisie. Il tint parole. A mesure que la nécessité de penser à l'avenir lui avait inspiré le goût du travail, ses habitudes devenaient rangées; il prouva ainsi, mais surtout plus tard, qu'il était un de ces hommes qui savent beaucoup mieux supporter le malheur que le bonheur.

Muni de certificats très-honorables de la faculté de droit, il commença sa vie politique au gouvernement supérieur de Glogau; on remarqua son habileté et son activité, qui l'amenèrent à la place de Référendaire à la cour supérieure de Berlin. Les nombreuses connaissances fondamentales qu'il avait exercées avec grande persévérance; la spontanéité, l'inquiétude même et la souplesse de son esprit (et même de son corps, qui était petit et très-mobile); sa passion inaltérable pour ses études ne l'empêchaient point de s'occuper sérieusement des affaires nombreuses de sa position; au contraire, il ne donnait que ses heures libres à ses études favorites.

Quand quelques-uns de ses amis semblaient avoir pris quelque plaisir à ses productions littéraires, il jetait de côté ces essais, sans se préoccuper du soin de les conserver. Il n'aimait point à composer ni à écrire tant que son emploi le tenait; il n'y trouvait ni le temps ni la disposition, à ce qu'il disait. Il ne lisait non plus que ce qu'il pouvait comprendre vite ou ce qui lui offrait quelque charme dans chaque partie qu'il abordait au hasard. Il aimait toujours à faire ce qu'il pouvait reprendre à plaisir; son inconstance était incroyable. Il était donc naturel que, parmi les auteurs allemands, il préférât Hippel, son compatriote, et Jean-Paul Richter.

Lorsqu'on organisa la province de Posen, le pays fut inondé d'employés prussiens; Hoffmann lui-même fut nommé assesseur du gouvernement provincial de Posen (1800); au bout d'un an, il fut nommé pour une autre ville; enfin (1803), il reçut la place de conseiller du gouvernement de la province, à Varsovie. La Pologne présenta alors un spectacle curieux; la capitale était continuellement agitée et animée par les éléments les plus différents; Hoffmann y trouva donc bien des choses à observer, à examiner et à faire, ce qui lui convenait parfaitement. Il se monta une maison à son goût, mena une vie fort agréable; il travaillait beaucoup, non pas avec persévérance, mais par moments; ses supérieurs étaient contents de lui, l'avenir s'ouvrit donc pour lui brillant et heureux. Il se maria à une jeune Polonaise et trouva des amis pleins d'esprit, MM. Hitzig et Zacharie Verner, qui y étaient également employés; son amitié pour ce dernier ne dura cependant pas, comme on peut le voir dans ses « *Frères de Sérapion.* »

À peine Hoffmann s'était-il bien établi dans ces conditions heureuses que (1806) les événements graves survenus en Prusse et en Pologne l'entraînèrent dans le tourbillon général. Tous les employés prussiens furent congédiés sans aucune rétribution ni pension et sur-le-champ. Hoffmann, qui n'avait jamais songé à mettre quelque argent de côté, et qui n'aurait même pu le faire, vu les frais des changements fréquents de domicile, perdit donc tout à coup son emploi, ses ressources, son avenir et même le droit de résidence à Varsovie; mais il ne perdit ni le courage, ni la tête, ni sa bonne humeur. Parti pour Berlin, il se décida bien vite à faire un métier de l'art qu'il avait toujours cultivé en simple amateur; il résolut de donner des leçons de musique. Des hommes considérés, auxquels il confia son plan, lui furent utiles, surtout M. Richardt, de Kœnigsberg; mais la situation gênée et incertaine de la plupart des familles riches, et le nombre excessif des maîtres de musique déjà établis à Berlin ne permettaient guère de compter que sur le strict nécessaire. Comme toujours, Hoffmann trouva du courage et de l'énergie dans l'embarras. Ne sachant pas combien de temps il avait à lutter contre les difficultés de sa situation exceptionnelle, il attaqua sans hésiter les plus grands obstacles de son art, les études et les exercices de composition les plus difficiles. Après avoir étudié profondément le *Requiem* de Mozart, il écrivit également un *Requiem*, conçu dans le même style, dans la seule intention de se perfectionner. Jamais il n'a fait exécuter cet ouvrage ; il n'y songea même pas, mais il me l'a communiqué plus tard ; je puis dire que cet ouvrage, malgré le cachet d'imitation qu'il porte, ne manque ni d'originalité, ni de force, ni de chaleur : quant à la composition elle-même, elle est admirable, si l'on pense quelle tâche difficile Hoffmann avait entreprise pour son premier essai.

Ainsi Hoffmann passa deux ans dans la gêne, fatigué du métier de courir le cachet en ville, mais toujours content de l'activité qu'il avait choisie à son goût, toujours de bonne humeur et de bon courage. Le comte Soden, qui (1808) établit à Bamberg un théâtre permanent, l'engagea comme directeur de musique. Quel bonheur ! quelle joie ! que ne pensait-il pas faire avec cette joyeuse bande d'acteurs alerte et entreprenante ! Hoffmann s'occupa de tout ; on essaya le genre héroïque, le comique, la farce et le tragique ; les histoires des saints même, le ciel et l'enfer furent représentés d'après les vieux tableaux d'Église, et le tout fut reçu à merveille par la foule, tant que les méchancetés de la critique ou l'orgueil de quelque caste puissante ne l'égara. Malheureusement, tout cela ne dura point longtemps. Hoffmann, pour faire marcher son entreprise, dut dans sa petite figure réunir tout, le poëte, le compositeur, le directeur de musique, le régisseur et le décorateur, et Dieu sait quoi : ce qui lui procura l'occasion de recueillir les matériaux pour son petit ouvrage : « *Les Souffrances et les Joies d'un directeur de théâtre.* » Enfin, la machine s'arrêta tout court ; les joyeux acteurs s'envolèrent de côté et d'autre ; Hoffmann, se plaignant en riant, se demanda : « Eh ! que faire ? » On ne pouvait guères écouter quelque chose de plus comique que le récit qu'Hoffmann nous fit plus tard, gesticulant comme un vrai acteur, de l'histoire de la débâcle générale.

La situation de notre Hoffmann n'était alors cependant pas aussi plaisante qu'il sut la représenter plus tard; il n'avait ni existence, ni moyen de s'en créer. Pendant quelque temps, il se laissa remorquer par quelques jeunes gens riches qu'il payait par ses causeries toujours spirituelles et gaies. Si même une telle situation avait pu durer, il ne l'aurait pas supportée; son noble caractère, son intelligence supérieure ne le permettaient point. C'est alors qu'il écrivit sa lettre au rédacteur du Journal musical de Leipzig; je dirigeais cette gazette, mais Hoffmann m'était complétement inconnu, même de nom. Je possède encore cette lettre; elle est pleine d'esprit, écrite d'un style brillant et gai, comme tout ce qu'Hoffmann a écrit.

Il y raconte toute sa vie telle que je viens de l'esquisser, sa dernière catastrophe, son embarras de n'avoir rien, de ne rien être, de ne pas savoir où aller, que devenir. Sa lettre termine du même ton gai et spirituel par la demande adressée au rédacteur du journal, de lui conseiller ce qu'il devait faire, « car, dit-il, il est clair qu'il fallait faire quelque chose et sur-le-champ; la faim fait mal, au moins à sa femme. » « Seulement, continuait-il, il ne subirait pas le plus grand malheur, celui d'accepter de l'argent qu'il n'eût gagné; mais qu'il voulait travailler, faire tout, même écrire ce que l'on nomme des inutilités, ou ce qui l'est à peu près, c'est-à-dire de composer de la musique; qu'il envoyait en même temps son *Requiem* comme échantillon de ce qu'il savait faire. » Le rédacteur parla à l'instant au propriétaire du journal, qui entra dans l'affaire et promit à Hoffmann l'honoraire que son journal permettait d'offrir. Je répondis immédiatement. Je priai Hoffmann d'écrire dans le genre de sa lettre; je mis le journal à sa disposition et lui communiquai les offres de l'éditeur; pour le contenter, et en même temps pour mieux connaître sa force, je lui précisai les sujets suivants : faire un roman ou la caractéristique d'un musicien qui, à un âge avancé, deviendrait fou (comme par exemple Friedmann Bach, depuis qu'il menait une vie de vagabond, tout en restant dans son art artiste généreux et grand, mais seulement obsédé par une idée fixe, la même idée fixe de Friedmann Bach, qui se croyait occupé par l'âme de son père condamné à cette vie pour être puni de rudes leçons qu'il avait données à ses fils espiègles); ou l'idée d'être Mozart ou Haendel; je l'engageai à en faire un tableau plein de vie, amusant, et qui serait à la portée de l'intelligence de notre public. Je lui adressai en même temps la grande symphonie en mi-bémol de Beethoven en partition, qui se trouvait alors dans les mains des graveurs de musique; je le priai de m'envoyer sur cette composition une critique qui, du reste, n'était pas bien nécessaire pour l'œuvre d'un si grand maître, ou de faire le sujet d'une *Fantaisie* à propos de ce chef-d'œuvre, telle que son génie le lui inspirerait. Au bout de dix jours tout arriva à Leipzig; les lecteurs se rappelleront avoir lu dans le Journal musical d'alors : « *Les Observations sur la Symphonie de Beethoven, Le Maître de chapelle Jean Kreisler,* » ou bien les « *Morceaux fantastiques à la Callot.* » Qu'ils se rappellent également que ces publications étaient les premiers essais d'Hoffmann, et ils sauront apprécier sa productivité énorme.

Hoffmann écrivit encore plusieurs articles pour le Journal musical; ceux que nous venons de nommer sont cependant les plus importants; il resta fidèle au journal tant que d'autres gazettes ne lui offrirent pas d'honoraires plus brillants; ce qui arriva quand sa réputation grandit et qu'il fut obligé de gagner beaucoup d'argent, parce qu'il en dépensait beaucoup.

En attendant, Hoffmann était resté à Bamberg. Mais il arriva que peu de temps après que la troupe d'opéra qui, pendant l'été, jouait au bain près de Dresde, mais à Leipzig, pendant l'hiver, perdit son directeur de musique; Hoffmann fut appelé à sa place; on lui assura des appointements plus considérables qu'il n'en eût demandé sans sa nonchalance; il s'empressa d'accepter et d'accourir (1812).

Les événements de la guerre, à Dresde, où Hoffmann devait rejoindre la société de comédiens, firent plutôt une impression heureuse qu'inquiétante ou décourageante sur son esprit impressionnable et sensible à tout ce qui était vraiment grand et nouveau. Il courait partout où il pouvait voir quelque chose de remarquable; les dangers ne l'effrayaient point; les devoirs de son nouveau poste ne furent cependant pas négligés. Dans l'automne de la même année il se rendit à Leipzig, où je le vis pour la première fois; depuis, sa conversation pleine d'esprit et d'entrain, son enjouement et sa bonne humeur inépuisables m'ont souvent charmé. Pendant ce voyage, il arriva que a lourde diligence de poste versa avec tout le bagage qui l'encombrait. Hoffmann s'en tira avec une blessure très-légère, mais sa femme fut grièvement blessée à la tête et obligée de garder le lit pendant plusieurs mois.

Malgré ce malheur, Hoffmann se sentit heureux chez nous, à Leipzig, et plus tard, l'été suivant, à Dresde.

Revenu à Leipzig, il montra son caractère difficile vis-à-vis des personnes avec lesquelles il était obligé de vivre ; il se disputa d'abord avec les artistes, puis avec le directeur, qui, peu capable il est vrai, mais honnête et loyal, ne perdait pas facilement sa patience flegmatique ; mais enfin qui n'y put tenir plus longtemps. Après une scène violente entre ces deux hommes, Hoffmann quitta sa place tout à coup.

Il ne réfléchit point que des armées formidables se concentraient près de la ville ; tout le monde devait alors ménager ses ressources, et la goutte le menaçait sérieusement. Pendant les journées de la grande bataille, nous avions pleinement à nous préoccuper de nos propres affaires, ce qui fit que je ne le vis pas. Au bout de quelques semaines seulement, j'allai lui rendre visite. Je le trouvai dans la partie la plus triste de la ville, dans un mauvais garni, dans la dernière chambre de l'auberge : là je le vis sur un lit misérable, à peine protégé contre le froid, les jambes gonflées et contractées par la goutte. Sa femme se tenait silencieuse et triste au chevet de son lit ; devant lui il y avait une planche sur laquelle il paraissait travailler. « Mon Dieu ! m'écriai-je, comment cela va-t-il ? » — « Cela ne va pas du tout, dit-il ; cela est couché et assez accroché. » — « Que travaillez-vous là, mon ami ? » — « Des caricatures sur Napoléon et ses maudits Français, dit-il; on me paye... mais il faut que j'invente, dessine et colorie tout cela. Et pour chaque pièce le... l'avare me paye un ducat. » Effectivement, la plupart des gravures qui parurent alors sont d'Hoffmann. Alors il me débita de bonne humeur l'histoire de la semaine, mêlée de réflexions de tout genre; c'était un récit qui eût pu vous faire pleurer et rire à la fois, vous remplir d'admiration et de pitié... Nous fîmes immédiatement tout ce que nous pûmes; il laissa faire, sans trop s'en occuper, ce qui était tout à fait de son caractère.

De son lit de douleur, déchiré par les attaques de la goutte dont il se moquait, il écrivit au prince Hardenberg, chancelier d'État de Prusse, qui avait suivi les armées victorieuses à Paris, pour lui demander d'être installé dans son ancienne place; le prince lui fit promettre, peu de semaines après, de faire tout son possible et lui envoya des secours. Hoffmann, qui me montra la lettre, s'écria plein de feu et d'espoir : « Eh bien ! voilà que l'on ne me laissera pas crever comme un chien ! Ah ! ces messieurs nous doivent bien tout ce qu'il leur est possible, puisqu'au lieu de jouer nos cartes à nous, nous les aidons à faire leur jeu. »

C'était au commencement du printemps, sa santé s'améliora, et l'accomplissement de la promesse du prince ne se fit point attendre.

Hoffmann fut nommé conseiller à la cour royale de Berlin, où il partit immédiatement. Lors de sa dernière visite chez moi, il s'emporta contre une critique de ses « *Esquisses fantastiques*, » qui avait paru dans la Gazette

CHAPITRE III.

musicale. On en avait dit tout le bien, sans cependant oublier, ce qui est très-juste, qu'Hoffmann y avait trop imité Jean-Paul Richter, et pour le style et pour le sujet ; on avait ajouté, toujours dans un langage très-modéré, qu'il ne fallait point imiter cet auteur, qui brillait surtout par son style original ; on avait surtout rappelé que le chien Berganza oubliait trop sa nature, ce qui n'était pas même permis à un chien fantastique, et ce qui faisait croire que l'animal parlait au nom de l'auteur. Hoffmann savait que le critique c'était moi-même, puisqu'il m'avait demandé d'écrire la critique. Ce qui ne l'empêcha pas de me gronder très-vivement ; j'essayais de l'adoucir, il s'emporta davantage ; enfin je me tus, le regardant fixement ; alors il s'épancha entièrement. Puis, tout d'un coup, il rit, me tendit la main et s'en alla. Hoffmann, du reste, tourmentait ainsi tous ses amis ; mais pour peu qu'on l'avait connu et aimé, il était impossible de se séparer de lui.

Je passerai vite sur le reste de sa vie. La préface que Jean-Paul avait écrite pour l'ouvrage d'Hoffmann, que nous venons de nommer, décida de la fortune de notre ami ; Hoffmann devint populaire ; on connaît depuis tous les détails de sa vie, je ne citerai qu'une circonstance :

Hoffmann pria le poëte Fouqué de lui arranger l'*Ondine* (par laquelle Fouqué avait fondé sa réputation), pour un grand opéra romantique. Le poëte, qui aimait à obliger ses amis, fit vite ce qu'Hoffmann désirait. La poésie de Fouqué ne perdait rien à cette forme nouvelle ; elle avait de fort belles scènes ; Hoffmann oublia malheureusement que jamais un bon roman, par cela même qu'il est bon, ne peut faire un bon drame; les deux genres d'art reposent sur un principe différent; ils prennent leurs effets en agissant ou par les sens ou par l'imagination. Hoffmann se mit à la composition de la musique avec son ardeur habituelle; sans perdre un instant, il avait fini avant de partir pour Berlin; là il le présenta au théâtre. Je n'ai pas assisté à la représentation, mais le compositeur m'avait communiqué la partition avant la représentation. Les journaux ont rapporté que la pièce a eu quelque succès, mais fort peu; quelques chants ont plu, d'autres ont été vivement applaudis; on les trouva pleins d'expression et d'originalité; on remarqua des caractères bien tracés, surtout ceux d'Ondine et de Kuhleborn : en somme ce n'était pas un ouvrage bien vrai, il n'y avait point d'effet vrai et puissant. Plus tard, le public se rangea du côté des connaisseurs; mais Hoffmann ne pouvait se décider à changer quelques parties; au contraire, il prétendait avoir été malmené par les critiques, qu'il traitait de « vieux badigeonneurs stupides, » lui qui avait critiqué tout ce qu'il y avait sous le soleil, et avec quelle vigueur! « Mon Dieu, s'écria-t-il, que ne puis-je écrire une critique sur la critique, pour avaler celle-là d'un seul coup, et pour faire crever alors la mienne même. »

Son explosion passée, il redevint aimable, se critiqua lui-même, reprit sa partition et s'en alla. L'opéra resta là; les connaisseurs ne changèrent cependant pas leur opinion sur cet ouvrage remarquable fait par un amateur.

Un trait caractéristique dans la vie d'Hoffmann était une sobriété excessive, qu'il garda pendant plusieurs années pour montrer tout à coup une voracité insatiable, ou plutôt un penchant pour la boisson, auquel il s'abandonna tant que sa bourse le lui permettait et sans le cacher; quant à son caractère officiel et à son activité comme juge, je ne sais que ce que les journaux nous ont appris. Harassé de besogne, il se distingua par ses travaux et en fut généreusement récompensé. Il fut même nommé membre de la commission que le chancelier institua pour l'instruction du procès contre les « intrigues » des démocrates; il dînait souvent chez le chancelier.

En outre, les honoraires qu'on lui payait pour ses publications étaient alors considérables; les libraires s'arrachaient ses manuscrits; Hoffmann pouvait donc se laisser aller à sa passion, que nous déplorions tous, et accepter les invitations de quelques salons qui tenaient à briller avec son esprit, avec sa réputation, qu'il s'était conquise par le caractère original de ses livres, par la forme particulière qu'il savait prendre, par la nature des sujets qui alors intéressaient beaucoup le public.

On lui demanda du nouveau, du bizarre. On excita au plus haut degré son esprit impressionnable, qui n'avait pas d'appui dans un caractère flexible. Hoffmann travaillait donc, souvent dans un état d'agitation, le plus souvent au cabaret; il devait arriver où il arriva.

A peine avait-il passé huit ans à Berlin, à l'âge de 47 ans, il mourut le 25 juin 1822. Sa dernière maladie fut courte, mais terrible; il la supporta, elle et les tentatives douloureuses pour l'en guérir, avec courage, même avec ironie, et resta jusqu'à son dernier souffle sans perdre la conscience ni la bonne humeur.

On s'étonnera certainement de tant de qualités d'esprit que sa nature avait prodiguées à Hoffmann; ceux qui le connaissaient plus intimement savent aussi quelle était son énergie et son élan moral, mais surtout sa persévérance opiniâtre, par lesquelles il réussit à se faire admirer. Quant à l'usage qu'il en fit, à leur développement, Hoffmann était un enfant de son époque, en tant que l'époque cherche l'extrême dans les directions les plus diverses. Son époque l'a conduit, et il s'est complétement laissé dominer par elle; mais l'époque l'a élevé, porté, consumé.

CHAPITRE IV

Quelques traits sur la caractéristique d'Hoffmann, par son ami Funck.

Il n'y a pas un ami d'Hoffmann qui n'ait laissé à sa mémoire quelques pages touchant ses habitudes, ses goûts artistiques et sa manière de vivre. Ces souvenirs montrent quels regrets emporta le romancier et la religion qu'il inspira à ses amis. Le morceau le plus curieux, parce qu'il est raconté simplement et avec bonhomie, est assurément celui qu'a écrit le libraire Funck.

M. Loëve-Weymar, dans le tome XX des prétendues *OEuvres complètes d'Hoffmann*, a donné deux ou trois fragments très-courts de cette biographie curieuse; mais il a supprimé à mon sens les passages les plus intéressants, tels que la façon de vivre dans le monde du grand conteur, son humeur inquiète et maligne vis-à-vis des femmes, la manière comique dont il chantait ses propres œuvres, et, ce qu'il y a de plus intéressant dans tout écrivain, la relation de sa vie domestique et de ses sentiments de foyer.

Hoffmann était d'une très-petite stature; son teint était jaunâtre, ses cheveux bruns et presque noirs; ils croissaient très-bas sur son front; ses yeux gris n'avaient rien de remarquable quand il regardait tranquillement devant lui; mais quand il les clignait, ils prenaient une expression excessivement rusée. Son nez était fin et recourbé, et sa bouche vigoureusement close. Son corps, malgré l'agilité de ses mouvements, paraissait robuste pour sa taille, car il avait une large poitrine et de larges épaules. Pendant la première période de sa vie il s'habillait assez élégamment sans être recherché, seulement il paraissait faire grand cas de ses favoris, qu'il laissait croître avec soin jusqu'aux angles de sa bouche; plus tard son uniforme, avec lequel il ressemblait jusqu'à un certain point à un général français ou italien, lui procura de douces satisfactions.

Ce qui frappait dans son extérieur, c'était une vivacité extraordinaire dans tous ses mouvements, qui allaient jusqu'à l'extrême quand il racontait. Rencontrait-il quelqu'un ou lui disait-il adieu, il faisait des salutations répétées en s'inclinant brusquement, très-rapidement, sans remuer la tête; sa politesse avait quelque chose de grimaçant, et pouvait passer facilement pour de l'ironie, si l'impression que faisaient ces gestes singuliers n'avait pas été adoucie par l'expression affectueuse de son regard.

Il parlait avec une rapidité incroyable et une voix un peu enrouée, en sorte que, surtout pendant les dernières années de sa vie, où il avait perdu quelques dents de devant, il était difficile à comprendre. Lorsqu'il racontait, c'était toujours en phrases très-courtes; mais quand la conversation tombait sur l'art et qu'il s'enthousiasmait, ce qu'il cherchait à éviter cependant, il parlait en longues périodes belles et arrondies. S'il lui arrivait de lire de ses travaux, soit en littérature, soit en jurisprudence, il passait si rapidement sur ce qui était le moins important, que ceux qui l'écoutaient pouvaient à peine le suivre.

Quant aux passages principaux, il leur donnait un accent qui tombait presque dans un pathos comique ; il pinçait les lèvres, regardait autour de lui pour voir s'il était compris, et s'inquiétait ainsi lui-même en inquiétant les autres. Il sentait très-bien que ces habitudes faisaient de lui un très-mauvais lecteur ; aussi était-il heureux quand quelqu'un se chargeait de lire à sa place. Mais c'était une fonction assez délicate, surtout quand il était question de lire ses ouvrages. A chaque mot mal lu ou à chaque indécision de telle ou telle expression, il sentait comme un coup de poignard et il ne savait pas le cacher. Il avait une très-belle voix de ténor, très-vigoureuse, et de poitrine.

Quand il chantait il criait d'une manière exagérée, de même qu'en lisant, et il accentuait tellement la note que le portement de la voix dégénérait souvent en pathos déclamatoire. Sa manière de chanter devenait insupportable quand il s'accompagnait au piano, et surtout quand il était exalté par le vin : alors il frappait tellement sur le piano, qu'on craignait d'entendre à chaque instant toutes les cordes se casser ; mais, s'il lui arrivait de chanter un duo avec une dame qui l'intéressait, il fallait alors tout le sang-froid des auditeurs pour ne pas éclater de rire, car il couvrait la dame de regards fondants, ou bien semblait contempler le ciel avec passion, pinçait mielleusement la bouche, etc.

Il était difficile de faire connaissance avec lui : il était très-renfermé en lui-même et écoutait fort peu ceux qu'il voyait pour la première fois, à moins qu'ils ne fussent particulièrement intéressants. Ses anciennes connaissances étaient tout pour lui ; il se trouvait à son aise avec elles, et il ne demandait rien de plus. On se disait souvent : Comment Hoffmann peut-il avoir des relations avec tel ou tel ? Question très-fréquente à laquelle on pouvait répondre : Parce qu'il connaît tel ou tel depuis tant de temps. En revanche, il demandait impérieusement à ses amis la même manière de penser ; ils ne devaient pas avoir d'autres dieux que lui, et il les considérait comme des félons quand ils se mariaient, vivaient avec leurs enfants, etc.

Il n'aimait pas précisément le commerce des femmes, quand il ne pouvait pas les mystifier et les attirer dans le cercle aventureux de ses fantaisies, ou bien quand il ne découvrait pas en elles un sens déterminé pour le comique ; alors il préférait de beaucoup les relations avec les hommes, chez qui cette dernière faculté se rencontre plus fréquemment. Le côté grimacier et le côté mystérieux dans la nature humaine avait pour lui beaucoup d'attraits, et ce n'est guère qu'avec des hommes qu'il pouvait converser sur de pareilles profondeurs. Les jeunes filles l'intéressaient beaucoup plus que les femmes mûres, surtout quand elles étaient belles ; elles exerçaient alors sur lui une véritable magie, mais c'est surtout le charme que leur vue lui faisait sentir qui agissait en lui, et non pas l'épanouissement de leur intérieur pour lequel la clé lui manquait. En revanche, il lui arrivait souvent de s'attacher les enfants quand il se donnait la peine de s'occuper d'eux, parce qu'il trouvait en eux une certaine prédisposition au comique ou au fantastique. Parmi les diverses apparitions qui se produisent dans le monde, celle des femmes savantes était celle qui le choquait le plus. Quand l'une de ces femmes s'avisait, comme cela est arrivé plus d'une fois, de s'établir auprès de lui sur un pied d'égalité, de prendre place à table à côté de lui, alors il était capable de s'emparer de son couvert et de l'emporter jusqu'à ce qu'il eût trouvé à se caser d'une manière inaperçue dans l'endroit le plus éloigné.

Les femmes artistes de toute espèce, sans leurs tics ordinaires, lui étaient plus agréables. Il montrait peu d'estime pour la dignité morale de l'homme, ainsi qu'il l'a prouvé par le choix de ses relations. La manière de penser lui importait peu dans ses rapports sociaux. La meilleure recommandation était la capacité qu'on avait d'écouter. Il s'était placé vis-à-vis de ses amis à peu près comme un livre (en le supposant personnifié) se place vis-à-vis de ses lecteurs. A la suite de ceux-là venaient ceux qui pouvaient l'amuser, ce qui ne se faisait que par des bons mots ou par de très-courtes anecdotes remplies d'esprit. Enfin, la possession d'une qualité particulière quelconque lui imposait : par exemple, un courage extraordinaire, ou bien la force morale pour résister d'une manière réfléchie aux entraînements qui l'emportaient d'une manière irrésistible. Ceux qui ne l'intéressaient dans aucune de ces manières lui étaient indifférents et n'avaient qu'à montrer un défaut à la cuirasse pour devenir l'objet de sa critique aiguë ou de son esprit moqueur, dont il épargnait seulement ses quelques véritables amis.

C'est chez lui, dans son petit cercle intime, qu'Hoffmann était le plus aimable; la sainteté du droit d'hospitalité lui faisait supporter patiemment ce qui était le plus contraire à sa nature. Et quand l'esprit de son entourage ne lui suffisait pas, il essayait de se distraire en prévenant les besoins matériels de ses invités. Alors il enlevait à sa femme le soin de faire la salade, le punch, etc., choses qu'il savait faire d'ailleurs admirablement ; en d'autres termes, quand ses hôtes ne le régalaient pas, il prenait du moins plaisir, lui, à les régaler. En revanche, il était insupportable au dernier degré quand il trouvait de l'ennui là où on l'avait invité. Il semblait ne pouvoir se consoler d'avoir perdu une soirée qu'il aurait employée à ses travaux favoris, ou qu'il aurait consacrée à l'entourage au milieu duquel il se plaisait. Tout cela dépendait d'ailleurs de l'humeur dans laquelle il se trouvait le jour même ; ce qui l'aurait fait rire hier le rendait furieux aujourd'hui ; personne ne savait mieux que lui combien il était dominé par son humeur. Il a laissé dans son journal une échelle progressive de ces dispositions par laquelle il exprime ce qu'il a ressenti les jours auparavant. Par exemple : « Humeur pour le romantique religieux ; humeur pour l'exaltation humouristique tendue jusqu'à l'idée de l'aberration, ce qui m'arrive souvent ; dispositions humouristiques colériques ; humeur musicale exaltée ; sentiment de bien-être, mais avec indifférence ; humeur désagréable-exaltée-romanesque ; humeur excessivement colère-romantique et capricieuse à l'excès ; humeur tout à fait érotique, très-exaltée, mais poétique pure, très-confortable, abrupte, ironique, tendue, très-morose, tout à fait caduque, exotique, mais misérable, exaltée-poétique dans laquelle j'éprouve un profond respect pour moi-même, et où je me louais d'une manière exagérée : *senza entusiasmo, senza exaltatione,* mal et juste ; *un poco exaltato, senza poetica ;* très-gai , *ma senza furore ed un poco smorfia,* etc. »

Quand un ami le connaissait bien, il savait parfaitement, lorsqu'il entrait dans la chambre d'Hoffmann, dans quelle constellation se trouvait son humeur, et comment il fallait le prendre ce jour-là pour éviter les éruptions s'il y avait un orage dans l'air, et si l'on se trompait, on en ressentait immédiatement les conséquences. Il ignorait complétement l'art de se cacher ; on sentait toujours où l'on en était avec lui. Quand on l'ennuyait, il se mettait à bâiller, ou il savait montrer les dents à celui qui le vexait.

Si l'on voulait tirer de ce qui précède la conséquence qu'Hoffmann était dépourvu de toute bonté naturelle, on lui ferait injustice ; il donnait au contraire des preuves fréquentes de son bon cœur ; mais les autres particularités de son caractère se mêlaient si bizarrement à ses accès de bonhomie, que celui qui ne le connaissait pas parfaitement aurait pu prendre le change.

Un matin, il entra chez un de ses amis et lui raconta, plein de ce qu'il venait de voir, qu'il venait de se promener sur le Marché-des-Gendarmes, et qu'il avait été témoin de la scène suivante : « Une charmante petite fille de la basse classe du peuple s'était approchée de la boutique d'une fruitière et avait marchandé l'une des denrées en vente. La mégère lui demanda d'un ton grossier qu'elle lui montrât combien d'argent elle avait ; la pauvre petite, dans son innocence, sortit de sa poche une pièce de trois sous ; la femme la repoussa en lui disant qu'elle n'avait rien à vendre pour une pareille somme. L'enfant, mortellement affligée à ce mot, s'en alla. Alors, continua Hoffmann, je m'approchai de la vieille femme, qui avait très-bien remarqué ma présence, et je lui mis dans la main une pièce de monnaie. La femme rappela alors l'enfant et remplit son petit tablier des plus belles prunes. — Figurez-vous cette transition du plus profond chagrin à la plus grande joie. » Jusque-là l'histoire ressemble à toutes celles qui arrivent aux personnes bienfaisantes. « Mais, continua Hoffmann, et c'est ce qui le dépeint tout entier, pendant que je venais chez vous, j'ai été poursuivi par la pensée, dont je ne peux me débarrasser, que l'enfant va se rendre malade en mangeant ces prunes, et que le bonheur que je lui ai procuré deviendra peut-être la cause de sa mort. »

Ce qui donnait lieu à cette inquiétude n'était autre que cette pensée devenue idée fixe chez lui, que, lorsqu'un bonheur arrive à quelqu'un, le mal se trouve toujours à l'affût derrière, et que, suivant son expression énergique : « le diable mettait sa queue partout. » Toutes les fois que l'occasion s'en présentait, cette phrase lui revenait à la bouche, et cette croyance explique beaucoup de choses contenues dans ses ouvrages. Il était continuellement poursuivi par le pressentiment d'horribles événements mystérieux prêts à surgir en travers de sa vie. Quand il écrivait, il voyait véritablement autour de lui des monstres de toute espèce. Non-seulement lorsqu'il écrivait, mais au milieu des conversations les plus innocentes, le soir à table, prenant un verre de vin ou de punch avec ses amis, il croyait voir des fantômes, des revenants, et il lui arriva plus d'une fois d'interrompre le narrateur en disant : Pardon, mon cher, mais n'apercevez-vous pas là-bas dans le coin, à votre droite, ce satané petit monstre ? comme il passe la tête en branlant entre les poutres ! Regardez comme ce diablotin fait des cabrioles ! Regardez ! regardez ! maintenant le voilà parti. Ne vous gênez donc pas, charmant petit Poucet; ayez la bonté de rester avec nous ; écoutez avec bienveillance notre conversation si cordiale ; vous ne sauriez vous imaginer combien votre charmante personne nous fera plaisir. Ah ! ah ! vous voilà donc de nouveau ; auriez-vous la complaisance de vous approcher un peu plus ? Comment (et ici un jeu de muscles violent se dessinait sur son visage) ! peut-être prendrez-vous quelque chose ? Qu'est-ce que vous dites de bon ? Comment ! vous partez ? serviteur très-humble, etc.

Pendant qu'il bavardait ainsi, en fixant des yeux hagards dans le coin d'où la vision semblait venir, il se retournait subitement vers le visiteur et le priait tranquillement de continuer. S'il arrivait à l'un de ses amis de rire de ce qu'il venait de dire ou de le traiter de fou, il assurait très-sérieusement, et en plissant son front, que l'on ne devait pas croire du tout qu'il avait voulu plaisanter, qu'il avait vu de ses propres yeux l'individu en question, ce qui, du reste, ne le gênait nullement et lui arrivait souvent. Quand sa femme était présente, il se retournait vers elle en lui criant : N'est-ce pas, Mischa ? (Mischa, abréviation du nom polonais Michaéline.) Celle-ci ne manquait jamais de répondre affirmativement par un signe de tête et par un sourire.

Au milieu du travail pendant la nuit, il réveillait souvent sa femme qui, le connaissant et l'aimant, quittait son lit, s'asseyait à son bureau en tricotant son bas et lui tenait compagnie jusqu'à ce qu'il eut terminé sa besogne. Après le fantastique, le grotesque était son élément le plus naturel; entre ces deux penchants il n'y avait pas pour lui de moyenne; il se reposait de ses frayeurs en regardant les farces que sa fantaisie lui représentait pendant ses heures de recréation.

Il avait une préférence aveugle pour ceux de ses ouvrages dans lesquels il avait développé celles de ses qualités personnelles qui plaisaient le moins à ses lecteurs et qui représentaient des tableaux terribles de la folie ou bien des scènes effrayantes de revenants, comme, par exemple, la *Brambilla*. Cette direction de son esprit était la cause pour laquelle, à l'exception des grands poëtes et souvent des livres les plus arides dans lesquelles il trouvait des données qu'il travaillait à sa manière et dont il s'imprégnait, suivant son expression, il lui était impossible de rien lire, parce qu'alors il ne se trouvait pas transporté dans les extrêmes où il se plaisait.

Il était très-sobre pour le manger, parce que cette jouissance ne procure pas de plaisir intellectuel; il n'était excité que par les mets les plus fins et souvent par l'idée que c'était une gourmandise. Dans le commencement, il ne cherchait aussi dans la boisson, avant qu'elle ne devint une habitude et un besoin, qu'un accroissement de puissance; et, en effet, la parole lui était plus facile quand il était excité par le vin. Jamais il ne fut un buveur crapuleux, malgré ce qu'en ait dit la calomnie.

Hoffmann ne fut pas un grand ami de la nature. L'homme, l'observation et la communication de l'homme, la vue seule des hommes, lui paraissaient plus importants que tout le reste*. Quand il allait se promener l'été, ce qu'il avait coutume de faire tous les soirs de beau temps, c'était toujours pour entrer dans des endroits publics où il pouvait rencontrer des hommes.

Chemin faisant, il y avait peu de cabarets et de boutiques de confiseurs où Hoffmann n'entrât pour voir s'il y avait des hommes, et quels étaient ces hommes. Qu'on lise sa *Fenêtre du Coin*, dictée pendant la dernière semaine de sa vie, pour s'assurer de quelle distraction lui était la vue de la foule tourbillonnant sur un marché qu'il cherchait à voir encore de ses yeux à moitié éteints.

Son éloignement pour la nature rendait encore plus touchant le désir de voir encore de la verdure, qui s'éveilla en lui peu de temps avant sa fin. — « Mon Dieu, gémissait-il, voilà l'été qui vient et je n'ai pas encore vu un arbre vert. » Et quand il sortit pour la première fois, les larmes roulèrent sur son visage, et la puissance de l'impression le fit évanouir. Au retour de cette promenade, il fit le plan du petit conte intitulé la *Guérison*, qu'il dicta immédiatement.

---

* Funck, pour faire contraste à la vie tourmentée d'Hoffmann, a dépeint dans une note la vie d'un poëte domestique :

« C'était un aspect tout à fait touchant que de voir Wetzel en famille. Pendant sa promenade, les soirs d'été, lui-même portait ordinairement son plus jeune enfant dans ses bras ; sa femme marchait à ses côtés, et les autres sautillaient devant. Il était surtout très-fier de son Wilhelm, qu'il appelait le roi montagnard, parce que l'enfant avait passé sa première jeunesse dans les montagnes, et que sa belle et vigoureuse nature ne le rendait pas indigne de ce nom. Chemin faisant, la mère et les enfants cueillaient des fleurs et des herbes; aussitôt arrivés au sommet de la montagne, on les divisait en bouquet ou on les tressait en couronne, pendant que le père racontait des histoires ou leur faisait des observations à leur portée sur la nature qui les environnait. Telle était la vie joyeuse, véritablement idyllique, d'un grand homme et d'un grand poëte, mais qu'aucun poëte, pas même Goëthe ou Voss, ne saurait décrire. »

Hoffmann n'avait pas de goûts favoris bien particuliers; on ne pouvait considérer comme tel que son désir d'occuper un bel ameublement dans la plus large acception du mot. Pendant qu'il était sur son lit de mort, il avait fait toute espèce de plans pour la disposition du nouvel appartement qu'il devait décorer; entre autres, il voulait une chambre ornée avec des meubles dans le goût allemand du moyen âge, et il songeait à en faire lui-même les dessins. Il aimait aussi les livres, mais son peu d'ordre dans ces sortes de choses ne lui permettait pas d'avoir la moindre petite bibliothèque : il n'a même jamais possédé la collection complète de ses ouvrages, il les avait tous prêtés sans savoir à qui, etc.

Il avait une grande facilité pour dépenser l'argent; il recevait vers la fin de sa vie d'assez fortes sommes ; il les donnait d'abord à sa femme et les lui reprenait ensuite pour les dépenser sans savoir comment. Il vivait du reste avec sa femme dans les meilleurs rapports conjugaux ; elle était l'indulgence et la complaisance même, et il n'eut jamais pour elle le moindre secret. Les journaux qui contiennent l'aveu de toutes ses faiblesses étaient toujours entre les mains de sa femme, et c'est de celle-ci que l'éditeur les a reçus pour les publier.

Mais dans l'exercice de ses fonctions judiciaires, personne n'aurait pu rien voir du désordre qu'on remarquait dans ses affaires privées ou dans sa fortune. Jamais il n'eût manqué la moindre pièce, le moindre chiffre : il savait séparer l'homme au service de l'État de l'homme privé d'une façon qui faisait honneur à son esprit pratique.

CHAPITRE IV.

Dans ses affaires littéraires, il y avait déjà beaucoup moins d'ordre ; quand il voulait lire à l'un de ses amis un passage de manuscrit ou d'une lettre quelconque, il ne pouvait jamais trouver ce qu'il cherchait, à moins que sa femme ne s'en mêlât. Il ne se soumettait à aucune régularité pour les heures de travail ; cependant, vers la fin de sa vie, lorsqu'il n'écrivait absolument que des contes pour les keepsakes, il avait pris l'habitude de suivre une certaine succession dans ses livraisons, qui était basée sur l'ancienneté de la commande de l'éditeur. Comme pendant les derniers jours de sa maladie il ne pensait rien moins qu'à la mort, il se réjouissait en parlant du nombre d'années auquel remontaient déjà plusieurs de ces commandes.

Les sujets de ces histoires, il les prenait ou dans son imagination, dans la vie réelle (et son habitude de fréquenter continuellement les endroits où allait la foule lui fournissait toujours de nouveaux caractères), ou dans des chroniques qu'il parcourait dans ce but. Il est véritablement admirable de voir avec quelle facilité il savait se procurer des connaissances exactes sur le monde des professions, et comment il savait s'assimiler les termes des sciences qui lui étaient complétement étrangères. Il les employait d'une façon telle, que le lecteur pouvait croire qu'il possédait dans ces branches des connaissances réelles, ce qui avait quelque chose de vrai, car pendant sa vie il avait essayé de tout.

Il était entièrement indifférent à la critique de ses ouvrages ; il ne lisait pas les journaux, et quand on lui parlait du compte rendu d'une de ses œuvres, qu'il fût louangeux ou acrimonieux, il ne montrait aucun désir de le lire. En revanche, il était heureux quand ses travaux plaisaient à ceux de ses amis de l'opinion desquels il faisait quelque cas. Il acceptait de leur part même les observations qui étaient contraires à ses vues, mais il fallait, pour cela, qu'il sût que ses amis le comprenaient. Jamais il n'a résisté à un jugement d'Hitzig ni d'Hippel; le premier était sa plus ancienne connaissance à Berlin, et lui disait ouvertement tout ce qu'il pensait. Sans doute il ne cédait pas pour un ouvrage nouvellent paru, mais il lui arrivait six mois plus tard de dire : « Vous aviez raison, je tâcherai de faire mieux. » C'est ainsi qu'il avouait, pendant la dernière semaine de sa vie, combien il avait dû faire de tort à sa réputation par quelques-uns de ses contes qu'il fit paraître dans le Calendrier illustré de Berlin, dans le *Keepsake de Gleditsch;* il avait l'intention, dans la troisième partie du *matou Murr*, de donner satisfaction à ce propos au public, mais il était trop tard, de même que pour bien d'autres bons vouloirs.

Hoffmann était un enfant de son époque, en tant que l'époque cherche l'extrême dans les directions les plus diverses. Son époque l'a conduit et il s'est complétement laissé dominer par elle. L'époque l'a élevé, porté et consumé. C'est avec cette belle pensée que Rochlitz finit son excellent article sur lui, et Funck ne trouve rien de mieux non plus pour terminer.

CHAPITRE V

Extraits du livre de notes d'Hoffmann pendant la dernière année de sa vie. — Son testament.

Est-il un bonheur pareil à celui d'être reçu par l'homme de génie dont on admire les œuvres; surtout s'il est simple, s'il parle avec orgueil de ses travaux futurs, s'il vous dit les livres qu'il étudie, s'il vous raconte le moindre incident de ses lectures, ses projets pour l'avenir, ses plans, sa méthode de travail? Mais cette jouissance est réservée à bien peu d'enthousiastes, devant lesquels l'homme de génie se tient prudemment sur la réserve. Dans sa jeunesse, il était confiant et prodigue de ses discours, mais la méchanceté des hommes lui a appris à se taire; le monde l'a figé, pour ainsi dire. S'il reçoit quelqu'un, il est poli, suivant les lois de la société, mais il garde un masque, et il faut des années de liaison intime avant qu'on le connaisse.

Mme Hoffmann, sur laquelle les renseignements manquent malheureusement, nous a révélé son mari, le grand conteur, mieux que si elle avait essayé une biographie. Conseillée sans doute par Hitzig, elle a ramassé tous les papiers qui encombraient le cabinet de son mari*. La femme et l'ami ont bien mérité des admirateurs d'Hoffmann, en donnant le cahier de notes, précieux dépositaire des idées que la mort n'a pas permis de dorer. Par ce cahier, on peut suivre l'ordre de la création dans le cerveau d'Hoffmann. Le livre de notes est plus curieux qu'une visite faite à Hoffmann. Voici d'abord l'idée d'un conte, ou plutôt d'une histoire faisant partie d'un conte :

« Comme un médecin croyait que les souffrances de son malade provenaient du ver qu'il portait dans le corps, il le traita en conséquence jusqu'à ce que le ver sortît véritablement. C'était un ver d'une toute nouvelle espèce, un affreux monstre ayant une foule de pattes, et qui reçut un nom nouveau. On lui donna le nom du médecin pour honorer l'opérateur. A la fin, il fut découvert pourtant que le ver qui n'avait pas été digéré était une tige de rosier. »

Quelquefois Hoffmann, venant de lire un auteur dont la forme de récit lui paraît nouvelle, écrit : « A faire le veilleur de nuit, une mystérieuse personne qui raconte des aventures nocturnes. » Et entre parenthèse on lit:

---

* C'est avec bien du plaisir que j'ai entrepris la présente édition en cinq volumes, en conformité du désir de tout le monde, pour compléter l'édition des œuvres choisies de mon défunt mari, donnée par M. Reimer, à Berlin, au moyen de ses derniers contes et de sa biographie due à la plume de son ami, M. le docteur Hitzig, directeur du criminel. Je me félicite d'avoir été mise à même, par la bonté de M. Funck, de Bamberg, de faire d'importantes adjonctions aux éditions anciennes desdites œuvres, et je souhaite que dans cette forme rajeunie, elles trouvent un accueil aussi favorable que celui dont elles ont joui dans leur forme primitive.

« Il sera agréable aussi pour une grande partie du public, que les cinq volumes soient livrés comme une œuvre à part, car ils forment en effet un tout indépendant.

« MICHAÉLINE, veuve HOFFMANN, née RORER.

« Berlin, le 1er juillet 1839. »

CHAPITRE V.

(*Diable boiteux*). Évidemment le roman de Le Sage lui semblait bon comme patron; mais combien Hoffmann eût su s'approprier cette idée et la rendre toute personnelle!

Sous le titre de *Fable*, il a jeté sur son cahier une belle pensée : « Tout le monde a devant soi une poche pendante dans laquelle il place les défauts de son voisin, et une autre poche derrière soi, dans laquelle il met les siens propres. » *La Fontaine = La Bastac.*

« Les chiens aboient à la lune, par envie, comme on dit, se demande Hoffmann. La cause de cela? (à trouver.) »

Il lisait beaucoup et se plaisait à établir des rapprochements curieux entre des auteurs qui semblent n'en avoir aucun. « *De Cardani*, merveilleux portrait de lui-même. Bayle, comparer avec le portrait du neveu de Rameau, de Diderot. » En effet, il y a dans le *De Vita propria* de l'alchimiste Jérôme Cardan quelques points de cynisme orgueilleux qui ressemblent au caractère du musicien Rameau neveu.

Les quatre lignes suivantes font sourire et sont pourtant pleines d'intérêt. Il faut comprendre la joie des auteurs qui ont tant de plaisir à se voir imprimés, même ceux qui produisent beaucoup. Jean-Paul Richter, qui a écrit quatre fois plus qu'Hoffmann, avait conservé cette précieuse naïveté qui est le pendant des paysans à la vue d'une douzaine d'enfants. Ce n'est pas de l'orgueil; Jean-Paul et Hoffmann ne se plaisaient pas à se relire, j'en suis certain; ce sont les immenses bonheurs de la création, si pénible comme enfantement. Jean-Paul Richter et surtout Hoffmann avaient eu une peine infinie à se faire éditer par les libraires allemands.

« Situation d'un heureux auteur. Il se dirige dans un petit cabriolet vers la foire de Leipzig; derrière lui suivent de six à huit énormes voitures chargées de ballots. Ce sont ses œuvres complètes. »

Hoffmann connaissait le français et se servait quelquefois dans ses contes de mots populaires qu'il inscrivait sur son carnet. Ainsi : « *Maquignon*, quelqu'un qui trafique des chevaux. »

« Une femme, à l'article de la mort, avoue à son mari qu'elle lui avait été infidèle. A cela le mari répond : Une confidence en vaut une autre ; je t'ai donné du poison, tu meurs empoisonnée parce que tu m'as été infidèle. »

Voici quelques notes sur l'art dramatique : « Il y a des artistes qui ressemblent à Paillasse, lorsque celui-ci prend un grand élan et s'arrête tout à coup sans sauter. Ce sont les comédiens sans vrai génie, qui empruntent un extérieur fastueux, mais creux à l'intérieur. Ils prennent facilement l'élan; la nature seule prête la force pour le saut. Aussi ces comédiens en restent-ils toujours à l'élan sans sauter. »

« Les sauts et cabrioles de nos danseurs modernes rappellent très-vivement l'ingénieuse manière dont les Arabes se servent pour dresser leurs chameaux à danser. Les susdits chameaux sont conduits sur un plancher de métal sous lequel un feu est allumé. Comme le métal s'échauffe de plus en plus, ces animaux lèvent leurs gracieuses petites pattes de plus en plus haut, et toujours plus haut et plus confusément, à mesure que la chaleur monte; de sorte qu'enfin ils planent dans les airs avec leurs quatre pattes. Cela est vraiment très-joli à voir, et plus d'un Européen maître de ballet, à l'aspect de cette pure nature, peut devenir enthousiaste. . . . . »

« Les pantomimiques convulsions du monotone ou tout à fait muet comédien pourraient, puisque la convulsion se montre principalement dans les mains, être appelées *des cris de mains*. Le spectateur devient par là dans l'inquiète situation d'un sourd qui voit seulement les mots sans les entendre, ou tout au moins sans les comprendre. »

Hoffmann est souvent sérieux comme un moraliste par ses observations : « Le charlatan, dans le *Mariage à la mode*, d'Hogarth, se sert d'une machine très-compliquée, bâtie avec d'ingénieux leviers, des poids, des roues, des cylindres, des culasses, etc., etc., pour tirer un bouchon de bouteille. Le bouchon s'élève à peine de l'épaisseur d'un cheveu, que la bouteille enfermée dans la machine est brisée en mille pièces. Certaines inventions ressemblent à cette machine. Avec les dépenses de riches forces, avec de prodigieuses dispositions, au lieu de la simple opération que l'on a en vue de produire, on arrive à détruire le tout sans retour. »

« Un vieux maître de musique disait d'une demoiselle qui jouait du piano sans esprit et sans âme : — Dieux! s'il pouvait pourtant pousser à cette gracieuse demoiselle des mains dans ses gants. »

La note suivante est une satire très-fine contre les poëtes médiocres. « En faisant l'éloge du kaléidoscope, il devient nécessaire, eu égard à la belle union de l'agréable avec l'utile, de montrer que la fantaisie de l'imprimeur de toiles de coton et du fabricant de gilets peut s'élever aux modèles les plus inouïs. Un joyeux cerveau de mécanicien ne devrait-il pas pouvoir inventer un kaléidoscope pour les poëtes useurs de presses. Les plus petites pensées, les plus ordinaires, les plus misérables, les plus usées n'auraient qu'à y être jetées, convenablement remuées et secouées, pour se réunir dans les plus étranges images. Le poëte n'arriverait-il pas à un joyeux étonnement, à un bruyant enthousiasme, en voyant arriver des pensées auxquelles il n'avait pas du tout songé ? — Pourtant, sur nos théâtres, il se fait, je pense, beaucoup de choses à la manière kaléidoscopique. »

Je passe certaines notes fort intéressantes pour Hoffmann et sans intérêt pour nous; quelquefois ces notes abréviatives renferment des plaisanteries impossibles à traduire, quelquefois elles ne sont que des souvenirs des lectures, avec le chiffre des pages indiquées. Hoffmann avait pensé à se servir du fameux type de Tiel Ulenspiegel, qui fit longtemps la joie de nos aïeux en France, avant le *Pantagruel*. En tête Hoffmann a écrit : « Pour un almanach, » songeant seulement à écrire quelques pages sur la donnée suivante : « Tiel Ulenspiegel était enchanté lorsqu'il gravissait une montagne, parce qu'il se réjouissait d'avoir à la descendre, et triste lorsqu'il descendait une montagne, parce qu'il redoutait le moment de la remonter. Quel mal va donc m'arriver aujourd'hui, que je suis en si joyeuse humeur ? Quelle joie m'attend donc, que je suis si abattu par la tristesse ? »

L'idée est charmante, et cependant Hoffmann écrivait à la suite : « Est-ce digne d'un almanach ? »

Dans ce cahier de notes, il est curieux de suivre la méthode de travail d'Hoffmann, la manière dont les idées lui venaient au cerveau et les *plans* qu'il couchait sur le papier afin de ne pas perdre les idées qui paraissent sans importance, peut-être, à un lecteur frivole, et qui, mûries, bercées longtemps dans le cerveau, en sortaient aussi magnifiquement habillées qu'elles y étaient entrées pauvres et nues.

Les Semaines de plaisir de Jacob Snellpfeffers avant la noce sont un titre complet et réussi. Le titre entrait sans doute pour beaucoup dans la manière de composer d'Hoffmann. Un heureux titre, ou du moins qui semble tel à l'auteur, le délasse du pénible enfantement de la création, plus pénible encore quand des faits s'enchevêtrent, se groupent sans résulter d'un commandement bienveillant : car le titre, quand il est bon, est un général habitué à la victoire sous lequel les soldats marchent avec plaisir, certains de vaincre. Voici donc quelques idées qui s'élançaient gaiement à la suite de Jacob Snellpfeffers : « (Parenthèse : — Ici peut être employée la description d'une promenade à travers un jardin. — Bouderie, — berceau de verdure, — buisson d'épines, etc., etc. Par exemple : Berceau de jasmin pour les amants, — auteurs pleins d'idéal, etc., etc. — Snellpfeffers ne pourrait-il pas être divisé en cahiers, au lieu de l'être en chapitres?) » Tel est le prologue du conte conçu entre ces deux parenthèses. Je ne sais si l'enthousiasme m'égare, mais ces quelques notes sont pleines de fraîcheur pour moi; je *lis* le prologue du conte comme s'il était écrit. Lavater prétendait qu'en retrouvant les petits ossements d'un squelette, il était certain de retrouver les vices ou les vertus de celui qui avait appartenu à ce petit os; j'en dis autant de ces notes qui, avec la fréquentation que j'ai d'Hoffmann, avec peut-être la couleur que leur donne le joli titre, et pourtant bien simple, *les Semaines de plaisir de Jacob Snellpfeffers avant la noce*, auraient certainement produit une œuvre remarquable. Quant aux détails qui suivent, leur place dans le drame n'est pas assez accusée pour que quiconque se fasse une idée de ce qu'Hoffmann en voulait faire. « On pourrait, dit le romancier, lui donner un caractère remarquable. Éducation. Ne pas oublier le recteur Wannowski. » Puis il termine par ce simple mot à la ligne :

« Secrets. »

Le dernier fragment de ce cahier de notes est d'une grande tristesse.

« Ne pas oublier, dicte-il, période de maladie de janvier, février, mars, avril. » Par cette note, il espérait se souvenir des pensées qui assiégent le malade au lit. Deux mois après il était mort. « Ne pas oublier pour un journal de médecine, dicte-t-il à la même date, les sensations particulières d'un malade qui s'observe avec attention. » Ainsi à ce moment il tournait ses idées vers l'utile, et sentait quelle utilité peut apporter à la science le poëte souffrant, observateur analytique, qui, ne pouvant plus étudier les hommes, s'observe en lui-même et suit encore d'un œil curieux le cours de sa propre maladie ; mais le comique l'emporte immédiatement sur l'utile, et l'idée d'un article pour un journal de médecine lui remet en mémoire une anecdote qu'il dicte aussitôt :

« *Anecdote authentique*. — Un robuste campagnard se laisse amputer de la jambe gauche à *la Charité*. Pendant l'opération il conserve toute sa gaieté, et s'écrie joyeusement lorsqu'on lui montre la jambe coupée : « Suis-je enfin débarrassé de cette patte maudite. » Lorsqu'on lui eut posé l'appareil, il s'adressa au chirurgien en lui disant : « Cher M. ***, vous vous êtes donné beaucoup de peine avec ma jambe gauche; les ongles de la jambe droite sont devenus bien longs, seriez-vous assez bon pour me couper tout de suite la jambe droite? »

Ce sont à peu près les dernières lignes qu'il dicta, si l'on en excepte le testament écrit trois mois avant sa mort, et qui prouve, par le sentiment qui éclate à chaque ligne, le bonheur domestique dont le grand conteur eût pu jouir auprès de cette Polonaise qu'il avait choisie pour compagne et qui sut se dévouer au soulagement des cauchemars artistiques et des tourmentes littéraires qu'Hoffmann a subis plus que nul autre poëte.

TESTAMENT D'HOFFMANN.

Nous, c'est-à-dire moi, le conseiller de justice Ernest-Théodore-Wilhelm Hoffmann, et moi, Marie-Thécla-Michaéline, née Rorer, nous avons vécu jusqu'ici depuis vingt ans dans les liens d'un mariage qui a été continuellement heureux et rempli de satisfaction ; Dieu n'a laissé vivre aucun de nos enfants, mais en revanche il nous a accordé quelques joies ; il nous a éprouvé par de lourdes souffrances que nous avons supportées avec un courage persévérant. Nous nous sommes toujours servis d'appuis réciproques, et nous avons agi comme des gens mariés qui s'aiment et qui s'estiment du plus profond de leur cœur.

S'il venait à plaire à Dieu de rompre nos liens et d'appeler hors du Temps l'un ou l'autre d'entre nous, nous décidons par ce testament, expression unique de notre dernière volonté et de notre amour réciproque, que la succession de celui qui mourra restera en héritage à l'époux survivant, sans qu'il puisse en être distrait la moindre parcelle, à titre de propriété entièrement libre et illimitée, dont il pourra disposer suivant sa volonté, sans avoir jamais à en rendre compte à personne.

Moi, l'époux, j'ai écrit cette dernière concession réciproque de ma propre main, et moi, l'épouse, je l'ai lue plusieurs fois; tous deux nous la corroborons, et nous nous engageons à exécuter cette dernière volonté que nous exprimons, en la signant de notre propre main, et en y apposant notre sceau ordinaire.

Berlin, le 26 mars 1822.

Ernest-Théodore-Wilhelm HOFFMANN,
Conseiller royal de justice.

Marie-Thécla-Michaéline RORER, femme Hoffmann.

CHAPITRE VI

Les portraits d'Hoffmann. — Ses dessins.

J'écris ce chapitre, entouré de huit portraits d'Hoffmann, qui ne se ressemblent guère. Et cependant je peux dire : celui-là est le vrai, les autres sont des portraits poétiques, à l'usage du public. Les deux portraits les plus trompeurs sont ceux qui furent gravés pour l'édition des œuvres complètes d'Hoffmann, traduites par M. Toussenel. Le premier est un buste enfermé dans un médaillon, soutenu d'un côté par un page et un hibou, de l'autre, par une jeune fille et un chat. Les cheveux d'Hoffmann sont des flammes; il a les yeux extraordinairement allongés. Dans la seconde vignette, on voit un jeune homme long et maigre, distingué, âme souffrante, quelque chose d'*Antony*, pantalon noir et petits souliers, sans habits, grand col rabattu. Étendu sur deux tonneaux, ce jeune romantique fume une longue pipe de bois, dont le fourneau énorme sert à reposer ses pieds.

Campée sur le tonneau, est une grosse cigogne à sac, muette et réfléchie; devant le jeune homme romantique se dressent, attirés par la fumée de la pipe, des serpents, des hiboux, des chauve-souris, mille animaux fantastiques. Pauvre Hoffmann! Il semble une vignette dessinée par Célestin Nanteuil pour un roman de monsieur Pétrus Borel.

Le portrait de M. Henriquel-Dupont, pour l'édition de Renduel, est traité avec plus de soin; mais le graveur a fait d'Hoffmann un conseiller aulique élégant, avec une houpelande à la Schiller, en gilet blanc, en cravate blanche, culotte courte de soie noire. L'homme qui tient une longue pipe de Kummer, emmanchée dans un long tuyau, est assis dans un riche fauteuil. Il est accoudé sur le piano. La boisson, caractéristique obligée d'Hoffmann, est représentée par une coupe ciselée, en verre de Bohême, avec des arabesques courant autour de ses flancs. M. Henriquel-Dupont n'a oublié qu'un détail, les lèvres d'Hoffmann, ces lèvres toujours pincées, qui souriaient même sans s'ouvrir, et cette bouche qu'il appelait lui-même « *le trait ironique...* »

Les magazines vinrent ensuite, comme *le Magasin pittoresque*, *le Musée des Familles*, vulgariser les portraits d'Hoffmann; quoique traités en dessins à la plume, ces croquis ne sont pas exacts [*].

Comme idéalité, la lithographie de M. de Lemud, qui a peint Hoffmann assis dans un riche fauteuil, sur lequel s'accoude une jeune femme qui regarde avec intérêt des

---

[*] J'écrivais ceci en 1854; quand, voulant me renseigner plus exactement, je demandai à Henry Monnier où il s'était procuré les dessins d'Hoffmann qu'i publiait en 1830, dans le *Musée des Familles*. « Les dessins dont vous me parliez, m'écrivit le célèbre caricaturiste, sont de votre serviteur; j'ai voulu changer ma manière de faire, afin de leur donner l'air étrange. »

fragments épars sur le bureau de travail, cette lithographie est assez intéressante. Seulement on se demande si l'artiste a voulu peindre madame Hoffmann ou la muse des contes venant inspirer le poëte. Les portraits d'Hoffmann, publiés par sa veuve, dans l'édition des Œuvres posthumes, sont les seuls certains; ce sont des *fac-simile* exacts, d'après des dessins à la plume de son mari. Hoffmann s'est d'abord représenté de dos, ne laissant absolument voir que le derrière de sa tête. Il est assis près d'une table, auprès du lit de son ami Kunz, qui lit à la lueur de la chandelle un manuscrit. Hoffmann est impassible pendant la lecture du gros Kunz, et semble attendre un verre à la main.

Un autre croquis nous montre Hoffmann de profil, dessinant le médecin qui étudie la langue de l'ami Kunz. Hoffmann, il faut le dire, a dans ce croquis un peu de la mine d'un juif allemand; les favoris longs, la chevelure embrouillée, l'entassement du cou dans les épaules, l'apparentent quelque peu avec le type des bottiers de Strasbourg, si communs à Paris [*].

Le plus curieux, sans contredit, est un simple trait à la plume, jeté en une minute sur le papier, portrait par lequel Hoffmann semble avoir voulu se moquer en passant des doctrines de Lavater, que Lichtemberg railla si cruellement à leur apparition. Chaque trait du visage d'Hoffmann est marqué d'une lettre de l'alphabet, qui correspond en bas à un tableau. C'est une simple farce contre la physiognomonie.

[*] Un artiste distingué, M. Villevielle, l'a fac-similé exactement : je destine ce portrait à cinquante personnes intelligentes.

On lit :

A, le nez. — B, le front. — C, les yeux. — D, beefsteacks, vin de Porto. (Le signe D est placé comme une mouche sur la joue; le beefsteack indique que la viande a donné aux joues d'Hoffmann la forme, et le vin de Porto la couleur.) — E, le trait ironique (la bouche.) — F, le menton long de comédie mal réussie. — G, les cheveux récemment arrangés, ou des visions, des démons. (Hoffmann se moque lui-même de ses cheveux embrouillés, qui ne semblent pas avoir eu jamais de grands démêlés avec le peigne.) — H, cravate. — J, collet de l'habit. — K, le bras d'une redingote avec des plis arbitraires. — L, favoris, ou des pensées nocturnes d'un somnambule. — M, le muscle de Méphistophélès, ou passion de meurtre et de vengeance, élixir du diable. (C'est au-dessus des sourcils qu'Hoffmann place les idées terribles et noires.) — N, les yeux. — O, oreille, ou la lettre d'apprentissage de Kreisler, qui n'est écouté ni compris. — P, *et cœtera*. (Par la lettre P, le caricaturiste indique la partie du corps qui n'est pas dessinée.)

Ce portrait, quoique dessiné par pure plaisanterie, est évidemment le meilleur qui nous reste d'après Hoffmann.

Les personnes emportées par leur imagination, qui croiraient trouver dans Hoffmann un caricaturiste plein de fantastiques et de capricieux traits de plume, seraient exposés à de grandes erreurs. *Le Roi des Puces*; le *Portrait de Blücher*, publiés en *fac-simile* prétendus exacts dans *le Magasin pittoresque* de 1833, *le Dessin fantastique*, dessiné par Henry Monnier, en 1834, dans *le Musée des Familles*, semblent exécutés justement à rebours de la

CHAPITRE VI.

Fac-Similé d'un portrait d'Hoffmann
DESSINÉ A LA PLUME ET ANNOTÉ PAR LUI-MÊME.

A.—Le nez.
B.—Le front.
C.—Les yeux.
D.—Beefsteack. Vin de Porto.
E.—Le trait ironique.
F.—Menton allongé, par suite de comédie mal réussie.
G.—Les cheveux remplis de visions démoniaques.
H.—La cravate.
I.—Le collet d'habit.
K.—Manche de redingote avec plis arbitraires.
L.—Favoris, ou des pensées nocturnes d'un somnambule.
M.—Le muscle de Méphistophélès, ou passion de meurtre et de vengeance.
N.—Œil.
O.—Oreille, ou la lettre d'apprentissage de Kreisler.
P.—Et cætera.

manière d'Hoffmann. Ici la plume est hardie, ronflante et pleine d'audace; le dessin vise à l'effet; au contraire, les *fac-simile* publiés en Allemagne manquent complétement d'effet. Les dessins à la plume d'Hoffmann, tels qu'on peut en juger par sept ou huit échantillons curieux, appartiendraient plutôt à la manière suisse-allemande, sans avoir même les côtés grotesques des caricatures de Topfer. Les graveurs allemands auraient-ils interprété d'une façon sèche la liberté de plume du caricaturiste; c'est ce qu'il est difficile de résoudre; cependant ces gravures ont été données comme des *fac-simile* exacts.

Il est fâcheux de rabattre sur le génie d'Hoffmann comme caricaturiste; mais son crayon de dessinateur n'a aucune parenté avec sa plume. Les dessins sont secs, propres, comme les croquis d'un employé qui réjouit tout son ministère en employant son temps à faire la charge des garçons de bureaux ou des sous-chefs. On comprend le succès des caricatures d'Hoffmann dans la société; un homme qui, dans un salon, dans un bal, sait jeter en quelques minutes la silhouette d'un être ridicule sur le papier, est un homme utile et amusant en même temps.

Ce n'est pas que je refuse tout talent de dessinateur à Hoffmann; au contraire, je préfère sa maladresse exacte aux tournures élégantes des crayons à la mode. L'art adroit, tel qu'il se pratique à notre époque, tel qu'il est enseigné partout et tel qu'il est facile à apprendre, jette quelquefois les esprits inquiets dans d'autres travers, à savoir l'art primitif. Après avoir été dégoûté de l'élégance des procédés, des subtilités de pinceau, du joli, des crayons précieux, on arrive à adorer les arts de patience, les plans de fortifications et les cartes géographiques. Mais Hoffmann n'a trouvé au bout de sa plume ni la grande maladresse, ni la grande naïveté qui font quelquefois qu'un charbonnage jeté sur un mur par un galopin, en revenant de l'école, est plein de charme. Les prétendus dessins de Cazotte pour son roman du *Diable amoureux* (ces dessins que je crois faits dans une manière enfantine par un artiste très-savant), sont plus originaux que les dessins d'Hoffmann; cependant on a relevé sur ses cahiers de notes mille petits croquis qui sont très-intéressants et qui se rapprochent plus que les grands dessins à la plume de la manière de Cazotte. On y voit l'étudiant Anselmus avec sa longue pipe, des costumes de théâtre, Épiménide, Armide, Érasmus, un lion, des plans de maison, le carrosse du baron Lamothe-Fouqué, son ami, le docteur Dapertutto, des étudiants qui boivent, des portraits d'Hoffmann, des plans de théâtre, enfin mille fantaisies en un seul trait de plume, se rapportant à ses projets de *scenarios* de contes ou de théâtre.

Hoffmann a laissé un nombre considérable de caricatures qui n'ont pas été gravées; mais je m'étonne de le voir s'enthousiasmer pour des compositions peintes qui doivent ressembler aux plus faibles productions de l'empire, alors qu'il était de mode exclusive de ne voir que l'histoire romaine, témoin la lettre suivante adressée à Hitzig.

Berlin, 15 octobre 1798.

« Il faut bientôt venir ici; combien tu verras de choses nouvelles! Ton goût pour les beaux-arts trouvera dans ce splendide Berlin un riche aliment. Nous avons en ce moment des expositions de l'Académie des arts; tu viendrais admirer avec moi le zèle de nos artistes : Hackert, qui vit en ce moment à Naples, a envoyé pour cette exposition quatre magnifiques paysages peints à l'huile d'après nature ; mais le plus beau morceau, c'est la famille de Julius Sabinus, par le professeur Rehberg, à Rome, peint à l'huile, de grandeur naturelle. Julius Sabinus, fuyant les persécutions de Vespasien, s'est réfugié dans une caverne ; brisé de douleur, il est étendu par terre et il appuie sa tête sur les deux mains ; son fils est debout devant lui et demande en pleurant à manger. La femme, qui est assise par terre, lui tend une croûte de pain avec un regard plein de larmes, pendant qu'elle presse contre son sein son jeune enfant qu'elle nourrit. Ce morceau est d'un style admirablement beau et grandiose ; il est peint de main de maître, d'après la manière italienne. La dernière scène des *Brigands*, de Schiller, dessin à l'encre de Chine, de Wolf, m'a également fort attiré à cause de son sentiment inimitable. Plusieurs autres tableaux m'auraient frappé d'admiration il y a un an ; mais aujourd'hui je suis presque gâté par la galerie de Dresde, où j'ai vu des chefs-d'œuvre de toutes les écoles. Je me sens rempli d'enthousiasme quand je me reporte dans la salle des Italiens ; figure-toi une salle qui est certainement une fois plus longue que la maison de ton oncle, à Kœnigsberg, dont les immenses murailles sont couvertes de bas en haut par les tableaux de Raphaël, du Corrége, du Titien, de Battoni, etc.; en voyant tout cela, je me suis nécessairement convaincu que je ne sais rien. J'ai jeté là les couleurs, et je dessine des études comme un commençant : telle est ma résolution. Ce n'est que dans la peinture que je crois avoir fait de grands progrès ; pour te le prouver, je t'enverrai certainement quelque chose. »

CHAPITRE VII

Hoffmann musicien.

Il y a deux hommes bien distincts dans Hoffmann, l'un poëte et l'autre musicien ; on pourrait dire même avec plus de raison, l'un musicien et l'autre poëte, car l'instinct de la musique s'est éveillé le premier dans son esprit. Bien évidemment au début de la vie, celui qui sera grand homme marche en tâtonnant. La tête pleine d'études encore fraîches, il se souvient plutôt qu'il n'imite ; les créations des hommes le frappent plus que les créations de la nature, son intelligence bégaie encore. Mais chez Hoffmann, qui fut un des grands artistes doubles, tels qu'il s'en voit rarement, la musique prit d'abord le pas sur la littérature.

On ne connaît pas Hoffmann musicien.

On ne le connaît même pas en Allemagne, à plus forte raison on ne le connaît pas en France. Si quelques amis dévoués et intelligents n'avaient pris à cœur de nous conserver les précieux manuscrits posthumes du compositeur, son génie musical n'apparaîtrait que par échappées dans ses contes et plus particulièrement dans l'histoire du *Matou*

Murr et du maître de chapelle Kreisler, et dans différents fragments connus sous le titre de *Kreisleiriana*.

Pour tout musicien intelligent, il est évident qu'un critique musical tel qu'Hoffmann n'est pas un de ces êtres qui se servent au hasard de la technologie musicale pour donner un manteau neuf et *voyant* à leur littérature. Rien n'est plus facile que de tromper le public à l'aide d'un dictionnaire et d'un manuel ; en deux jours d'études, un ignorant pourra paraître l'homme le plus savant aux lecteurs de gazettes ; à l'aide d'un traité d'astronomie, dont je ne sais pas le premier mot, j'écrirai, en étudiant quelque peu, un roman où je discuterai les questions astronomiques avec la science apparente d'un membre de l'Observatoire. De nos jours, on a poussé fort loin ce petit charlatanisme, et j'ai vu souvent de jeunes poëtes, amis ardents des formes grecques, passer des mois entiers à reconstituer un Olympe païen dont ils font un pompeux étalage dans leurs vers ; d'autres poëtes se vantent d'être plus forts que des lapidaires, et savent le nom de toutes les pierres précieuses depuis le commencement du monde. Ils enchâssent le nom de ces pierres dans leurs poésies, et s'imaginent avec une forte naïveté que leurs sonnets brillent comme le diamant du Régent. L'ardeur à courir vers le nouveau a produit ces observations qui peuvent séduire un moment par l'étrangeté, mais qui tombent dès que l'art, au lieu de s'appuyer sur la passion, s'abaisse à mettre en relief de simples chrysocales.

Hoffmann a bien parlé de la musique, parce qu'il la comprenait et la sentait, parce qu'il en souffrait, parce qu'il en était possédé, nourri, imbu ; et il ne connaissait pas la musique en simple amateur, en instrumentiste, il la pratiquait en compositeur, en maître.

Bien des fois j'ai demandé à des musiciens : « Connaissez-vous la musique d'Hoffmann ? » Si le plus souvent on me répondait non, quelquefois on haussait les épaules. Un des compositeurs les plus *romantiques* de ce temps m'a répondu : « C'est de la musique de littérateur. » Malgré le dédain de cette réponse, je fus ravi. — « Vous en avez entendu ? lui dis-je. — Du tout. » Je retombai dans mon désenchantement ; le romantique M. Berlioz, qui traitait si cruellement les compositions d'Hoffmann, avait été en Allemagne pour répandre son tapage, sans chercher à s'enquérir de la musique d'Hoffmann. Pénétré d'une idée fixe, j'aurais voulu la voir partager par tout le monde.

Une douzaine de biographes constatent qu'Hoffmann a composé la musique de divers opéras, mais, disent-ils, les partitions n'ayant pas été gravées, les manuscrits ont disparu. Ces raisons ne faisaient qu'irriter ma curiosité ; des manuscrits ne se perdent pas de la sorte, et je me sentais devenir jaloux des savants qui retrouvent et qui déterrent des palais assyriens. J'aurais donné volontiers quelques momies d'Égypte pour une page de la musique d'Hoffmann.

Les hommes de génie qui meurent, laissant des œuvres dispersées de côté et d'autres, des fragments qu'on retrouve longtemps après leur mort, sont autrement intéressants que ces génies rangés, dont l'œuvre est tout de suite classée en un nombre considérable de volumes in-octavo bien reliés. Aussi Diderot (dont une certaine partie de manuscrits est toujours à publier, et qui n'a jamais été imprimé entièrement et uniformément) est un homme plus curieux que Voltaire, dont les œuvres complètes m'effraient toujours, tant elles sont bien mises en ordre dans leurs quatre-vingts volumes à la porte des libraires.

Outre que l'œuvre poétique d'Hoffmann est mal traduite, abrégée et incomplète en France, l'œuvre musicale ne l'est pas du tout.

A force de recherches, j'ai fini par me procurer de la musique d'Hoffmann, que j'espère faire entendre un jour à Paris[*]; mais il est bon de montrer ce qu'est Hoffmann musicien.

Hoffmann fut pianiste, violoniste, harpiste, chanteur, chef d'orchestre de théâtre et chef d'orchestre de concert. Il connut ainsi tous les degrés de l'échelle musicale. Bon instrumentiste, il toucha à tout; conduisant des masses d'exécutants, de choristes, soit au théâtre, soit dans les églises, il reçut la meilleure éducation qu'on puisse souhaiter à un compositeur : aussi est-ce avec le plus grand respect que je toucherai à l'analyse de ses compositions musicales, qui, d'ailleurs, ont été décrites avec soin par de grands maîtres, entre lesquels je signale Charles-Marie de Weber.

Hoffmann a laissé une œuvre imprimée très-étendue, outre sa musique et ses dessins; cependant ces trois arts qui pénétrèrent sa vie si tourmentée, ne furent guère qu'un *délassement* de sa vie de conseiller.

[*] Pour ne tromper personne, je fais graver expressément pour cette édition un duo d'Hoffmann qui contient plus de mélodie en quelques lignes que toutes les œuvres de M. Berlioz. On jugera si Hoffmann est un *musicien-littérateur*, suivant le critique des *Débats*, grand musicien à ce qu'il prétend, mais peu littérateur à mon sentiment.

CHAPITRE VII.

Aussi, ses lettres nous montrent-elles un homme dévoré de la vie d'artiste, qui périt dans l'atmosphère de paperasses, exilé pour ainsi dire dans de petites villes allemandes, où il ne trouve ni amis dans le sein desquels il puisse épancher ses chagrins artistiques, ni hommes d'intelligence auxquels il puisse parler de ses travaux. Qui sait s'il n'entre pas dans les voies du destin de tourmenter l'homme de génie, afin que de ses souffrances, de ses révoltes intérieures, de son exil il ne sorte quelque cri que l'art traduit à un moment ! Le séjour d'Hoffmann, sa retraite forcée dans de petites villes, nous ont valu des registres de sa vie, tels que les *Fragments du journal* daté de Plozk ; le manque de société lui a fait écrire plus d'une lettre confidentielle où il s'épanche dans le cœur de son ami Julius Hitzig. Faut-il remercier le destin d'avoir tourmenté Hoffmann si longtemps ?

CHAPITRE VIII

Correspondance musicale d'Hoffmann.

C'est dans les correspondances intimes que l'homme de génie est curieux à observer. Hoffmann a laissé beaucoup de lettres qu'il écrivait à quelques amis précieux qui ne se sont pas contentés par la suite de les renvoyer pour grossir l'édition des œuvres posthumes, mais qui ont apporté leur pierre au monument biographique que réclamait un si grand artiste.

J'ai choisi dans ses correspondances les passages qui ont le plus de rapport à la musique. On verra comment Hoffmann la sentait au sortir de la jeunesse; car la première lettre, celle qui traite du *Don Juan* de Mozart, a été écrite à l'âge de dix-neuf ans. Elle est adressée à son ami Julius Hitzig.

Kœnigsberg, 4 mars 1795.

« Je possède maintenant en propre *le Don Juan*. Il me fait passer bien des heures délicieuses. Je commence à pénétrer vraiment le grand esprit de Mozart dans la composition. Tu ne pourrais t'imaginer combien de beautés nouvelles se développent à l'oreille de l'exécutant, lors même qu'il ne laisse pas échapper la plus petite chose, et qu'il cherche, pour chaque mesure en particulier, le sentiment véritable avec une espèce d'étude approfondie. La gradation d'une mélodie douce jusqu'aux mugissements, jusqu'aux coups ébranlants du tonnerre; les sons plaintifs pleins de douceur, l'éruption du désespoir le plus furieux, la majesté, la noblesse du héros, l'angoisse du criminel, la succession des passions dans son âme, tout cela tu le trouves dans cette musique unique. Elle embrasse tout, et elle te montre l'esprit du compositeur dans toutes les modifications possibles. Je voudrais pouvoir étudier encore *Don Juan* pendant six semaines et te le jouer ensuite sur un forte-piano anglais. Vraiment, ami, tu resterais assis en silence et tranquille depuis le commencement jusqu'à la fin, et tu le conserverais encore longtemps dans ton cerveau, tout antimusical qu'il est. Car tu en sentirais bien mieux la beauté qu'au théâtre; le théâtre vous distrait beaucoup trop pour vous laisser tout remarquer d'une manière convenable. Si tu viens ici lundi prochain, ce que je te prie de faire avec instance, tu causeras à ton ami qui t'aime de toute son âme et tendrement, un plaisir qui le rendra très-heureux. Pars de bonne heure pour être ici à dix heures; viens me trouver tout de suite, tu pourras rester jusqu'à midi et demi. Il faut que tu entendes au moins quelque chose de *Don Juan*. Ne crains pas de m'entendre chanter; j'essaierai de moduler ma voix de manière qu'elle ne te soit pas désagréable. »

A dix-neuf ans Hoffmann était déjà pris de la furie de la composition musicale, et tout d'abord il se préoccupe de musique religieuse.

FRAGMENTS DE LETTRES A HITZIG.

Kœnigsberg, 25 octobre 1795, dimanche.

« Nos petits concerts continuent toujours. Dernièrement j'ai commencé un motet de ma propre composition; tu devinerais difficilement quel en est le texte; il est emprunté au *Faust* de Gœthe : *Judex ille cum sedebit*, etc. Les paroles de la jeune fille sont un récitatif d'accompagnement. J*** pense que le *Judex* chanté à pleine voix (tel que je l'ai écrit en effet, d'abord une strophe avec des timbales, le basson et des hautbois, et ensuite une fugue avec l'orgue et les autres voix) devra produire un effet à faire frissonner. Si j'habitais un endroit catholique, je laisserais de côté le récitatif, que je remplacerais par une ou deux fugues, et j'aurais alors l'espoir de l'entendre exécuter dans une église. Quand je me serai bien exercé de nouveau sur la composition, je m'occuperai de *Claudine de Villa-Bella*. Tu ne saurais d'ailleurs t'imaginer à quel point je suis saisi par la furie de la composition en musique et en roman; ce qu'il y a de mieux, c'est que je jette au feu tout ce qui ne me paraît pas bon. Je désire que tu aimes un jour une jeune fille autant que j'aime ma J***, avec ce sentiment tranquille et doux qui ne peut s'emparer de notre cœur avant d'avoir subi des orages. Ce n'est pas le déchaînement d'une passion sauvage et qui

CHAPITRE VIII.

dévore tout, qui me lie à elle ; c'est la flamme plus douce d'un sentiment intime. Pour ne pas trouver tout cela ridicule dans ma situation, il faut la connaître tout entière, et ce n'est qu'à toi, le seul qui me comprenne, que je me confie. »

Kœnigsberg, 20 janvier 1796.

« Demain, c'est ma fête ; j'aurai vingt ans. Combien je me suis réjoui de cette journée ! Je voulais être très-sentimental pendant le crépuscule ; j'aurais exhibé mon cœur comme Jean-Paul et j'aurais dit : *Prenez;* mais il a fallu que Satan, qui a été cependant assez aimable avec moi jusqu'à présent, ait jeté dans mon cœur tant de troubles que tout est fini ; demain je serai assis dans ma chambre derrière mon bureau gris, aussi solitaire et aussi aigre-doucement sensible qu'Abeilard dans sa cellule de Sainte-Gudule. N'est-ce pas ainsi que s'appelait son couvent ? La lecture de mes actes est un peu sèche ; je suis obligé par conséquent de la rafraîchir de temps en temps, mais jamais cependant avec de la friperie de la dernière foire. Je lis aujourd'hui avec un goût qui sait choisir. J'ai lu au moins six fois *le Don Carlos;* je suis en train de le lire pour la septième fois. Rien ne me touche plus que l'amitié du marquis de Posa avec le prince ; je crois difficilement que l'on ait tracé une image plus attrayante et plus touchante de l'amitié que celle-ci. Je lis jusque bien avant dans la nuit.

» *P. S.* — Sais-tu que je joue de la harpe maintenant ? C'est seulement dommage que je ne puisse pas me contraindre à jouer de la harpe d'après la note, mais que je me laisse toujours entraîner à jouer de fantaisie ; cela me donne une grande agilité. Si je dois aller un jour à M***, j'y apporterai trois instruments, un petit piano, une harpe de Vienne, un violon. Ton S*** a tout à fait raison ; tu perds beaucoup de félicité à ne jouer aucun instrument. Ne le prends pas en mauvaise part. L'audition n'est rien du tout ; les sons étrangers font entrer en toi des idées ou plutôt des sentiments muets ; mais quand tu *exhales* des sensations individuelles, langue inarticulée du cœur, au moyen des sons de ton instrument, alors seulement tu sens ce que c'est que la musique. La musique m'a appris à sentir ou plutôt elle a éveillé en moi des sentiments qui y dormaient. Dans l'hypocondrie la plus folle, je joue les passages les plus argentins de Benda (le Berlinois), ou de Mozart, et quand cela ne sert à rien, il ne me reste plus qu'à me résigner. »

Que d'intérêt dans la lettre suivante, qui nous montre les inquiétudes de ce jeune esprit de vingt et un ans, déjà tourmenté comme un homme de génie !

Glogau, 15 mars 1797.

« Je n'aime plus la musique. Jean-Paul a raison lorsqu'il dit : La musique s'attache à notre cœur comme la langue du lion qui lèche la peau pendant si longtemps, en la chatouillant et en l'agaçant, que le sang finit par couler. Tel est à peu près le passage. La musique me rend tendre comme un enfant ; toutes les blessures oubliées saignent de nouveau. Dernièrement je me trouvais avec cette jeune fille ; j'étais de l'humeur la plus gaie ; le soleil du printemps qui se couchait lançait à travers la fenêtre ses derniers rayons ; tout autour de nous avait un aspect charmant : sa figure semblait flotter au milieu des atomes que le rayon rendait visibles. A moitié penché vers elle, je sentais sa douce haleine sur ma joue brûlante. J'étais heureux et je voulais le lui dire ; le mot expira sur ma langue. Six heures sonnèrent, et l'horloge à musique joua avec des sons solennels le *Ne m'oubliez pas* de Mozart. Les longs cils de ses yeux s'abaissèrent et je retombai sur ma chaise. Deux, trois couplets. — Je pensais à ces mots : *Songe que c'est moi, quand tu entends répéter dans ton âme : Ne m'oublie pas*. Toute gaieté s'évanouit et un frisson fiévreux calma l'ardeur qui s'était élevée en moi ; enfin la musique se tut. — C'est fini, dis-je. — Oui, répondit-elle sourdement. Je voulus me précipiter à ses pieds, et alors je pensais à..... »

Ici nous sautons huit ans, pendant lesquels Hoffmann mit à profit ses instincts musicaux et les coordonna de façon à produire des œuvres plus complètes.

Varsovie, 16 septembre 1805.

« Tu as ici tout le cycle de ma vie artistique active. Au mois de décembre de cette année j'ai composé un opéra très-original, d'après Clément Brentano ; il a pour titre : *les Gais musiciens*, et a été joué au mois d'avril de cette année sur le théâtre allemand d'ici. Le texte a déplu; c'était du *caviar* pour le peuple, comme dit Hamlet. On a été plus favorable pour la musique : on l'a trouvée pleine de feu et bien pensée, seulement un peu trop satirique et sauvage. Cette composition me fait passer dans les journaux élégants pour un homme compétent en matière d'art! On s'est surtout révolté de ce que les masques comiques des Italiens, Truffaldin, Tartaglia et Pantalon, tournent et sautent tout le long de la pièce.

« Dans ce moment-ci j'ai sur le métier un petit opéra d'après le français, dans lequel l'esprit libre des Français et leur génie comique gracieux se montrent entièrement; on l'appelle : *les Hôtes non invités* ou *le Chanoine de Milan*. J'ai l'intention de l'envoyer au théâtre de Berlin, attendu que je commence à être connu. »

Varsovie, 20 avril 1807.

« Avec une vigueur nouvelle, et avec une *humour* qui est inconcevable même pour moi, je travaille à un opéra que je désirerais être le *premier* qui ait jamais paru de moi sur les théâtres; car, je le sens trop bien, il laissera en arrière toutes mes autres compositions. Le texte n'est pas autre chose que la pièce de Calderon, intitulée : *l'Écharpe et la Fleur*. Le ciel m'a jusqu'à présent puni d'un aveuglement tout à fait incroyable. Je ne conçois pas comment j'ai pu ne pas voir dans ce beau morceau ces airs, ces duos, ces trios modèles, etc. Il m'est venu là-dessus une lumière pendant ma maladie. La pièce s'est transformée d'elle-même en opéra sous ma main, au moyen de quelques adjonctions et suppressions presque imperceptibles.

« Le comique du sujet est d'un poétique si élevé, que la musique qui doit le rendre doit être dans le genre du *Cosi fan tutte* et du *Figaro* de Mozart, et c'est ce qui me va parfaitement. »

Au printemps de l'année 1820, Hoffmann ressentit une grande joie : un voyageur lui apporta une lettre de Beethoven.

Vienne, le 23 mars 1820.

« Je saisis l'occasion de me rapprocher, par l'intermédiaire de M. N***, d'un homme aussi spirituel que vous l'êtes. Vous aussi vous avez écrit sur mon humble personne, et notre M. N*** m'a montré dans son album quelques lignes de vous sur moi ; vous prenez, par conséquent, comme je dois le croire, quelque intérêt à moi. Qu'il me soit permis de vous dire que ceci venant d'un homme doué de qualités aussi remarquables que vous, me fait grand bien. Je vous souhaite tout ce qui peut être beau et bon, et je suis avec respect votre très-dévoué.

« BEETHOVEN. »

Je ne suis pas content de cette lettre de Beethoven. Hitzig la trouve *cordiale*; je la trouve froide, polie et indifférente. On y sent trop le grand homme déjà attristé et lycanthrope. Je doute que Beethoven comprit toute la portée de la littérature d'Hoffmann ; mais en mettant à part les contes, le romancier avait écrit dans les gazettes spécialement musicales de l'Allemagne, des articles sérieux et même enthousiastes sur la musique de Beethoven pour mériter mieux que ces quelques lignes de l'auteur de la Symphonie pastorale.

CHAPITRE IX

Journal musical d'Hoffmann, écrit a Plozk en 1803.

J. Hitzig, l'éditeur des Œuvres posthumes d'Hoffmann, a choisi, dans un journal tenu jour par jour, les passages qu'il trouvait les plus intéressants. Hoffmann est tout entier dans ces quelques pages intimes, écrites par lui, et qu'il ne pensait guère devoir être un jour à la publicité.

« Si quelqu'un s'avisait, dit-il dans les *Pensées extrêmement éparses* du maître de chapelle Jean Kreisler, comme il n'arrive que trop souvent, moi mort, de prendre en considération mon héritage intellectuel, de transmettre ou de publier quelques-unes de mes rêveries, je le supplie de brûler sans pitié ces pensées jetées au hasard. »

Il est malheureux que ce journal, par paresse, par ennui, ou par autres causes, n'ait pas été continué.

FRAGMENTS DU JOURNAL DE PLOZK

2 octobre.

J'ai le même sort, avec mes idées musicales, que Savonarole, le martyr de Florence, dont j'ai lu récemment l'histoire. D'abord, j'entends un bruissement sauvage dans ma tête; ensuite, je commence à jeuner et à prier, c'est-à-dire je m'assieds au piano, je ferme les yeux, je m'abstiens de toute idée profane, et je tends mon esprit entre les quatre murailles de mon cerveau, afin d'y saisir les apparitions musicales. Bientôt l'idée me vient claire, je la saisis et je l'écris comme Savonarole ses prophéties. Je voudrais bien savoir si les autres compositeurs font de même, mais un conseiller d'État prussien à Plozk ne peut jamais s'assurer de cela.

Toute la soirée lu sottement dans la magie de Wiegleb, en me proposant, une fois le bon temps arrivé, de faire un automate pour l'utilité et le bien de tous les gens de bon sens que je vois chez moi. *Quod Deus benè vertat?* — Que ne me proposai-je pas! Encore une bonne idée!

---

6 octobre.

Je suis allé dans un cercle musical; on y a joué quelques quatuors de Haydn; l'exécution a été pitoyable, mais la marche céleste et originale de l'harmonie m'a tout de même ravi. Haydn serait infiniment grand dans la musique instrumentale s'il laissait de côté le folâtre; tous ses badinages dans ses quartettes déparent l'œuvre entière. Les petits menuets qu'il écrit ordinairement en *scherzo allegro* sont très-piquants par leurs transitions originales ; mais souvent ils ne sont rien moins que des *scherzo*.

---

8 octobre.

Je me tourmente de l'idée de faire un trio pour le fortepiano, le violon et le violoncelle. Mon avis est que je puis faire quelque chose dans ce genre. Haydn sera mon maître, de même que Haendel et Mozart l'ont été pour la musique vocale. Je termine en poussant mon soupir, qui est ma litanie journalière : Quand aurai-je ma liberté ? Lorsque j'étais encore à Glogau, j'entendis un major russe, Polonais de naissance, qui avait été enfermé dans la forteresse à cause d'un duel, s'écrier le jour où ses arrêts finissaient, et où le commandant lui annonçait sa liberté : *Ah ! je suis libre !* (en français). L'expression, la voix, me traversèrent l'âme ; je partageai son ravissement, je pensai à Yorick et à l'étourneau prisonnier. Oh ! je suis prisonnier, je suis dans les fers ; quand sonnera l'heure de la délivrance !

---

16 octobre.

Ai-je été mis au monde pour être peintre ou musicien ? Il faudra que je soumette la question au président *** ou au grand chancelier ; ces messieurs doivent le savoir.

17 octobre.

J'ai travaillé tout le jour. Hélas! je deviens de plus en plus conseiller d'État. Qui aurait pensé cela il y a trois ans! La muse s'envole, la poussière des actes trouble et obscurcit la vue, le journal devient curieux parce qu'il donne idée de l'immense misère dans laquelle je m'engloutis ici. Où sont mes projets? Où sont mes beaux plans pour l'avenir? Tout-puissant B***, prie pour moi; enlève-moi hors de cette vallée de gémissements pour me transporter dans le paradis sur les bords de l'Elbe, ou laisse-moi voir le Rhin dans le lointain comme Moïse a vu la terre promise.

20 octobre.

Je me suis vu imprimer pour la première fois dans le journal. J'ai *reluqué* la feuille vingt fois avec le regard attendri et aimant de la joie paternelle. Charmant aspect de la carrière littéraire! Il faut que je me mette maintenant à faire quelque chose de très-malin.

17 novembre.

M. Nægeli (à qui Hoffmann avait envoyé des compositions pour son répertoire du claveciniste, et qui les lui avait renvoyées) m'a dit où j'en suis. Il est assez singulier que le jour même où j'ai été convaincu de la *misérabilité* de mes compositions, j'ai eu le courage de faire un *andante*. Maintenant je veux faire un livre.

CHAPITRE IX.

1er janvier.

Les morceaux d'octobre et de novembre du journal qui repose doucement depuis le 17 novembre, n'étaient que des préliminaires. A partir d'aujourd'hui je vais tenir une note régulière sur les événements de ma vie, en y comprenant le monde kaléidoscopique contenu entre les quatre murailles de la boîte du crâne. Deux choses très-importantes pour moi vont donner bientôt une nouvelle impulsion à ma vie simple : la translation qui m'est offerte à Varsovie, que j'ai acceptée, et la mort de ma vieille tante à Kœnigsberg, qui va me rendre peut-être un homme aisé *. Comment les choses vont-elles marcher maintenant ? Jusqu'à quel point avancerai-je cette année dans mes plans sans fin, à stratifications infinies, pour la vie d'artiste ?

*, **, *** sont venus ici, trois hommes prêts à être enfournés dans le poêle ardent de la buvette de la Redoute. Je devais aller avec eux, mais Dieu m'en préserve ! Ma nature de salamandre a une fin.

---

4 janvier.

Le concours de Sierakowski a été examiné ; on a terminé les échafaudages du feu d'artifice que je dois faire tirer vendredi prochain. Vraiment quand j'aurai derrière moi cette vie, alors la véritable activité prendra un essor. Pauvre en événements, pauvre en idées, mon journal est

* Plus tard, Hoffmann fut trompé dans ses espérances ; l'héritage était insignifiant.

aride et creux comme le chemin de Posen à Berlin ; mais lorsqu'on a devant les yeux les tours des Gendarmes, on se glisse facilement à travers les épines qui vous retiennent de côté et d'autre. Je ne veux rien laisser en arrière ; maintenant, je n'ai rien de plus désirable à attendre que la visite de celle qui doit m'ouvrir le monde des fées.

6 janvier.

Session le matin ; on a joué Sierakowski ; de quatre à dix j'ai été à la Nouvelle-Ressource ; nous avons *bischoffé* avec * et **. Tension immense le soir ; tous les nerfs excités par le vin aux épices ; préoccupation de pensée de mort. *Double marcheur* (*).

7 janvier.

Je me suis levé aujourd'hui avec un sentiment de malaise, suite de l'ivresse d'hier ; il me faut encore une fois observer une diète sévère. L'après-midi j'ai lu *Candide*. C'est la forme d'un bon roman. L'intrigue menée philosophiquement se cache derrière un rideau couvert de caricatures. L'assaisonnement de l'ouvrage est la sottise des hommes, représentée avec un vif coloris. Le soir, j'ai écrit un peu de ma messe ; je suis disposé à composer.

(*) *Le Double Marcheur* est un conte qu'Hoffmann écrivit plus tard.

CHAPITRE IX.

15 janvier.

J'ai dîné chez * avec ** et un prétraillon rouge, bien nourri, l'aumônier du régiment ***. Physionomie nationale suédoise : c'est l'idéal de la clairvoyance. On a bavardé beaucoup sur l'art et sur le sentiment de l'art. Dieu, que d'hommes à la douzaine ! Si au besoin ils peuvent distinguer des pastels de tableaux peints à l'huile, alors ce sont des connaisseurs.

---

16 janvier.

Travaillé. Le soir, saisi l'idée audacieuse d'exécuter en transparent une illumination de croix et la bataille d'Aboukir, dans le style de Hackert. Il me faut d'abord forger des relations.

Écrit à Kœnisberg le 7 février.

* et ** ont donné un concert ; j'y suis allé. * s'était trompé ; au lieu de souffler dans un basson, il soufflait dans un sillet. ** a chanté l'air d'Arbant dans *Idoménée*.

L'air est certainement un coup satirique de Mozart à l'adresse des castrats et de leur manière de chanter. Il n'a eu là qu'une intention ironique, mais c'est ce dont beaucoup de ces messieurs ne s'aperçoivent pas. Le soir je suis allé à la maison avec Blanc et Noir. On pouvait prendre cela pour un bon mot, mais les deux individus s'appelaient réellement ainsi, Weiss et Schwart.

9 février.

Vu le soir *le comte Benjowsky :* c'était la parodie de Schlegel, du moins les comédiens l'ont ainsi fait croire. Dans la caricature *le Cœur palpite*, je n'ai pas exprimé mon fiel sur le jeu inanimé et sans cœur ou plutôt sans tête des acteurs. Je veux faire un album de dessins.

---

13 février.

Un petit événement, non pas un petit événement, une circonstance importante pour la tête et pour le cœur élève ce jour-ci au-dessus de la plupart de ses frères aînés. Une jeune fille florissante, belle comme la Madeleine de Corrége, formée comme la Grâce d'Angélica Kauffmann, se trouvait devant moi cette après-midi : c'était Malchen N(***); elle a toutes les grâces de sa mère. Je voyais devant moi l'idéal de mes rêves enfantins avant mes premières amours; j'ai été surpris d'une mélancolie douce et inconnue. Elle m'a regardé plusieurs fois d'une manière significative; certainement je ne lui ai pas paru moins remarquable qu'elle ne l'a été pour moi. Ce fut Mlle la cadette qui l'introduisit. L'oncle parla infiniment longuement sur un enterrement; je me suis efforcé, mais inutilement, de donner une tournure plus intéressante à la conversation. Je voulais étreindre la jeune fille épanouie avec les bras de mon esprit, et l'attirer insensiblement dans les cercles magiques de mon imagination; quelques instants *emphatiques* m'auraient dédommagé de la monotonie abrutis-

---

(***) « Elle est morte. » (Note d'Hoffmann.)

santé de la dernière semaine, mais cela ne réussit pas. La ** gâta tout avec ses manières de plomb et avec son ennuigieuseté. Je lis *les Confessions* de Rousseau peut-être pour la trentième fois; je me trouve ressemblant dans bien des choses. Chez moi aussi les idées s'enchevêtrent quand il s'agit de formuler des sentiments dans des mots. Je suis sigulièrement ému que l'on élève ici un monument aux morts, cela sera plus vivant qu'ont l'habitude de l'être les *castra doloris*, puisqu'au lieu des anges de la mort en marbre qui sont sur ces derniers, c'est une grâce vivante qui joue ici le rôle principal. Le compliment d'adieu a été excessivement fade; j'ai voulu trop dire. Avec un loisir convenable je parle, comme cela m'arrive aussi en rêve, de la manière la plus éloquente; je fais cependant aussi des impromptus, mais, comme je l'ai dit, il me faut du loisir.

---

10 mars.

Reçu le rescrit de translation. Grande pause générale. Fermé jusqu'à mon arrivée à Varsovie.

CHAPITRE X

De la musique d'Hoffmann.—Opinions de Weber sur Ondine.

Malgré ses fonctions d'*employé*, Hoffmann travailla immensément, si l'on songe à cette grande quantité de contes, de critique, de dessins, de musique qu'il nous a laissés. Son œuvre musicale n'a jamais été cataloguée sérieusement; voici l'inventaire complet des manuscrits musicaux qui ont été retrouvés par le musicien Marx, chez la veuve d'Hoffmann :

1º Un *Miserere* complet;
2º Un *Requiem*;
3º La musique complète pour *la Croisade de la Baltique*, de Werner;
4º *La Coupe de l'immortalité*, opéra romantique en quatre actes, par le comte de Soden;
5º *Amour et Jalousie*, opéra en trois actes;
6º *Le Chanoine de Milan*, opéra-comique en un acte;
7º *Arlequin*, ballet;
8º Musique pour le premier acte de *Julius Sabinus*, par Soden; plus, des fragments du second acte;
9º Enfin, l'opéra d'*Ondine*, en trois actes, par Fouqué, qui a été exécuté à Berlin, et qui est le plus connu.
10º Un trio et un quatuor.

Il serait du plus grand intérêt de connaître cette musique. Le seul trio suffirait pour donner une idée de la valeur d'Hoffmann en tant que compositeur, ou plutôt encore le *quatuor*, qui de toutes les formes musicales, après la symphonie à grand orchestre est la plus propre à montrer un musicien dans tout son jour. C'est justement dans un *quatuor* qu'apparaît la pauvreté du compositeur médiocre, qui ne peut se sauver par l'emploi des masses orchestrales. Dans le quatuor tout est à jour, le *trompe-oreilles* n'existe pas, l'idée est facile à suivre, simple et claire dans ses développements. Il n'y a pas de prétexte à *trou*; c'est un appartement pas trop large dont la moindre faute dans l'ameublement apparaît à l'instant, tandis que la symphonie vous offre l'image de ces grands palais où l'architecte a pu dissimuler beaucoup de vices, comptant sur la confusion qu'engendre dans l'esprit du visiteur une multitude de richesses.

A vrai dire, Hoffmann n'eut dans sa vie qu'un grand succès musical, l'opéra d'*Ondine*, avec paroles de Lamothe-Fouqué, qui fut joué à Berlin. *La Croisade de la Baltique*, dont il écrivit la musique pour le poëte Zacharie Werner, obtint également les suffrages des amis de la musique, ainsi que l'opéra des *Musiciens joyeux* (*Die Lustigen Musikanten*), joué à Varsovie; mais la partition d'*Ondine* est restée comme le fleuron de la couronne musicale d'Hoffmann.

Weber a écrit sur cet opéra un article raisonné qui ne ressemble en rien à ces articles de camaraderie qui trop souvent ont été prodigués si complaisamment entre amis; d'ailleurs Weber n'avait pas à faire acte de complaisance et de remercîment envers Hoffmann, qui, par extraordinaire, n'a pas écrit un mot sur l'auteur du *Freyschütz*. Weber était-il homme à compromettre sa conscience d'artiste en accablant d'éloges l'auteur d'une misérable production?

OPINION DE C. M. DE WEBER SUR HOFFMANN.

« On pourrait demander au texte de l'opéra d'*Ondine* un peu plus de liaison intime et de clarté dans l'exposition.

« Le compositeur n'en a mis que plus de clarté et de précision dans la couleur de l'opéra. Cette œuvre semble vraiment faite d'un seul jet, et je ne me souviens pas, durant de fréquentes auditions, que jamais aucun passage m'ait arraché une seule minute au cercle des magiques images que l'artiste évoquait dans mon âme. Oui, l'auteur tient si puissamment éveillé, du commencement à la fin, l'intérêt par le développement musical, qu'après la première audition on a réellement saisi l'ensemble, et le détail disparaît dans la naïveté et la modestie de l'art.

« Avec un renoncement rare et dont celui-là seul comprendra parfaitement la grandeur, qui sait ce qu'il en coûte de sacrifier le triomphe d'un succès momentané, M. Hoffmann a dédaigné d'enrichir quelques morceaux aux dépens des autres ; ce qu'il est si aisé de faire en attirant l'attention sur eux par une étendue et une exécution plus larges qu'il ne leur appartient comme membres de l'œuvre entière. L'auteur avance toujours, visiblement guidé par cette aspiration unique d'être toujours vrai et d'élever sans cesse l'action dramatique au lieu de l'arrêter ou de l'enchaîner dans sa marche rapide. Si divers et si vivement dessinés que se présentent les différents caractères des personnages, il y a cependant quelque chose qui les enveloppe et se fait sentir par-dessus tout, c'est cette vie fabuleuse, pleine de fantômes, et ces doux frissonnements de terreur qui sont le propre du fantastique. Kühleborn est le plus puissamment mis en relief par le choix des mélodies et par l'instrumentation qui, ne le quittant jamais, annoncent son approche sinistre. Kühleborn apparaissant, sinon comme le Destin lui-même, du moins, comme le plus intime exécuteur de ses volontés, c'est aussi parfaitement juste. Après lui vient Ondine, la charmante fille des flots, dont les vagues sonores tantôt voltigent et se répandent en roulades harmonieuses, tantôt fortes et impérieuses annoncent sa puissance. L'ariette du deuxième acte, traitée avec un charme si rare et si spirituel, me paraît être réussie au plus haut degré et rendre parfaitement ce caractère, etc., etc. Cet Huldbrand si passionné, voguant, chancelant et se laissant entraîner à chaque désir amoureux, et le pieux et simple prêtre, avec sa grave mélodie chorale, sont ensuite les plus importants. Sur un plan plus éloigné se trouvent Bertalda, le pêcheur et la pêcheuse, le duc et la duchesse. Les chœurs de la suite de ces derniers respirent une vie joyeuse, animée, qui, dans quelques morceaux, s'élève et se déploie avec une gaieté bienfaisante en contraste avec les sombres chœurs des esprits de la terre et des eaux, qui se développent par progressions serrées, étranges.

« La fin de l'opéra, dans laquelle l'auteur déploie, comme pour couronner son œuvre, toute son abondance d'harmonie dans le double chœur à huit voix, me paraît grandement pensée, et parfaitement rendue. L'artiste a exprimé ces mots : « Bonne nuit à tous les soucis et à toute la magnificence de la terre » par une véritable grandeur et une douce mélancolie, qui, malgré la conclusion tragique de la pièce, laisse pourtant derrière elle une délicieuse impression de calme et de consolation. L'ouverture et le chœur final qui enveloppent l'ouvrage se donnent ici la main. La première, qui évoque et ouvre le monde des merveilles, commence doucement, va toujours en croissant, puis éclate avec passion, et, immédiatement après, le dernier arrive sans brusquerie, et, pénétrant dans l'action, calme et satisfait complétement. L'œuvre entière est une des plus spirituelles que ces derniers temps nous aient données. C'est le produit de l'intelligence la plus complète et la plus intime du sujet complétée par une marche d'idées profondément réfléchies et par le calcul de toutes les ressources matérielles de l'art, le tout rendu en une belle œuvre d'art par des mélodies belles et profondément méditées. »

Écrit à Berlin en janvier 1817.

C. M. DE WEBER.

Je tenais d'autant plus à citer cet important morceau de critique, que Walter Scott a jugé aussi légèrement la musique d'Hoffmann que ses contes : « Sa musique, dit-il, ne fut qu'un assemblage de sons étranges, ses dessins que des caricatures, ses contes, comme il (Hoffmann) le dit lui-même, que des extravagances. »

L'analyse suivante, de M. Marx, de Berlin, ne peut être comprise que par les enthousiastes de la musique : Sous sa forme, bien éloignée de la légèreté musicale de nos critiques, on sent l'idée allemande, habillée de lourdes étoffes, et les lecteurs seuls de M. de Lenz le Russe (Voir *Beethoven et ses trois styles*), pourront méditer ces pages qui démontrent avec quelle insouciance de plume W. Scott a jugé des compositions qu'il ne connaissait pas. Les critiques agissent trop souvent de la sorte. Le romancier écossais vient de parler de musique. Voici comment un musicien parle de littérature :

« Après avoir terminé ses études, dit M. Fétis, particulièrement celle de la jurisprudence, Hoffmann abandonna tout à coup la carrière des sciences pour se livrer à ses goûts de *dissipation*, donna des leçons de musique pour vivre, entreprit de peindre des tableaux de grande dimension, écrivit des romans *licencieux*, et ne put parvenir à se faire remarquer dans aucun de ces genres. »

Je ne sais où M. Fétis a découvert les romans *licencieux* d'Hoffmann ; mais s'il faut s'en rapporter à son jugement musical d'après son appréciation littéraire, les quelques lignes suivantes de la biographie des musiciens courent grand risque de n'être crues de personne :

« Il sera toujours difficile de juger le mérite d'Hoffmann comme compositeur, parce que la plupart de ses productions sont perdues. (Elles ne sont pas perdues.) Son grand opéra intitulé *Ondine* est à peu près le seul ouvrage que les connaisseurs ont pu apprécier, parce qu'il a été représenté dans une grande ville où se trouvaient plusieurs musiciens distingués : mais le succès ne répondit ni à son attente, ni à celle de ses amis. Les critiques que cet ouvrage lui suscita excitèrent sa bile et ses sarcasmes ; mais, après le premier accès de sa mauvaise humeur, il retira sa partition et ne voulut plus en entendre parler. Il y avait dans cette production de certaines parties où l'on apercevait du génie ; mais le décousu, le disparate, le défaut de conception et de plan s'y faisaient voir de toutes parts ; et le jugement des meilleurs critiques fut qu'un pareil ouvrage ne pouvait être classé parmi les compositions qui font époque dans l'art. »

HOFFMANN COMME MUSICIEN, PAR MARX.

Si l'on tient compte de la foule d'autres occupations qui absorbèrent Hoffmann, on ne peut s'empêcher de reconnaître d'autant mieux son application énorme à la composition. Outre une assez grande foule de petites pièces pour une et plusieurs voix, scènes, sonates, un trio, un quatuor, une symphonie et une ouverture, on trouva dans ses papiers les œuvres plus importantes suivantes avec toute une partition pour grand orchestre, et les voix y relatives.

1° Un *Miserere* complet ; 2° un *Requiem*, idem ; 3° toute la musique de *la Croix de la mer Baltique*, de Werner ; 4° *le Philtre de l'Immortalité*, opéra romantique en quatre actes, du comte de Soden ; 5° *Amour et Jalousie*, opéra en trois actes ; 6° *le Chanoine de Milan*, opéra-comique en un acte; 7° *Arlequin*, ballet; 8° musique du premier acte de *Julius Sabinus*, de Soden, avec fragments du second acte, et enfin 9° l'*Ondine*, opéra en trois actes, de Fouqué, connue surtout par les représentations qui en ont été données à Berlin.

Ce dernier opéra montre très-clairement la vigueur d'Hoffmann et ce qui lui manquait pour être un musicien complet. A celui qui est un musicien complet, tout apparait sous une forme musicale, ses propres impressions sont de la musique, et même ce qu'il voit, ce qu'il pense, bien que cela incline plutôt vers la plastique que vers la musique, tout tend cependant à se traduire en une forme musicale. Si le chant des oiseaux, les cris des animaux, la pluie, l'orage, les éclairs, la nature entière visible et auditive n'avaient pas semblé de la musique réelle à Joseph Haydn, qui dans ces moments pouvait ressembler à un enfant rêvant dans le trouble de ses imaginations, comment aurait-il pu rendre tout cela dans la plus pure harmonie et la plus pure inspiration de ses compositions? Si Mozart avait entendu une autre langue que celle de la musique, comment aurait-il pu faire la *Flûte enchantée* et ses autres opéras? Et d'ailleurs était-il capable de parler un autre langage que celui de la musique? Il n'en fut pas ainsi pour Hoffmann. Il est impossible de ne pas séparer dans ses ouvrages ce qui lui est apparu musicalement de ce qu'il s'est efforcé de traduire en langue musicale.

Ainsi, je peux faire une différence dans l'*Ondine* entre toutes les scènes de fantômes et les autres scènes; ces premières prouvent que le compositeur a pris un point extérieur de départ (celui de l'homme frappé de terreur par les fantômes, de frayeur, etc.), et ce sentiment répondait aussi parfaitement à l'organisation d'Hoffmann pour la musique, qu'à son amour particulier pour le fantastique. Ces scènes sont toutes admirables; je ne les lis jamais dans la partition, je ne les exécute jamais sur le piano sans qu'elles me fassent frissonner; si, au contraire, j'entends l'*Ondine* et les autres œuvres (voir les chiffres 4, 5 et 6 du catalogue musical précédent), dans les autres personnages, alors ce ne sont pas ces personnages qui parlent, mais bien plutôt Hoffmann qui raconte leurs impressions. Il ne paraît point parvenu à s'identifier complétement avec Ondine, Huldbrand, etc., comme il l'exige lui-même des compositeurs ou comme je l'exigerais moi-même ; il s'est plutôt figuré comment ces personnages devaient sentir et s'exprimer; et c'est ce que l'on voit dans sa musique.

Je suis obligé de renoncer à toute preuve de ce que j'avance, car les compositions dont je parle ne sont pas encore imprimées, et n'ont plus été exécutées depuis longtemps. Oui, si après mes opinions ci-dessus énoncées je conviens volontiers et en toute sincérité combien de belles choses j'ai cependant trouvé dans cette série de créations d'Hoffmann, on y verra peut-être une restriction à ce que j'ai dit, et pourtant il n'en est rien.

Le rapport musical d'un objet, d'une personne, ne peut-il donc pas rendre beaucoup de bien, de vrai, de beau et de très-vivant? La plupart des œuvres d'art, on peut le dire sans injustice, ne sont pas autre chose qu'un rapport pareil ou une description, une copie. Mais que.

contraste d'un être vivant qui a été vivifié par l'art et qui est organisé en lui-même. L'*Iphigénie*, de Gluck, l'*Œdipe*, de Sacchini, *Sila*, de Haendel, *Saül*, *Anna* et *Juan*, de Mozart, ne sont pas des peintures de ces personnes, elles ne leur ressemblent pas, elles sont ces personnes mêmes. Qu'on mette à côté un caractère de Paer ou de Righini, et l'on reconnaîtra la justesse de mes distinctions, sans dénier cependant à la création de ces derniers ouvrages beaucoup de beautés. Tel sera le sort des créations d'Hoffmann, et ce jugement est déjà réalisé en partie. J'entends dire cependant que entre autres la romance du vieux pêcheur, du premier acte, et celle d'Ondine, du second acte de cet opéra, sont devenus les morceaux favoris d'une grande partie du public.

Ce fut une tâche agréable pour Hoffmann que la composition de la musique de *la Croix de la mer Baltique*. Il s'agissait ici de représenter les anciens Prussiens sauvages, rudes, avec la nature indomptable, inflexible, qui s'effarouchait même de la religion et des dieux comme d'un lien d'esclavage. Je ne connais ni poëte ni musicien à qui la représentation de ces hommes bestiaux ait aussi bien réussi qu'à Werner et à Hoffmann.

La langue lutte encore à la poursuite de l'expression; toute la modulation des voix s'efforce de devenir langage, et je vois le sauvage luttant de sons, de regards et de gestes, pour suppléer à la parole, au geste et à la construction qui lui manquent. J'ai un de ces chants, n° 1, arrangé pour le piano, qui fut imprimé non comme le mieux réussi, mais comme le plus court; il me semble si vivant que je suis tenté de prendre l'un (le premier) pour une peinture de gestes, un autre pour peinture de mines, un autre pour peinture de tons, car paroles, ton, même cri bestial, mines et gestes, voilà bien les ingrédients du langage des sauvages. Pour faire connaître la musique d'Hoffmann par son côté plus tendre à ceux qui trouveraient ces chants trop rudes et qui ne veulent pas accorder aux Prussiens barbares une langue plus forte que dans le *Sacrifice interrompu des Péruviens*, ou aux Scythes, dans l'*Iphigénie*, j'ai ajouté un morceau d'un *Miserere*, composition qui a plus de titre à être publiée que nombre de celles qui sont publiées depuis longtemps. Que l'extrait donné sous le n° 2 serve à le caractériser. En le publiant, j'ai encore une autre intention, s'il me faut citer la musique de *la Croix de la mer Baltique* comme la plus originale et la mieux réussie de ses compositions. L'originalité, la crudité pleine d'art, le mépris profondément intentionnel de beaucoup de moyens bien propres à fondre l'expression en l'adoucissant, a pu détourner l'œil de la perfection technique atteinte par Hoffmann. Le petit morceau du *Miserere* pourra le rappeler d'une manière agréable.

Quelque insignifiante que soit d'ailleurs, par rapport au contre-point, l'imitation entre des voix supérieures et inférieures, la noble simplicité et la piété de l'ensemble m'ont déterminé à préférer cet exemple du degré de perfection atteint par Hoffmann dans l'harmonie et le contre-point.

Sans avoir entendu l'opéra d'*Ondine*, on sent que M. Marx a raison : tout ce qui est vision ou fantôme dans l'opéra a été traité merveilleusement, musicalement par l'auteur du *Conseiller Krespel*; sans être médiocre, le reste n'a pas la même valeur, parce qu'Hoffmann a été rarement *objectif*, parce qu'il fait vivre ou marcher, pour ainsi dire, ses personnages avec cette singulière opération médicale qu'on appelle la transfusion du sang. Tous ses types vivent de sa vie, souffrent de ses souffrances et ont un système nerveux identique. Qu'on regarde la famille d'Ostade au Louvre, cette nichée d'enfants qui ne sont pas jolis et qui sont si charmants avec leur sourire honnête, leurs vêtements noirs, leur douce tranquillité de foyer, leur calme flamand à peine troublé par un rayon de soleil qui traverse un nuage de fumée de tabac : tous ces enfants et leurs parents sont bien sortis du même sang; jamais l'adultère n'a introduit des principes étrangers dans cette honnête famille. Les personnages d'Hoffmann sont dans les mêmes conditions de ressemblance : ils ont tous le même père; ce qui n'exclut pas l'originalité des types. Mais il est évident qu'Hoffmann avec ses étudiants, ses conseillers grotesques, ses docteurs ridicules, ses étranges caricatures, ses mandragores et ses êtres bizarres, eût pu difficilement tirer autre chose de sa cervelle.

Aussi faut-il être un de ces critiques ineptes comme il en existe tant aujourd'hui, pour demander raison à un auteur du motif favori qui le pousse à peindre telle classe plutôt que telle autre. Perpétuellement on rencontre de ces braves gens qui, voyant un roman de pauvres gens, voudraient les voir habillés avec du velours et des toques.

Un homme qui peint ce qu'il voit, ce qu'il observe et ce qu'il sent (mais on ne saurait trop insister sur la sincérité et la conviction de ce sentiment), produit des œuvres dans les conditions de l'art.

M. Fétis cite comme publié un cahier de chansons italiennes et allemandes, avec accompagnement de piano, et quelques duos pour soprano et ténor. Cette musique est introuvable aujourd'hui. Je possède les : *Sechs italienische Duettinen für Sopran und Tenor;* ce sont des mélodies pleines de charmes, qui révèlent un véritable compositeur et non pas un *musicien littérateur.*

Un de ces duos est joint à la suite du volume.

CHAPITRE XI

Correspondance d'Hoffmann. — Années de jeunesse. De amicitiâ.

Hoffmann venait de sortir du collége, et commençait à étudier la jurisprudence à Kœnigsberg; il était âgé seulement alors de dix-neuf ans, et son meilleur ami, son seul ami, pour ainsi dire (car on ne saurait vulgariser ce titre, comme on le verra par les lettres suivantes), était Hippel, son ancien camarade de collége. C'est à lui que fut adressée cette tendre correspondance exaltée, profonde, qui n'a rien de moderne, rien d'analogue en France, qui semble un traité *De Amicitiâ* des anciens, avec la précision qu'ils attachaient aux mots, et qui cependant offre des côtés particuliers, vagues, presque extatiques, qu'il serait difficile de trouver chez les anciens et les modernes. L'amitié qui se dégage de ce jeune esprit déjà si tourmenté est plus puissante que l'amour : « Entre *elle* et *toi*, écrit Hoffmann à son ami, je n'hésiterai pas. » Et il le répète à diverses reprises; sans connaître les réponses d'Hippel, il est facile de voir sa nature sympathique, également tourmentée et cependant plus raisonnable, puisque de lui viennent tous les conseils à Hoffmann sur sa vie et sa littérature.

Hoffmann ressemble un peu à cet amant qui, se promenant avec sa maîtresse, la quittait brusquement pour aller lui écrire. Quelquefois il doit voir Hippel le lendemain, et il lui écrit une longue lettre. Dans une de ces lettres Hoffmann raconte que le facteur lui-même est joyeux quand il vient sonner à sa porte et qu'il porte une grosse lettre; ainsi Arlequin, dans une pièce du théâtre de la Foire, porte à Colombine, de la part de Léandre, une lettre qu'il a mise dans la poche de son habit, et il raconte que cette lettre étrangère lui donne des chatouillements au cœur, tant l'amour s'en dégage à travers l'enveloppe.

Le sentiment de cette correspondance de jeunesse est tellement profond, qu'Hoffmann s'y montre rarement humoriste; à part quelques traits malins qui s'échappent parfois du bleu céleste de cette amitié particulière, le satyrique auteur des *Contes fantastiques* disparaît presque entièrement. Et c'est un des côtés les plus curieux de la correspondance suivante, pour laquelle malheureusement la langue française n'offre pas assez de ces mots vagues, idéals, séraphiques dont la langue allemande est si riche, et qui font le désespoir de tout traducteur consciencieux.

Kœnigsberg, le 23 février 1795.

Quand tu viens à Kœnigsberg, c'est comme si un bon esprit m'apparaissait tout à coup et s'éclipsait aussitôt que je me réjouis de sa présence. Je me réjouissais par avance de cette après-midi, et je l'ai passée ennuyé et ennuyeux. Jamais de ma vie la contrainte que m'impose la présence d'un tiers ne m'a paru plus insupportable. — Maintenant je suis de bonne humeur; cela fait que je me rappelle une image de mon imagination qui m'a déjà procuré quelques douces heures; — écoute mon rêve, — tu auras à peine la moitié de la joie que j'ai eue moi-même; et cependant tu t'arrêteras avec plaisir devant cet idéal d'un bonheur simple. — Bientôt viendra le printemps et bientôt suivra l'été; — au lieu d'aller à M..., si tu passes encore l'été à Arnau, — tu vois la nature renaissante; — chaque herbe pointante, chaque bouton gonflant te découvre l'esprit de la vie. — Tu respires plus librement cet air pur, — ton chagrin t'abandonne. — La végétation universelle rassé-

rène tes idées et rend à ton esprit la tension convenable.
— Bientôt vient la plus agréable saison ; — je me rends auprès de toi, pas pour un jour seulement ; — non, je passe une semaine avec toi. Notre temps est partagé le plus agréablement possible ; l'étude, la promenade, la conversation se succèdent dans un ordre déterminé. — Tous deux nous avons alors un but commun ; l'harmonie de nos âmes nous procure les heures les plus délicieuses. Loin de tout ce qui nous tourmente ou nous chagrine, nous nous sentons grands et élevés, au-dessus de toutes les friperies des despotes de mauvaise humeur. — O mon ami ! je ne puis pas te dire combien de petites nuances imperceptibles de plaisir se présentent à mon esprit, je m'imagine la vie de campagne près d'un ami, et cette vie a pour moi un puissant charme. — Comme nous sympathisons si bien, je crois que ces quelques semaines me rendront joyeux et bien portant. Mon clavecin serait avec nous, ma boîte à couleurs également, ainsi que quelques livres choisis ; combien de choses, produits de si douces heures, nous rappelleraient après bien des années le doux passé ! C'est avec une sorte d'élévation d'esprit que j'y songe, — c'est comme si tout à coup un épais rideau se levait en bruissant, et que mon regard plongeât dans l'Élysée. Comme de telles rêveries nous occuperaient ! que de grandes déterminations nous prendrions ! — Je dois te dire que je recommence maintenant à être autre ; mon esprit a acquis de nouveau ce bienfaisant élan qui est tout à fait indispensable pour des actions qui ne dépendent pas de misérables petitesses. — J'ai des plans ; de fermes et immuables résolutions mûrissent dans mon âme.

Mon séjour d'été à Arnau peut, à cause de toi je l'avoue, ne rester qu'un rêve ; mais déjà, comme rêve, il est si bienfaisant pour moi ! Que ne serait pas la réalité ? Ah ! ami, que nous ne puissions pas ce que nous voulons, c'est là qu'est le *hic*. — O doux temps des délices de la lune de roses ! pour moi les roses ne fleuriront pas ; en vain les zéphirs me soufflent de leurs ailes légères des exhalaisons balsamiques ! Solitaire, sans ami, sans amante, à chaque heure un nouveau chagrin transpercera mon cœur. — Ne prends pas ce nouveau soupir de désespoir pour une plaisanterie.

Mardi, 24 février 1795.

Quand je dis que tu m'intéresses plus, cher, que tu me tiens plus au cœur que tout le reste du monde, que je voudrais tout sacrifier pour te suivre, pour pouvoir jouir en commun avec toi de toute l'étendue de l'ineffable bonheur de l'amitié, je te dis là une vérité sainte, éprouvée d'innombrables fois, et qui n'a été profanée par aucune ignoble action. Nous sommes nés l'un pour l'autre. — Si même le destin nous arrache l'un à l'autre, nos cœurs ne se sépareront jamais. — Peut-être atteindrons-nous un jour tous deux, après avoir longtemps erré, un port sûr ; le but de tous nos désirs, de nos espérances, nous fait signe devant nous ; nous nous hâtons et nous nous rencontrons là où tout ce qui est sombre s'éclaire, où les joies, souvent imaginées, souvent désirées et jamais éprouvées nous attendent. — Cette ardeur pour toi ne se refroidira jamais dans mon sein, et je suis fier de pouvoir en attendre autant de toi.

Mon vœu favori maintenant est de pouvoir bientôt peindre ta mère et, si cela est possible, le conseiller privé également. — Le séjour d'été à Arnau est mon rêve de prédilection : je me vois déjà avec des culottes jaunes, des bottes à glands, un collet vert avec une gorgerette de velours noir et de petits revers, un chapeau rond, trottant par une belle journée d'été sur un bidet, et toi te tenant debout, les bras croisés l'un sur l'autre, et regardant le soir la lune ; — nous échangeons tous deux des soupirs pleins d'une douce tendresse,—je me plains,—tu soupires, — puis cela nous paraît burlesque, — nous allons au lit en riant et en badinant, pour jaser encore une heure ; — tu as trop chaud, tu te lèves, moi après toi, ainsi arrive minuit, jusqu'à ce que, pris tous les deux de sommeil, nous ne puissions plus que bégayer ; nous nous souhaitons, en bâillant, bonne nuit, — nous dormons bel et bien, en rêvant encore mieux. — Souvent j'entends avec plaisir ton père jouer mes petits airs et rondeaux ; j'ai composé une romance pour l'impératrice de Russie ; cela et les ariettes de Lillo, c'est ce qui plaît à ton père, je dois souvent les lui répéter. Il se laisse quelquefois émouvoir au point de jouer un petit air sur la guitare, — je l'accompagne sur le clavecin ; je m'imagine être en Espagne, et toi, soucieux, tu grognes, et même enfin tu t'endors. — Il est bon qu'ici la feuille soit à sa fin, autrement je te fatiguerais encore plus. — Adieu.

Samedi, 29 février 1795, le soir.

Ta chère lettre a beaucoup changé ma situation d'âme. Tendre, unique et cher ami! je te plains, je ressens profondément ton malheur dans mon cœur. Intimement initié à plus d'un secret motif de ta douleur, je partage tout avec toi. — Tu es pour moi beaucoup, plus que tout le reste du monde. Plus ardemment encore bat mon cœur pour ton amitié que pour un amour malheureux, car il est malheureux à tous les points de vue. J'ai lu les chaudes assurances de ton amitié; mon cœur s'est fondu dans une profonde affliction, et je tombai, ta lettre en main, dans une silencieuse et rêveuse extase. — Je t'aime, je t'adore, tu es le seul qui comprennes les émotions intérieures de mon cœur, le seul dont toute l'âme se serre si suavement contre la mienne. Ah! qu'elles sont ineffaçablement empreintes dans ma mémoire et dans mon cœur ces soirées qui ont répandu une bienfaisante lumière sur tout mon caractère! Avec toi je m'enfoncerai volontiers dans une solitude. — Je ne désirerai alors voir personne autre, n'entendre personne que toi. Chasse donc tes sombres images d'un malheur perpétuel, et si je pouvais les chasser, ce serait plus que les plus ardents vœux ne peuvent obtenir. — Ah! comme je me hâterais de courir vers toi, et bientôt, et je vivrais quelques semaines avec toi non troublé et heureux! — Ce serait un serein regard du soleil après beaucoup de sombres jours. Je ne verrai probablement plus ma bien-aimée, ou je ne la verrai pas de sitôt. — Ami, intimement chéri, je te le dis solennellement et sérieusement, je te sacrifierais volontiers la bien-aimée et tout, si je pouvais te conserver pour moi. — Comme je te suivrais volontiers à M... — Mille plans se croisent dans mon âme ; de nouveaux projets, de nouvelles déterminations fermentent dans mon cerveau. Pour toi je sacrifierais, avec une joyeuse mine, tout mon bonheur apparent pour que, immuablement réuni à toi, je pusse ainsi jouir du seul véritable bonheur.....

Si je devais cependant succomber malheureusement sous de viles cabales, tu me resterais encore, tu ne m'oublierais jamais. On peut me ravir tout, excepté toi. — Non! on ne saurait me ravir mon propre moi-même. — Mon innocence me consolera. — Je ne serai jamais pauvre ni sans aide ; — il y aura toujours une toile que je pourrai peindre, et du papier sur lequel je pourrai écrire? Item, cela aide! C'était le mot de prédilection d'un de mes aïeux, et j'ai été élevé selon ce mot. Dût ma vie être en danger, je m'en remets sur mon courage, qui me fournira des moyens d'en sortir et doublera mes forces. Et si enfin je devais être la victime d'une inexorable méchanceté, alors pleure sur ton ami des larmes compatissantes, et sois l'exécuteur de quelques petites dispositions que tu trouveras inscrites en forme d'archives dans mon armoire. Ces archives t'appartiennent ; il s'y trouvera plus d'une chose intéressante pour toi ; tu trouveras même dans l'acte le calme froid et la tranquillité d'âme avec laquelle je t'écris à cette heure.

Ami, quelle félicité j'ai dans cette pensée de pouvoir, uni à toi, renoncer à toutes ces relations certainement infâmes, et peux-tu croire un seul instant qu'*elle* pourrait me retenir? Oh! comme cela serait indigne de mon intime amitié pour toi! — Non, même dans le repos le plus heureux, le calme le moins trouble, *elle* ne me retiendrait pas. — Tu vois, cher ami, que, moi aussi, j'ai ma sorte particulière de malheur, et que ma situation n'est pas digne d'envie. — Nous sommes unis par tous les liens possibles, nous sommes des frères d'infortune. — Tu trouveras, sans doute, une grande différence entre ton malheur et le mien; mais crois-moi, en fin de compte, le tout revient au même.

Pour aujourd'hui, je dois interrompre ce si doux entretien; la tante m'appelle pour lui communiquer encore mes pensées sur bien des choses. — Je dois accorder satisfaction à ses désirs. — Dors bien, aimable, unique et cher ami, — que les doux rêves, les attrayantes images d'un joyeux avenir voltigent autour de toi; que le génie de tes amours ondoie sur tes jours à la façon des esprits! — Si tu sens un doux frémissement des airs, un léger souffle allant et venant, un gazouillement pareil au murmure d'un ruisseau voisin, ce sera mon génie qui planera autour de toi, — car toutes les nuits je suis auprès de toi, — toi et *elle*, et celui que le plus souvent je vois, que j'entends, que je sens dans de longs rêves, c'est toi. Dors bien.

Demain je t'en dirai encore plus. A demain la suite de l'abominable événement*.

* Une rencontre avec un rival.

CHAPITRE XI.

Samedi soir.

J'arrive à l'instant d'une petite fête à laquelle on m'avait invité, — j'y ai été bavard, — sage comme un vieillard avec les vieillards, — galant auprès des dames, et au fond aussi solitaire que si j'avais été transporté dans un désert. Un petit entretien avec toi doit me dédommager et me procurer encore quelques joyeux moments avant mon coucher. . . . .

Mon vœu le plus ardent est de te voir demain. Pense aux beaux rêves, inspire-t'en comme moi. — Ah! je voudrais être heureux, ne fût-ce que deux semaines. Souviens-toi du portrait de ta mère. Pense à celui qui est à jamais tien.

Vendredi, 1er mai 1795.

Mon mal physique m'est revenu. Cela consiste en migraines, malaises, et un affreux saignement de nez. Avant-hier j'ai craint une hémorrhagie. Je pense toujours que j'ai un corps d'artiste; aussi bientôt ne pourrai-je plus m'en servir, et je tirerai ma révérence sans le prendre avec moi.

Mon mal moral, tu le connais. Depuis que tu es à A..., je suis réellement abandonné, même au milieu de la foule la plus bruyante. Je suis aussi anachorète que si j'étais à Formentera. Quand tu étais encore ici, il en était autrement; si tu n'avais pas habité autrefois cette ville avec ton frère, ciel! où en serai-je maintenant? Je tomberai encore dans le désespoir, au milieu des cabrioles de ce peuple stupide et badaud. Vois donc? notre malheur est tout opposé; tu avais trop d'imagination, j'ai trop de réalité... Je t'attendrai avec impatience samedi; viens donc certainement. Tu ne peux nullement t'imaginer combien mon sort et ma destinée me tourmentent. L'étude va lentement et tristement; je m'efforce de devenir un jurisconsulte. Si j'avais au moins un paysage au clair de lune de Hacken. Adieu, pense à moi.

***

Samedi, 4 avril 1795.

Tu recevras, cher ami, grâce à mes poses de plume créatrices, deux cahiers de *Cornaro*. Le titre est maintenant ainsi arrêté :

CORNARO,
MÉMOIRE DU COMTE JULES DE S., ÉCRITS DANS LES LUNES DU PRINTEMPS DE L'ANNÉE 1775.

Critique-le donc très-minutieusement, et souligne certaines répétitions dans l'expression et les idées. Je crois que ce petit ouvrage arrivera bientôt à seize feuilles, nombre déterminé de la première partie; je l'écris chaque soir *con amore*. Envoie-moi quelques-uns de tes travaux; tu verras que je reste minutieusement fidèle à la marche de certaine histoire. Le bruit dans les premières feuilles n'est pas sans motif; ce n'est que dans la seconde partie que cela s'éclaircit.

Que fais-tu donc? Comment vis-tu? Si tu es mécontent, mets-toi à écrire un roman, c'est une bonne médecine. Hier, au *Kneiphof*, j'ai entendu exécuter *la Mort de Jésus*, de Graun, avec un sentiment que je ne peux pas te décrire. La salle était remplie de dames en grande toilette. B. K. D. Je lui dis quelques mots, à elle, et me plaçai ensuite dans un coin retiré pour jouir entièrement de la musique. L'air *O vous ! âmes créées sensibles,* un des plus beaux de l'oratorio, J... l'a chanté avec un sentiment qui arracha des larmes à maints beaux yeux et des soupirs profonds à moi, incapable de larmes; le pathétique solennel des choraux me perçait la moelle et les os; j'aurais aimé à mourir en ce moment-là. La W... a chanté *le Gethsamene,* le premier récitatif et l'air qui suit avec une expression d'un doux et triste sentiment; sa figure s'harmonisait avec ce qu'elle chantait. Tous les chanteurs et cantatrices étaient habillés de noir. Que n'as-tu entendu cette musique ! Adieu, cher ami, pense souvent à ton

H.

Kœnigsberg, 22 septembre 1795.

Un entretien avec toi, ne puisse-t-il avoir lieu que par lettre, me fera certainement du bien. Jamais, non jamais, je n'ai senti plus vivement ta perte que pendant la soirée d'aujourd'hui. Les plaies qui étaient déjà presque entièrement guéries se sont de nouveau rouvertes par suite de nouveaux incidents, et je ne doute plus de leur incurabilité. A toi, à toi seul, je puis dire ce que j'éprouve... Quand je reçus la nouvelle que tout irait comme par le passé, que les mêmes scènes se renouvelleraient, je pris machinalement mon chapeau et ma canne; lorsque je revins un peu à moi-même, je me trouvai à Rollberg, et j'avais le marteau de la porte de ton ancienne demeure à la

main. Vainement je te tracerais cette sensation : une
larme roulait dans mes yeux ; chez moi, cela veut dire
coup. Je sentais un affreux vide dans mon cœur. Personne, personne à qui je puisse me plaindre ! Ce que nous
étions l'un à l'autre, je suis fier de pouvoir le dire fran-
chement, tu ne trouveras à me remplacer nulle part, et
moi non plus je ne retrouverai où que ce soit, même ton
ombre. Je hais à mort ces connaissances qu'on décore du
nom d'amitiés. Une certaine personne fut assez niaise,
assez carpe, pour me dire avec le plus lourd aplomb : « Oui
vraiment, il est parti, tu devrais te choisir un autre ami. »
Quelle était cette personne? c'est ce que tu reconnaîtras
aisément à ce portrait. Mon sort est triste ; justement au
moment même où je sens toute l'étendue du bonheur que
je pouvais goûter, je cours le danger de le perdre à jamais.
Je tomberais dans le désespoir sans mon piano ; il me procure encore quelque consolation au milieu de l'orage de
mille sentiments tourmentants. C'est comme si un génie
pacifique et consolateur planait autour de moi, quand, en
dernier lieu, à demi enivré des allées indépendantes et
sans retour de mon imagination, je me perds entièrement
dans moi-même. J'ai maintenant auprès de moi J... ; je
l'aime bien. Un autre esprit semble l'animer quand il
prend son violon ; mais non, un lien tel que le nôtre est
unique, nous n'aurions jamais dû nous séparer. Et, maintenant, laisse-moi emprunter une comparaison à ma chère
musique. Imagine-toi une symphonie jouée par les plus
grands virtuoses, sur les instruments les plus parfaits;
imagine-toi les passages les plus doux d'un adagio exécuté
pianissimo ; ton sentiment est tendu au plus haut point ;

tout à coup survient un misérable qui râcle, sur un sabot de violon, un morceau d'une pitoyable chansonnette. Dis, ne serais-tu pas révolté jusqu'au plus profond de ton être! Tu te sens arraché de la manière la plus cruelle au doux et voluptueux assoupissement dans lequel le suave adagio te berçait; ta colère, ton tempérament irritable tueraient toute douceur dans ton âme; tu te précipiterais sur le râcleur, et, en proie au paroxysme de l'irritation, tu briserais son instrument; à quoi cela remédierait-il? Les concertants ont perdu la mesure, les moments du sentiment suave, qui seul est l'âme d'une belle exécution, se sont évanouis, et tout, les sons confondus, les instruments discordants, te dit : Ce n'est plus, ç'a été! Tu sa là tous les motifs, tu as là toute la cause mère de mon chagrin, l'image de mes nuits sans sommeil, de mes joues pâles. Où est la jovialité qui est propre à mon esprit? Dis, ami, est-ce la destinée? Ou cela gît-il dans les circonstances qui sont cependant subjectives, que je n'ai pour ainsi dire de répits momentanés que pour être ensuite d'autant plus sensiblement tourmenté. Il me semble que tout se réunit maintenant pour rendre mes jours horribles; voici déjà la dixième semaine depuis que j'ai passé mon examen, il n'est encore rien arrivé de Berlin, je ne suis pas encore assermenté. Ma vie oisive m'est au plus haut point un fardeau. Je voudrais tant travailler et j'y perds ma force. Si ce que je souhaite réussissait, alors plus d'un l'appellerait inouï. Je ne veux seulement pas en parler, car on me rirait à la figure. Au résumé, Dieu sait quelle fatalité ou plutôt quel étrange caprice du destin m'a transporté dans cette maison! Le Noir et le Blanc ne peuvent être plus opposés que moi et ma famille. Dieu, quels hommes sont-ce là ! Sans doute, j'avoue que mes actions semblent parfois excentriques, mais pas la moindre indulgence. Le gros sire, trop vieux pour que je le raille, trop misérable pour mon esprit, commence à me traiter avec une indignation qu'en vérité je ne mérite pas.

Je penserai éternellement à certaine promenade hors d'Arnau avec toi. Tu sais comme tout mon cœur déborda, comme je me plaignis de ce qui rongeait mon sein. Hélas ! tout cela n'a pas changé ; je soupire encore à ce souvenir. Mais ce qui me consolerait, ce qui enterrerait dans l'oubli toute souffrance, tout chagrin, ce qui guérirait les plus profondes blessures qu'a faites à mon cœur un destin ennemi, ce serait une nouvelle réunion avec toi. Si je devais perdre ce qui m'a enchaîné ici, ce qui me donne la plus grande jouissance de la vie, alors je surmonte tous les obstacles, je vole à toi ! Car j'ai du courage, et celui-là je ne le perdrai jamais, je vivrai dans la plus grande retraite, je demeurerai à tes côtés et, s'il est possible, dans la même maison que toi ; je travaillerai autant que je pourrai. Deux heures de la soirée passées auprès de toi seront ma récréation.

Crois-moi, cher et unique ami, ce doux rêve me tranquillise et me rend plus content de moi-même au milieu des circonstances qui m'environnent. Est-ce donc que la réalisation serait impossible? Non, en vérité non ! Toute mon âme se révolte contre cela. Si je devais tout perdre, je suis cependant encore très-riche, j'ai sauvé un précieux trésor du naufrage : c'est ton amitié. . . . .
. . . .

CHAPITRE XI.

Pardonne-moi, cher ami, si ma lettre çà et là manque de suite; je ne saurai la relire. Jeudi prochain seulement cette lettre partira; jusque-là, je m'entretiendrai avec toi encore deux ou trois fois. Bonne nuit, mon cher.

CHAPITRE XII

Fragments de lettres d'Hoffmann à ses amis.

Il est au moins inutile d'analyser les fragments de correspondance qui vont suivre : mon but a été de montrer Hoffmann dans diverses situations et dans les divers états de la société où l'entraînait son génie. Tour à tour il apparaît tel qu'on l'entrevoit dans ses œuvres quand on sait les lire, mais cette fois dépouillé de toute enveloppe et accusant son *moi* sans détour : le cœur plein d'amitié, d'amour de la femme, d'affection pour sa mère, d'amour pour la musique, la peinture, le théâtre et la littérature. Il avait toutes les aspirations aux sentiments de famille comme il avait l'aspiration du beau dans tous les arts. S'il eut quelque haine, et encore est-il plus juste de dire quelque satire, ce fut seulement contre l'étude du droit. Le métier qui devait lui donner du pain bien maigrement, et par intervalles, lui pesa toujours violemment.

Il y a peu d'amourettes, de caprices, de légères et folles affections dans la vie d'Hoffmann ; aussi ai-je recueilli avec soin la lettre concernant la rencontre du marchand de boutons en voyage, qui semble presque un chapitre du *Voyage sentimental;* mais Hoffmann est autrement sérieux en amour que Sterne : il ne connaît pas le badinage, et de même qu'à tout ce qu'il touche, c'est avec une conviction profonde et souvent douloureusement sarcastique qu'il parle de la femme.

A quoi bon continuer plus longtemps d'effleurer cette correspon-

CHAPITRE XII.

dance? Ne serait-ce pas avoir l'orgueil niais de cet homme à la baguette qui, expliquant l'histoire du lion en cage, finit par se croire lui-même le lion, et se complaît dans ses sots propos et son importance vaniteuse?

FRAGMENTS DE LA CORRESPONDANCE ENTRE HOFFMANN ET HIPPEL.

Kœnigsberg, le 23 janvier 1796.

« Quand une fois on est en train de babiller avec toi, on n'en peut plus finir. Ainsi cela va de bouche, ainsi cela va par écrit. Je reprends ma lettre, à laquelle il faudra que j'ajoute une feuille. Et d'abord, je suis maintenant beaucoup mieux, d'où il résulte que ma mauvaise humeur, ou plutôt ma noire hypocondrie bilieuse, se dissipe; cela a des causes physiques et morales... Un grand cours de ventre m'a rendu aussi léger qu'une plume. Sois un peu médecin et pardonne-moi cette phrase. Quant aux causes morales, il y en a beaucoup; mais ma sensibilité, mon imagination, l'emportent toujours...

« Jamais mon cœur n'a été plus sensible à ce qui est bon, jamais des sentiments plus élevés n'ont rempli ma poitrine; mon esprit plane au-dessus de mon corps: la maladie et la fatigue seules me rappellent mes chaînes. Les esprits plats ne comprennent rien à la tension de l'esprit; ils prennent cela pour du relâchement; de là les reproches que je subis. On me tient pour stupide, et je suis obligé d'avouer que je rencontre bien des regards de travers parmi les gens sans savoir-vivre, parce que je ne jette pas mes perles devant les pourceaux, et jamais je ne sens mieux que j'ai quelque valeur qu'en lisant tes lettres. Ami, nous nous comprenons ; un regard, un geste, a souvent été le supplément des idées qui résistaient à tous les mots dans lesquels il aurait fallu les emmaillotter. Nous sommes tous deux circonspects et délicats, et nous n'exhibons pas ce que nous avons en nous avec la même facilité que les gens futiles tirent leurs mouchoirs de leurs poches.

« Voilà que j'ai fini aujourd'hui ma Nouvelle, dont l'introduction te plaira, parce que je crois l'avoir écrite d'après ton âme. Il est seulement dommage que la raillerie y perce trop : trop de moquerie est une faute, je crois ; mais comment diable écrire sur l'amour avec un tempérament humouristique sans être moqueur ?.. »

***

22 février 1796.

« Ne pas avoir ton portrait me fait souffrir au dernier point. N'y a-t-il donc pas un homme là-bas qui sache dessiner ? Deux bons traits au crayon, et l'affaire serait faite. Je serais fou de joie si j'allais trouver ton portrait dans une lettre, ne fût-ce que la plus simple esquisse. »

***

15 mars 1796.

« La mort vient de nous rendre visite d'une horrible manière ; aussi ai-je senti en frissonnant l'horreur de sa despotique majesté. Ce matin, nous avons trouvé ma bonne mère, tombée de son lit, morte. Une attaque d'apoplexie subite l'avait tuée dans la nuit ; on le voyait à son visage affreusement convulsionné. Je sais combien tu ressentiras une pareille scène ! Le soir auparavant elle avait été plus gaie que jamais et avait mangé de bon appétit. Ce que c'est que l'homme ! Tourmentons-nous bien toute la vie en prévision de l'avenir ; faisons plans sur plans, nous ne sommes le plus souvent séparés de notre dernier moment que par une misérable journée ! Nous haïssons cette grande étude de la mort, parce que notre esprit souillé ne se repaît que des roses dont il redoute les épines. Ah ! mon ami, quand on ne se familiarise pas à temps avec la mort, on la voit toujours venir nous rendre visite de la manière la plus désolante. Je m'imagine que ce sont ses favoris qu'elle enlève ainsi brusquement sans presque se laisser apercevoir, et ce qui nous paraît si horrible n'est qu'un expédient tout favorable pour les autres. Tu sentiras ma douleur, et ton sentiment, ton bon cœur, s'uniront au *Requiem* que je dédie aux mânes de ma bonne mère.

« Quelle belle chose c'est pourtant que l'amitié ! Femmes et filles, je ne vous envie pas votre sexe. Il se peut que votre luxurieuse nature s'entende parfaitement à aspirer la jouissance en mille nuances délicates là où nous autres nous avalons tout en masse beaucoup plus grossièrement ; il se peut que notre amour ne soit que de la glace du Pôle-Nord, en comparaison de l'ardeur que le sentiment allume dans vos cœurs ; il se peut que nous soyons souvent comme des touches insensibles là où tout votre être est électrisé par l'esprit et la vie ; mais je ne vous jalouse pas, fier que je suis de ce don des hommes, l'amitié ! Oui, je connais vos objections ; je vous entends dire d'un air de triomphe, en vous jetant dans les bras les unes des autres : « Est-ce que nous ne nous aimons pas ? » Mais, pardonnez-moi, si je m'en tiens à mon dire et si même je souris un peu à vos chères embrassades ; bien des raisons viennent à l'appui de ma théorie du monopole de l'amitié masculine. L'une de ces raisons est importante, mais un peu plus indiscrète qu'il ne faudrait pour être exhibée. De peur de perdre une *pièce* nécessaire à l'intérieur, je n'oserai pas débattre cette question devant une assemblée de femmes ; il faudrait d'abord qu'elles m'accordassent que la sensualité, qui tourne sans cesse avec une incroyable rapidité, est le grand rouage de toute leur conduite. L'amitié ne fait rien pour la sensualité, mais tout pour l'esprit. Sa jouissance est la bienveillance pour tout ce qui est parent, la béatitude de se rencontrer dans des sensations égales. Dès que nous avons trouvé celui qui nous comprend, dans le sein duquel nous épions avec ravissement les mêmes sentiments ou dans la tête les mêmes idées ; qui, avec le sens épuré de la vertu et du beau, suit le chemin fleuri ou le sentier épineux où nous marchons nous-mêmes, comme alors le monde se peint à nous sous d'autres couleurs, comme notre *moi* devient bien autrement précieux ! Un héroïsme, déjà étranger à la nature des femmes, nous barde d'acier pour des entreprises dans lesquelles, sans celui que nous aimons, notre faiblesse eût succombé. Oui, mon cher Théodore, nous ne serions ni l'un ni l'autre ce que nous sommes, si le destin n'avait pas réuni nos cœurs montés au même diapason. Avant que sonnât l'heure natale de notre amitié je vivais bien misérablement dans ma cellule, mon esprit était un prisonnier qu'on avait enfermé et qu'on surveillait sans relâche.

« Creuser si bas ce mystère si profond ! Ne prends pas à mal les incorrections qui peuvent se trouver de côté et d'autre ; aujourd'hui je ne puis pas corriger. Et vous, monsieur l'inspecteur, ou plutôt l'*inquisitor privatus*, vous reconnaîtrez qu'il n'y a rien là-dedans contre la religion, contre l'État, ni contre la tranquillité publique ou privée, si vous vous donnez la peine de lire toute la lettre ; vuos reconnaîtrez même de plus que le soir du jour où l'on a trouvé sa mère morte, le matin on ne peut pas songer à s'en faire accroire. »

Glogau, le 18 juillet 1796.

« Ta chère lettre du 26 juin, que j'ai reçue quelques jours après mon arrivée à Glogau, des mains de mon oncle, m'attache de nouveau plus solidement à toi et à ces relations sans lesquelles mon cœur serait vide, et avec lui l'harmonie de ma tête tout en désaccord. J'ai quitté ma ville paternelle dans une sorte d'étourdissement. Mes adieux à *elle* m'avaient attendri comme du beurre, à tel point que j'aurais pu me mépriser et pleurer sur moi-même. Ensuite je fus d'une gaieté extrême, et j'enfilai trois fois de suite ma culotte à rebours, puis je mangeai beaucoup et bus encore plus. Je la vis encore une fois à la fenêtre. Peut-être mon compliment universel au voisinage des quatre coins de la rue et le salut spécial que je lui jetai comme dernier adieu a-t-il été ma dernière représentation à Kœnigsberg. Je pense que c'est la dernière fois que je me montre à eux ; et, avec mes cheveux coupés en rond, avec mon habit de voyage, je ne devais pas faire mauvaise figure. De mon voyage, rien, mon cher ami, sinon que j'ai voyagé avec un de tes *pays* qui, à Marienwerder, pendant les deux heures qu'on met à emballer et changer les chevaux, me conduisit partout et me montra plusieurs dames, entre autres... Ce cicerone et ami de voyage était du reste un fabricant de boutons; il avait une fort jolie femme, une de ces jolies figures de Lavater, dont on est obligé de devenir l'ami tout de suite, sitôt qu'on a tenu une seule fois en main un crayon en qualité d'artiste. La petite famille du fabricant de boutons se rassembla autour du papa; il n'avait fait qu'un tour à Kœnigsberg, mais il était resté dehors pendant huit jours. Un temps bien long pour leur amour! L'un se pendait à son cou, l'autre embrassait ses genoux. Mais ce fut quand il déballa des pantoufles bariolées pour les filles et aussi des gâteaux, qu'il eût fallu voir la joie universelle. Le petit marmot s'éveilla alors dans son berceau et se mit à bégayer en étendant les bras vers sa mère, qui souriait en étendant les plis de l'habit de gala, qu'elle venait de sortir du portemanteau, pour brosser la poussière et le duvet restés dessus depuis le voyage de Kœnigsberg. Un vieil ouvrier, à la figure des plus frappantes, qui faisait des boutons à une table, complétait la scène par ses compliments de bienvenue, après avoir jeté doucement son bonnet de feutre derrière lui et exhibé sa frisure bien en ordre avec un toupet en cœur. Alors arriva le café dans une énorme cafetière. La femme abandonna vite l'habit de gala pour atteindre une tasse de porcelaine et la nettoyer. Cette tasse était pour moi, celle de faïence pour le mari. Le vieil ouvrier regardait avec une certaine convoitise le café couler de la cafetière; et sa figure ne s'épanouit pas médiocrement quand le mari, en se retournant brusquement, lui offrit sa tasse et mit fin à ses refus de politesse par un appel à une nouvelle tasse pour lui. Les enfants se rassemblaient autour de la table, leurs gâteaux à la main. Il ne leur avait pas été permis de demander du café; et cependant ils ne mordaient pas à leurs gâteaux. Je les régalais de ma propre tasse, dans laquelle je rompais les gâteaux que je leur faisais repêcher avec la cuiller à thé. La mère ne voulut pas le permettre, et leur versa alors, afin de m'épargner toute privation, du café dans une petite tasse pour faire la trempette. Alors ce fut une jubilation générale; chacun prit du café, même le chat, qui depuis longtemps déjà s'était approché de la famille en ronronnant et en faisant le gros dos; manières qui lui valurent de l'excellente crème. J'étais devenu si intime avec les enfants, qu'ils ne voulaient plus me laisser partir lorsqu'on m'appela pour monter en voiture. Je les embrassai tous; et, sur les lèvres doucement arrondies de la femme, j'eusse aussi imprimé un baiser d'Yorick comme un certificat de la dédicace de mon âme. Cependant cela aurait fait sensation, et le chef de police, qui l'eût certainement appris, aurait pu enregistrer le baiser et m'eût discrédité peut-être devant tout le monde. Tu vois, j'ai sentimentalisé à Marienwerder, et c'est le profil de la femme du fabricant de boutons qui en est cause. Ne m'en veux pas de ce que cette histoire prend deux pages de ma lettre. »

Glogau, le 24 janvier 1797.

« Unique cher ami,

« Je voudrais bien savoir ce que tu penses de moi ! La Sainte-Hermandad de ma conscience m'accuse, et ce n'est qu'à l'aide de faibles motifs que je cherche à échapper à une douloureuse condamnation.. Ta lettre (la dernière), qui est tombée aujourd'hui de mon portefeuille sous ma main, quand je l'ouvris pour regarder un portrait, m'a poussé à l'accomplissement d'un devoir qui m'a été en même temps comme un bienfaisant rayon de soleil du temps passé. Depuis quelque temps, à la vérité, je n'aurais pu écrire, car je me suis foulé le bras en tombant sur la glace ; mais ta dernière lettre demande une prompte réponse... Je suis tellement gelé par cette soirée de janvier, mon cher enfant, que je peux même te dire avec beaucoup de raison que, dans le renoncement à toute chose, dans le *far-niente* physique et moral complet, on trouve un calme inébranlablement vrai, qu'on ne devrait jamais, jamais aimer, ni trouver aucun goût à la grâce et à la beauté ; mais qu'on devrait ruminer sur place jusqu'à ce qu'on aille se coucher avec le *Falstaff* de Shakespeare. A cela je n'ai qu'une chose à ajouter, c'est que c'est horrible ! Je parle d'un passage de la Diététique du flegmatique bonhomme qui végète dans certain fauteuil, à Kœnigsberg, et le diable m'emporte si je pourrais raisonner ainsi plus longtemps que les trois quarts d'une seconde. Je viens de moucher ma chandelle, de planter un bonnet de nuit sur ma tête et de frapper deux fois du pied sur le plancher,

CHAPITRE XII.   149

pour épouvanter une souris qui soupe en rongeant le bout d'une vieille pantoufle... Le moyen, dans ce moment, de penser, de sentir, de dire quelque chose.

« Je t'ai déjà dit dans plus d'une lettre que je suis trop jovial pour pouvoir rester longtemps sous le coup d'une mauvaise humeur, que les heures tristes et gaies se succèdent bigarrées les unes aux autres, et que mon esprit ne me donne souvent que des à-comptes quand mon imagination exige le payement de tout le capital. Maintenant je ne te surprendrai pas, si je t'assure que je n'eus jamais plus de raison d'être malheureux qu'aujourd'hui, et que jamais je n'ai eu des idées plus joviales qu'en ce moment par cette soirée solitaire. Il ne me manque que mon Théodore*, alors je pourrais oublier tout ce qui me tourmente et être heureux comme je ne le fus jamais ! . . . . Le maudit bras ! il faut que je fasse une pause... J'ai fait une petite pause, et mon bras me permet de continuer !..... Mais, mais ! les lancées de mon bras réveillent d'autres lancées qui me vont jusqu'au fond du cœur et qui ont donné la chasse à ma bonne humeur. Tout va maintenant à la diable ; voilà le cousin qui ronfle en *fa-bémol*. La souris qui ronge toujours la pantoufle. J'ai voulu l'écraser avec le Code de 1721, avec les Édits de Silésie, avec ma brosse, avec le sablier ; la chambre est déjà semée de tous mes effets, mais la maudite canaille ronge toujours, trouble toutes mes illusions, et je ne puis penser à rien de sensé. Ajoute à cela que je lutte contre une fiévreuse somnolence qui me vient de l'événement d'aujourd'hui, car figure-toi

---

* De même qu'Hoffmann, Hippel se nommait Théodore.

que Mme ... nous a quittés, et pour bien longtemps, et j'ai été si ému, si sentimental en la quittant ! Involontairement, quand elle m'a donné son baiser d'adieu, je l'ai pressée sur mon cœur, ce qui a fait dire plusieurs fois au cousin que j'étais enamouré et que je suis le plus grand nigaud que l'on puisse voir, ce qui n'est pas tout à fait faux.

« Que je t'informe encore que le cousin vient de se réveiller, et que sur mes instantes prières il a, avec une adresse remarquable, tiré au vol ce gibier de potence, la souris soupant. Aussi vais-je me mettre au lit. Bonne nuit, mon Théodore, peut-être demain matin trouverai-je des choses plus sensées pour terminer ma lettre. Je sens bien n'avoir rien dit qui vaille. Bonne nuit. »

Le lendemain, à neuf heures du matin.

« Je viens d'avoir une singulière rencontre. Un homme comme je me le suis figuré souvent est venu ici à la manière d'une apparition, et s'est envolé comme un bon génie en remuant du bout de ses ailes des feuilles de rose à travers les airs. La réputation était contre lui, et il était méconnu ainsi que bien des gens. Figure-toi un homme aussi bien bâti que l'Apollon du Vatican et une tête comme je pourrais la choisir pour caractériser Fiesque [*]; car il est bien vrai que dans son œil, beau d'ailleurs, brille une certaine méchanceté. Ses cheveux noirs, courts et frisés, le faisaient ressortir encore davantage. Dans toute sa prestance il y a quelque chose de fier, une certaine supériorité sans arrogance; cet homme s'appelait *Molinari* et était

[*] Drame de Schiller.

peintre. Tu me connais, tu sais mon enthousiasme pour les arts; quoi d'étonnant qu'aussitôt j'aie cherché à faire connaissance avec lui. Cela m'arriva bientôt, et presque chaque jour je passai deux heures en sa compagnie. Il est resté la plus grande partie de sa vie en Italie, et il a étudié son art à Rome de préférence. Plus tard je t'en dirai davantage verbalement sur son compte; qu'il te suffise de savoir qu'il m'a fait beaucoup avancer dans l'art. L'esprit de feu des Italiens anime ses œuvres; quelques étincelles de ce feu éveillaient mon génie endormi. Je pourrai le prouver par deux têtes de jeunes filles de moi que j'ai en portefeuille.

« Tout irait bien si je ne me passionnais pas ainsi pour tout. Ma véhémence, je pourrais dire ma rage pour tout ce qui s'offre à mes idées sous cette forme de la passion, détruit ce qu'il y a de bon en moi. La jovialité s'en va au diable, mes rêves de bonheur, tout est détruit. C'est là le point sur lequel je me trouvais dans le même état que Molinari. Tous deux enfants du malheur, tous deux flétris par le destin et par eux-mêmes.

« O mon Théodore! si je pouvais te décrire ce que tu m'es comme je le sens, comme je tiens à toi de toute mon âme, et comme je ne continue à être bon que pour être digne de ton amitié. . . . .
. . . .
« Voilà qu'on me rapporte les dessins de Preisler que j'avais prêtés à Molinari. Il en tombe un billet. *Nous nous reverrons!* Il pense probablement à Warmbrünn, où il ira l'été prochain, ainsi que moi, puis il partira pour l'Italie; mais moi, malheureusement, non. . . . .

« Il vient d'arriver un homme des plus étranges, l'associé d'une maison dans laquelle il y a une jeune fille à laquelle, à ce qu'on assure, je fais la cour. Il est vrai que j'ai bien fait quelque extravagance en l'honneur de cette Michaéline[*]. Je suis allé quelquefois à la messe aux Capucins ; à la Redoute je n'ai dansé qu'avec elle ; tout cela est vrai, aussi vrai qu'elle est extraordinairement jolie, et que j'ai son portrait dans mon portefeuille. Cet homme est étrangement poli ; il rôde sans cesse autour de moi. Il fait sur sa viole quelques sourds accords. Que peut-il me vouloir ? Si c'est pour m'inviter chez G. R., je ne puis y aller, ne pouvant m'habiller à cause de mon bras. »

Glogau, 28 avril 1797.

« Je m'applique toujours à la peinture dans laquelle, après une année de pratique, j'acquerrai une certaine perfection ; alors je m'envolerai avec ce talent à travers le monde, puisque je reviendrai dans l'asile de ton amitié. Que penses-tu de ces châteaux en Espagne ? »

Glogau, le 29 août.

« Il y a encore des heures dans lesquelles je puis encore me noyer dans un heureux oubli de mes ennuyeuses relations, et je pourrai en espérer une tranquillité complète si mes œuvres portaient leur récompense et si j'arrivais à leur attribuer un certain degré de perfection. Il faudra que je renonce à la musique, bien qu'elle soit pourtant tout ce

---

[*] Qui devint sa femme plus tard.

qui serait le plus à même de me rasséréner. Demain, ou plutôt après-demain, on emportera mon piano..... Il y a des gens qui n'ont pas de sentiment ou au moins qui l'immolent à leurs idées et à leurs intérêts. Tu es peut-être le seul qui n'as rien d'hostile contre moi dans l'âme et qui ne me traites pas de fou, parce que j'ose vivre contre la convention. Toi seul me juges avec indulgence, là où les autres me condamnent si vite; aussi est-ce à toi seul que je puis confier ce qui reste éternellement caché en moi pour les autres. Il faut avoir aimé un être comme elle, pour trouver croyable que je lui sois encore attaché avec tout l'enthousiasme du premier amour, que mes heures les plus douces, je pourrais dire les plus consolantes, sont celles que je passe près de son portrait et dans le souvenir de cet âge d'or... Je suis habitué à soumettre mes travaux à la critique; aussi recevras-tu bientôt une esquisse de moi sur ivoire..... Tes classifications ne valent rien. Ton cœur est-il donc insolvable que tu classifies tes créanciers d'une façon si inquiète, afin qu'ils se partagent la masse? N'as-tu pas assez pour nous satisfaire tous? J'ai été blessé quand j'ai lu : Ma fiancée d'abord! toi le second, tel et tel le troisième, ainsi de suite. Laisse cela bien tranquille; je veux que tu aimes ta fiancée de toute ton âme; mais voici une toute autre affaire que je te demande, une chose qui n'est ni meilleure, ni pire, c'est tout uniment que tu ne t'occupes plus de cette affaire de répartition. *Amen!* Sois assez bon pour m'écrire, entre autres choses, si tu es déjà marié. Je veux vraiment écrire à ta femme. J'ai déjà dans la tête le squelette, le carton, le modèle, comme tu voudras; il est là dans son petit coin, bien comme il faut, et l'idée se file elle-même comme un ver à soie. Il y a aussi quelque chose à ton adresse sur le tapis. Que Dieu conserve ces bonnes dames qui, sitôt qu'il y a longtemps qu'elles n'ont vu de papier à lettre sur la table, s'en viennent en tournaillant vous dire d'une voix douce : « Mon enfant, est-ce que Hoffmann ne t'a pas écrit. » Ou bien : « Est-ce que tu ne veux pas lui répondre aujourd'hui ? »

---

30 juin 1798.

« Ma carrière juristique va très-pianissimo. J'ai subi mon second examen en février dernier, après quoi j'ai passé ici les retards d'usage. Bientôt sont venus les examens oraux, et ce n'est qu'alors que je suis entré dans le référendariat. »

Sans date, au printemps de 1803.

« Chérissime ami,

« Ma femme, née Rorer, ou plutôt Trzczynska, polonaise de naissance, fille du ci-devant St. R. T. de Posen, âgée de vingt-deux ans, taille moyenne, cheveux châtain foncé, yeux bleu foncé, etc., etc., se recommande beaucoup à toi et te donne un cordial baiser. Je baise les mains de ton épouse, et je m'engage à apprendre la peinture et la musique à tes enfants, si jamais nous pouvons vivre ensemble à Berlin. »

CHAPITRE XII.

Plozk, 1er octobre 1803.

« Avant-hier je m'étais enfin décidé à tenir un journal régulier; je comptais le commencer d'une manière toute joviale; mais j'ai reçu de Berlin, le jour même, la nouvelle de la mort de mon oncle, décédé dans la nuit du 24 au 25 septembre. Je n'ai pas pleuré, je n'ai pas crié d'effroi et de douleur; mais l'image de l'homme que j'honorais et aimais est toujours devant mes yeux et ne me quitte plus. Tout le jour j'ai été intérieurement en ébullition. Mes nerfs sont tellement tendus qu'au moindre bruit je tressaille. La semaine dernière on a frappé tout d'un coup la nuit à notre porte. Ma femme prétend que c'est l'oncle qui prenait congé de nous. Aujourd'hui je suis tout disposé à le croire et à m'abriter avec tous les exaltés derrière les paroles de Hamlet. »

---

3 octobre 1803.

« Mon oncle de Berlin ne pourra plus guère me recommander; *il est devenu un homme paisible,* comme dit Mercutio dans Shakespeare... Que ne suis-je traité par le président moins en bourrique qu'on surcharge de fardeaux jusqu'à la faire soupirer! Alors tout pourrait très-bien aller entre quatre murs; je jette les actes dans la chambre voisine, et je me mets à dessiner, à musiquer ou à poétiser tout naturellement; sans doute le tout ne vaut pas le diable, mais je n'en éprouve que d'autant plus de plaisir, car c'est un phénomène psychologique que les mauvais artistes et les mauvais poëtes se complaisent toujours le plus aux avortons dont ils accouchent...

« Il me semble cependant qu'il va surgir bientôt une grande idée, que quelque production superbe sortira de ce chaos. Sera-ce un livre, un opéra ou un tableau ? *Quod Diis placebit.* Ne serais-tu pas d'avis que je m'informe auprès du grand chancelier si je suis organisé pour être peintre ou musicien ? Mais, comme renseignement à cet égard, hier j'ai fait un opéra-comique ; et ce matin, il faisait encore nuit, vers les cinq heures, j'ai fait la musique. Il est vrai qu'il n'y a encore rien d'écrit, et cela tardera bien encore un peu. Autre chose. En lisant dans le *Franc-Parleur* l'annonce d'un concours pour la meilleure comédie, je me suis mis à en composer une sur la chose même, intitulée : *le Prix*, et je l'ai envoyée à ces Messieurs. Que je ne gagnerais pas le prix, je le savais, mais qu'on me trouverait un talent décidé pour la comédie, je ne le croyais pas. Tu liras la critique dans le *Franc-Parleur* [*].

A HITZIG.

Berlin, le 22 août 1807.

« Mon cher ami,

« A votre dernier séjour ici, vous m'avez trouvé dans de bien tristes dispositions, mais il vous faut l'attribuer à l'impression terrible des circonstances. Je suis dans une position qui m'épouvante moi-même ; je reçois aujourd'hui des nouvelles de Posen qui ne sont pas faites pour me consoler : ma petite Cécile est morte et ma femme est tout près de la mort. Voilà que je me réveille un peu de mon morne

[*] Cette pièce n'a pas été retrouvée dans les papiers d'Hoffmann.

abattement pour réfléchir au parti à prendre, pour ne pas tout à fait rester sur le carreau sans rien essayer.

« Ce que j'aimerais le mieux, ce serait d'entrer quelque part comme directeur de musique dans un théâtre; à cet effet, il serait peut-être bon de m'annoncer dans le journal***. Où édite-t-on le journal***, et comment s'y prendre pour s'y faire annoncer? Donnez-moi, mon ami, votre avis là-dessus, et dites-moi si l'annonce suivante suffit, s'il faut ajouter quelque chose de plus ou s'il faut en supprimer; à qui l'adresser, etc. Permettez-vous que j'aille bientôt vous voir à Postdam? Combien votre société me ferait de bien en ce moment! Koreff a cru hier matin que j'allais mourir, mais je suis resté en vie. Soyez toujours l'ami de votre

H.

ANNONCE.

Quelqu'un, très-versé dans la partie théorique et pratique de la musique, qui a même fait pour le théâtre d'importantes compositions, et qui a été le directeur applaudi d'un établissement musical considérable, désirerait entrer comme directeur dans un théâtre sédentaire, si cela se peut. En sus de ses connaissances ci-mentionnées, il est très au courant de tout ce qui concerne le théâtre, très-familier avec toutes ses exigences; il s'entend à l'agencement des décors et des costumes, et avec la langue allemande il connaît aussi les langues française et italienne. Si quelque entrepreneur de théâtre avait besoin d'un sujet pareil, on le prie de s'adresser franco par lettre à..., où on l'informera des conditions ultérieures, qui, en tout cas, ne seront pas exigeantes.

A HIPPEL.

Berlin, le 12 avril 1808.

« Mon seul et cher ami,

« Ta lettre du 4 avril m'a surpris bien agréablement. Tu me consoles et me rends du courage pour lutter contre les soucis et l'oppression des circonstances. Tu es convaincu de mon enthousiasme d'artiste, qui ne laissa jamais couler tout à fait à fond la préoccupation de savoir comment je pourrai sortir de cette misère ; cependant, tu ne peux croire combien parfois des choses insignifiantes qui ne concernent que le corps, telles que la mauvaise nourriture, la privation de certaines jouissances auxquelles je m'étais habitué dans le bon temps, comme par exemple un verre de bon vin le matin, etc., ont d'influence sur l'âme et l'entraînent à l'abrutissement et à la tristesse. Que tu veuilles me recevoir amicalement chez toi, j'en étais sûr : tu me promets, de plus, une petite place bien tranquille et un piano ; ce sont là mes premières nécessités, et si je parviens à être employé à Bamberg, seulement pour le 1er octobre, je suis décidé, puisque tu le permets, à aller passer auprès de toi deux mois d'été et terminer deux grandes compositions que je rumine. En te quittant, j'irai à Posen chercher ma femme, et de là nous partirons pour Bamberg. Mais le besoin que j'ai d'argent, tu peux l'imaginer. Pourrais-tu m'envoyer encore, avant ou après Pâques, environ 100 thalers ; tu me procurerais ainsi la possibilité de quitter Berlin, et tu m'affranchirais de soucis qui sont plus oppressants que tu ne peux l'imaginer. En ce moment, je manquerais complétement des choses les plus nécessaires à la vie, si l'on ne gravait pas chez Werkmeister, marchand de musique, trois canzonettes avec texte italien et allemand, sur lesquelles j'ai touché une avance de 2 frédérichs d'or ; car, tu peux bien le penser, je ne reçois pas du tout d'honoraires en argent, mais simplement trente exemplaires gratis. De la Suisse et de Bamberg, je n'ai encore *rien* reçu pour mon dur travail. Le tout est d'être connu, et à cet égard, j'ai de bonnes espérances, car le conseiller aulique Rochlitz de Leipzig (il rédige *la Gazette musicale*) m'a promis de prendre note de mon œuvre, qu'il estime et loue du reste.

« Laisse-moi encore, mon plus cher ami, te parler d'un travail que j'ai entrepris et qui me vaut maintenant bien des heures joyeuses ; c'est la composition d'une comédie de Caldéron, *l'Écharpe et la Fleur*, que j'arrange en opéra sous le titre de : *Amour et Jalousie*. Tu connais sans doute la traduction de Schlegel du théâtre de Caldéron, et tu conviendras avec moi qu'il n'y a pas là une étoffe bien attrayante pour un opéra. Si cet opéra est donné une fois comme il faut, cela peut me faire un nom pour toujours, et alors je penserai avec un sentiment indescriptible à ces temps d'épreuves difficiles.

LETTRE A FUNCK [*].

Dresde, 26 juillet 1813.

« Cher homme, surtout pas de changement à mon manuscrit ! Ce n'est pas vanité, mais chacun a quelque chose de particulier, et ce qui est sorti de l'âme du plus profond

---

[*] Le libraire et ami d'Hoffmann, celui qui édita quelques-unes de ses œuvres.

de notre être, ne peut souvent que perdre, même à un apparent polissage. »

AU MÊME.

8 septembre.

« Je prévoyais à l'avance la résistance de Jean-Paul, et cela me fait d'autant plus de plaisir, qu'en définitive *mon* génie l'a décidé à me précéder au moyen de quelques mots et à me présenter au public lisant[*]. Il peut me nommer et avouer ma profession de directeur de musique ainsi qu'il lui plaira et tout à son caprice. C'est un grand honneur d'être connu de lui. J'ai mûrement pesé le sous-titre : *Dans la manière de Callot*, en me donnant ainsi du large. Pensez seulement à Berganza. Les scènes de l'ornière aussi bien que la cavalcade dans le vestibule ne sont-elles pas de vraies *Callotiana?*

« Kratzer s'est laissé enterrer, mais seulement pour la forme; il était déjà mort depuis longtemps; je ne l'ai jamais connu autrement. Je vous remercie beaucoup, tant de vos deux réjouissantes lettres que de votre vin qui m'a beaucoup servi, car mon voisin Caziari me livre du vin de qualité médiocre, et cependant je me réserve, dans des temps meilleurs, de vous inviter à boire du plus sublime de tous les vins qui porte le secret de sa force dans son nom, je veux parler du divin vin de Porto. Vous rappelez-vous encore cet orage [**]? »

[*] Jean-Paul Richter, alors très-célèbre, fit une préface pour une nouvelle série de contes que publiait Hoffmann.
[**] Sur sa demande, Hoffmann avait pris à mon compte, chez le marchand de vin Caziari, vingt-quatre bouteilles de bourgogne. Le vin de Nuits est, comme on sait, un des meilleurs de la Bourgogne. Pendant son séjour à Bamberg, Hoffmann lui

CHAPITRE XII.

Je crains tellement que cette lettre ne ranime les injustes accusations contre Hoffmann à propos de la boisson, que j'ai cru devoir citer un morceau, un fragment des *Pensées extrêmement éparses du Kreisleiriana,* pour donner la véritable opinion de l'auteur lui-même sur l'influence des excitants :

« On parle beaucoup de l'enthousiasme que se procurent les artistes par la jouissance des boissons fortes ; on nomme des musiciens, des poëtes, qui ne peuvent travailler que de la sorte ; *je n'en sais rien*, mais il est certain que dans cette heureuse disposition, je dirai presque dans la constellation favorable où l'on se trouve lorsque l'esprit passe de la conception à l'enfantement, les breuvages spiritueux accélèrent l'élan des idées. . . . .
. . . .

« Je laisse toutefois là chacun à son opinion individuelle, et je me borne à remarquer pour moi-même que la liqueur qui naît de la lumière et des feux souterrains

rendait un culte tout particulier, et le savourait avec délices avec moi dans ma cave. Que diront les profanes et les philistins quand ils sauront que, par respect pour la force mystérieuse et le suave bouquet de ce *Nuits*, nous ne le buvions que la nuit, ou, quand cela arrivait dans la journée, à l'ombre magique de la cave ? Il nous est même arrivé, parfois, de nous trouver tous deux face à face à califourchon sur les deux bouts de la pièce, à chevaucher ainsi le verre en main d'un air de triomphe. Chacun remplissait son verre au siphon de fer-blanc qui restait en permanence dans le trou de la bonde, comme une Hébé toujours prête à le remplir sitôt qu'il était vide ! Ce n'était pas là pinter d'une façon vulgaire, je puis l'assurer, mais, au contraire, jouir de la vie de la manière la plus spirituelle et la plus charmante. Cette attitude cependant comique donna lieu de la part d'Hoffmann à un charmant dessin colorié que j'ai malheureusement prêté, comme tant d'autres choses, sur des sollicitations pressantes, et que je n'ai plus en ma possession. Ce tableau, tout à fait dans le genre de Téniers, représentait précisément le moment où, à cheval vis-à-vis l'un de l'autre sur le tonneau, nous choquions amicalement nos verres, quand survenait un subit coup de tonnerre accompagné d'éclairs qui, en passant par les ouvertures de la cave, illuminaient nos visages grimaçant d'épouvante. Ce dessin n'était pas du tout un morceau de fantaisie, mais pris sur la vie réelle. Honni soit qui mal y pense. (*Note de Funck.*)

Honnête libraire, qui fournit de vin de Nuits ses auteurs ! Il faut aller à Bamberg pour trouver de tels éditeurs ! (C-y.)

est souvent dangereuse et qu'il ne faut pas lui confier son honneur, car elle change promptement de mine, et au lieu d'une amie bienfaisante, on trouve bientôt en elle un affreux tyran. »

LETTRE D'HOFFMANN A SON FRÈRE.

Berlin, rue des Pigeons, n° 34, le 10 juillet 1817.

« Très-cher frère,

« Ta lettre du 21 juin dernier m'a surpris d'une manière particulière, parce que je te tenais pour *mort*, et ta perte m'attristait au dernier point ; voici d'où me venait cette idée. Au commencement de l'hiver dernier apparut chez moi un jeune homme de dix-sept à dix-huit ans, de mine passable, avec des habits à moitié militaires, qui me dit tout d'abord d'un ton pathétique : Je suis le fils de votre frère ! (*Je suis l'esprit de ton père !* comme dans *Hamlet*.) Tu peux croire si je demandai d'abord de tes nouvelles, ce que tu faisais, où tu vivais, comment tu te portais, etc. Là-dessus le jeune homme me dit d'une voix attendrie, en se passant un tant soit peu son mouchoir de poche sur les yeux : — Mon pauvre père est mort ! Maintenant tu peux t'imaginer comme cette nouvelle m'émut, moi qui avais à me reprocher de ne m'être pas informé de ton séjour et de ne pas avoir au moins reçu quelques mots de toi. Aussi rompis-je brusquement la conversation, tout en laissant au jeune homme la liberté de revenir me voir ultérieurement. Il le fit, il est vrai, mais à des heures incommodes où je n'étais pas libre ; enfin il s'adressa à moi

CHAPITRE XII.

par écrit, me demanda de l'argent et ajouta, disait-il, pour sa légitimation, un portrait de moi peint sur un jeton avec des cheveux verts, quelque peu ressemblant à l'empereur Adrien, que je me rappelle avoir fait moi-même il y a longtemps. Lui fournir des secours considérables, ma position ne me le permettait nullement; cependant, je mis dans du papier quelques thalers et je lui écrivis que j'étais prêt à lui trouver un gîte quelque part, à la condition qu'il me témoignât de sa bonne conduite jusqu'alors, par des certificats dignes de foi. Dès lors, il n'a plus été question de lui. Il s'appelait *Ferdinand Hoffmann*, et tu seras peut-être à même de mieux savoir ce qu'il en est au fond.

« Cela est vrai, cher frère ; voilà des années que le destin nous a jetés bien loin l'un de l'autre, et il semble aussi que mes manières de voir te sont devenues tout à fait étrangères, sans quoi tu ne me parlerais pas du manteau de l'orgueil dont je dois m'envelopper, et qui, je puis te l'assurer, avec mon caractère, serait pour moi un vêtement tout à fait incommode et inaccoutumé dans lequel je ne pourrais remuer ni bras ni jambes. De plus tu te tromperais, cher frère, si tu croyais que l'héritage de celui qui m'a élevé m'a mis dans une position plus favorable que celle que me constitue ma place. Peut-être eût-ce été le cas, si la malheureuse guerre ne m'avait pas fait perdre cette place en 1806. Je ne sais s'il est à ta connaissance que, depuis 1807, j'ai été obligé de vivre à Bamberg de l'emploi de chef d'orchestre au théâtre, que j'ai eu la même place à Dresde, que là encore j'ai dû traverser toutes les misères de la guerre, et qu'en 1815 seulement j'ai pu rentrer au tribunal, grâce à l'ancienneté que me donnait mon brevet de conseiller, daté du 2 février 1802, ce qui n'est donc point du tout une indemnité. La fortune insignifiante, et malgré cela morcelée encore en différents legs, du brave conseiller que nous connaissions si bien, a justement servi à me faire vivre ici pendant dix-huit mois que j'ai dû y rester sans gages et à m'y emménager. Maintenant je vis péniblement à Berlin, où tout est si cher, de mon traitement et du peu que je gagne avec ma plume. Peut-être la réputation de l'auteur des *Morceaux de fantaisie dans la manière de Callot*, de *l'Élixir du Diable*, des *Morceaux nocturnes*, etc., est-elle arrivée jusqu'à B... ou même jusqu'à C... Il est même possible que l'on sache quelque chose à B... du compositeur de l'opéra d'*Ondine*, qui a été donnée bien des fois depuis un an sur le théâtre d'ici, avec un luxe extraordinaire (les décorations et les costumes ont coûté près de 12,000 *rthal*). Cet auteur et ses compositions, c'est moi-même; tu vois, mon cher frère, que malgré la sombre et ennuyeuse *juristerie*, je n'ai pas laissé que de cultiver ardemment mes dispositions artistiques. L'écrivasserie, tu le sais, est chez nous un péché de famille du côté paternel; mais dans la musique, nos ancêtres, autant que je me le rappelle, ne se sont pas fort distingués. Si j'ai bonne mémoire, papa jouait de la *viola di gamba*, qui un jour me fit pleurer à n'en pas finir à l'âge de trois ou quatre ans, et il n'y eut pas moyen de me calmer, *nisi* au moyen d'un pain d'épices. Papa n'avait pas de mesure, et une méchante calomnie soutenait qu'il avait même un jour dansé un *menuet* d'après une *polonaise* que le malin conseiller jouait sur le piano rouge, à queue, bien connu, que, si tu te le rappelles, nous avons presque brisé plus tard avec le grand buffet où le conseiller logeait ses livres, ses habits et ses bottes *.

* Ici finit la lettre que Hitzig suppose n'avoir été ni continuée ni envoyée.

CHAPITRE XIII

Contes.

Hoffmann est, de tous les artistes, celui qui a le plus naïvement greffé un art sur le tronc d'un autre art sans se rendre compte des singularités que pouvaient donner ces résultats. Il est telle de ses pages d'une prose vague, insaisissable et qui ressemble à une symphonie : la fameuse *Correspondance entre le baron Walborn et le maître de chapelle Kreisler* * en est un exemple frappant : c'est plein d'idées musicales qu'Hoffmann dut écrire ce fragment, dont la clé n'est donnée malheureusement qu'à quelques enthousiastes amis de la musique. Il faut être doué musicalement pour comprendre cette correspondance ; ce n'est pas la technologie musicale qui rend ce fragment difficile à saisir, c'est l'essence qui s'en dégage, et qui fait que ceux qui admirent *mademoiselle de Scudéry* comme un des chefs-d'œuvres du conteur allemand, doivent être classés immédiatement parmi les bourgeois les plus épais.

On peut rendre le squelette d'un tableau, d'un roman ; mais il est impossible de rendre le squelette d'une symphonie. Hoffmann est cependant le seul rare écrivain qui ait fait de la littérature musicale : je ne parle pas de ses appréciations sur Mozart, Beethoven, Haydn et autres ; je parle de sensations, d'aspirations au pays de l'harmonie, qui semblent devoir retomber sur du papier bleu à portées, en forme

* Voir *Kreisleriana*, tome XIX des contes d'Hoffmann, traduits par M. Loève-Weymar. Renduel, 1829-33, 20 vol. in-12.

de notes, et qu'il a écrites sur du papier blanc avec les lettres de l'alphabet. Je ne conseillerai à quiconque de renouveler ces singulières tentatives, qui ne peuvent être comprises que par une vingtaine de personnes dévouées, intelligentes, s'attachant à tout ce qui sort de la plume d'un auteur, et prenant la peine de l'étudier pendant des années entières.

Par la même série d'idées, Hoffmann a composé des caricatures en prose. Le libraire Funck, de Bamberg, son ami intime, nous a laissé quelques morceaux grotesques, d'une extravagance démesurée, semés d'illusions personnelles à des amis, à des pièces de théâtre nouvelles, à des auteurs contemporains, et qu'il est réellement impossible de rendre. Pour moi, malgré l'avis commun des précédents éditeurs d'Hoffmann, je crois que, à de très-rares exceptions, tout ce qui a été écrit pour le public allemand peut être compris en France; mais, ici, il s'agit de farces littéraires entre quelques amis ayant les mêmes goûts, les mêmes relations, les mêmes connaissances littéraires et artistiques.

C'était à Bug, dans les soirées d'hiver, qu'Hoffmann, entouré de ses amis, buvant du punch, se mettait à *crayonner* à la plume sur certains mots fournis, ces facéties qu'on lisait aux femmes qui tricotaient. Je ne ferai pas la mauvaise plaisanterie de donner la goguenardise d'*Allotria*, tragédie de mardi gras, où se trouve le dialogue d'*Hamlet* et de *Pumpernickel*, auprès duquel la mythologie, traduite au crayon par Daumier, est un modèle de sérieux. Le fonds de cette farce, où apparaissent le comédien Schrœder, le critique Schlegel, qui donna à l'Allemagne une traduction positive de Shakespeare, Kotzebue, le dramaturge larmoyant, le Lachaussée allemand, et le poëte Zacharias Werner, le fonds de cette farce montre le peu de soin et de connaissances que les directeurs de théâtre mettaient à faire représenter *Hamlet*; car, plus coupable encore que l'*Hamlet* de Ducis, l'*Hamlet* allemand apparaissait en gilet brodé, en chapeau à claque et en petite épée de marquis. Hoffmann n'a pas eu d'autre but que de se moquer de ces travestissements, et il est inutile de mettre en colère d'honnêtes gens en leur présentant *Allotria*, car ce serait leur jeter du tabac dans les yeux que de leur faire lire cette grosse facétie.

L'honnête libraire Funck, lui-même, s'excuse d'imprimer ces plaisanteries. Cependant, dans son admiration pour Hoffmann, il a ramassé les moindres petits carrés de papier couverts de l'écriture du conteur, afin, dit-il, « qu'il n'y ait pas la moindre chose perdue pour les gens qui aiment Hoffmann par-dessus tout. »

Le morceau suivant, écrit pendant les soirées d'hiver de Bug, et lu aux femmes pendant que les amis boivent du punch, suffira pour donner une idée de ces caricatures à la plume. Il a pour titre exact (que les Français délicats le pardonnent à Hoffmann) :

LES SUITES D'UNE QUEUE DE COCHON.

Nous nous acheminions vers Bug par une belle soirée pour y chercher quelque distraction. A peine y étions-nous assis, qu'une jeune fille entra dans la chambre en nous saluant légèrement et prit place à côté de nous. Ses traits respiraient une profonde mélancolie; toujours pleurant, elle tira de sa poche un papier roulé et le pressa avec force contre sa poitrine. Nous réussîmes à gagner sa confiance; elle déploya le papier. O surprise! il s'y trouvait une mignonne petite queue de cochon qu'au moment de partir, son amoureux, un des plus vigoureux garçons bouchers de la petite ville voisine, lui avait donnée en souvenir éternel. — O Pancrace! Pancrace! s'écrie-t-elle pleine d'un enthousiasme mélancolique; puis elle s'empare d'une bouteille d'eau-de-vie, la débouche et en avale un grand coup. Elle saute ensuite vivement sur la table, se met à exécuter les figures d'une anglaise à travers les cruches et les verres, qui volaient en éclats jusqu'auprès du baromètre, si vivement que Striegel, l'aubergiste, put à peine le préserver des gambades de la bacchante en étendant son bonnet devant. Les convives murmuraient et bruissaient comme mille hannetons. Le chanoine Seubert repoussa avec mauvaise humeur sa saucisse grillée qui était tombée dans une sauce au poulet en éclaboussant fortement le docteur Speyer, pendant que celui-ci, penché sur la table, cherchait à apercevoir, avec ses lunettes, certains points de vue que la danse vive de la jeune fille exhibait de temps en temps; elle cherche à se sauver en escaladant le docteur, elle saute près de Kunz, le heurte, — le renverse, — lui, — la fille, — Speyer, — et la saucisse; — tout est étendu sur le carreau.

— Halte! halte! voulez-vous donc rouler dans l'éternité avec le cou et les jambes cassés et sottement barbouillés de sauce et d'eau-de-vie? s'écria une voix de dessus le poêle. C'est Hoffmann qui, au milieu du tumulte, s'est retiré dans un étui à chapeau et qui, de là, harangue gaiement les tapageurs. Avec l'aide du docteur Durow tout le monde est remis sur pieds.

— Si au moins nous avions la malheureuse queue de cochon, tout serait sauvé, disait le docteur; en attendant, je prescris à la jeune fille un lavement aromatique qui me produit toujours un excellent effet toutes les fois que je tombe dans une trop grande extase pendant une tragédie de Schiller. — Eh! voici que j'ai encore la seringue de M. Scheuringer dans le tiroir, dit Striegel. Il va au tiroir et en sort un étui qu'il s'efforce en vain d'ouvrir. Seubert, — Sutow, — Kunz, — trois chanoines, — divers administrateurs, accourent; — on tire; la machine s'allonge toujours, — toujours, — toujours, — ce n'est pas un étui, — c'est un tube de l'appareil de Rudinger avec des articulations à n'en plus finir; — l'instrument insensé s'étend toujours, toujours, jusqu'à ce qu'il y en ait aussi haut qu'un clocher; — tout à coup, l'administrateur Will est frappé par le balancier de l'horloge en bois de Striegel; — il tombe, — toute la bande chancelle, — le tube se replie brusquement dans sa forme première, et, du haut du poêle, Hoffmann sème sur eux, en guise de fleurs, de petits bouts de papier qu'il a trouvés dans son étui à chapeau.

De même que la jeune fille avait perdu sa queue de cochon, l'*Ame du monde*, de Schelling, que le professeur Klein avait lue en se promenant jusqu'à Bug, était sortie de sa poche; tous deux se précipitaient sous la table, quand Épaminondas entra, flaira l'*Ame du monde*, s'empara à belles dents de la queue de cochon et s'enfuit.

Vous connaissez bien, Messieurs, ce bon caniche allemand à nom grec? — La jeune fille s'éveille comme d'un rêve; — la somnambule, délivrée de l'influence magnétique de la queue de cochon, redevint une cuisinière ordinaire et, pendant qu'elle flairait la saucisse grillée de Seubert, ayant dit que cette saucisse n'était pas une nourriture ragoûtante, Striegel mit la jeune fille à la porte.

« L'administrateur Beck s'empara des mouchettes et dit d'un air pensif et sérieux : — Que l'homme est donc peu de chose ! » et il moucha la chandelle en l'éteignant, ce qui donna à ce conte si tragique et si vrai une agréable terminaison.

L'Elixir du diable est le roman d'Hoffmann qui a eu le plus de mauvaise chance en France; il parut en 1829 sous la signature de Spindler, traduit par M. Jean Cohen. Effectivement, tel que l'a donné M. Cohen, ce roman pourrait être de Spindler, un romancier médiocre qui n'a pas laissé de traces. Il y avait dans le livre un seul morceau remarquable et digne des meilleures productions d'Hoffmann : le traducteur l'a supprimé net, sans en dire un mot, avec la pensée sans doute que ce fragment *faisait longueur.* Traducteurs! arrangeurs! censureurs et mutilateurs d'œuvres au-dessus de votre intelligence, si la peine du talion doit vous être appliquée un jour, que vous sera-t-il coupé pour vous punir d'avoir massacré, rogné et mutilé plus que des chirurgiens *?

L'histoire de l'Irlandais Ewson démontrera le danger de la moindre coupure dans les œuvres d'imagination. Ce qui plaît à celui-ci déplaît à celui-là, l'un admirera ce que l'autre dédaigne. Le public d'un auteur se compose de tant de personnes, qu'il est impossible de songer à satisfaire les unes et les autres; mais, quand il s'agit d'une personnalité aussi singulière que celle d'Hoffmann, je ne crois pas qu'on puisse laisser interpréter son œuvre dans une langue étrangère par le premier traducteur venu. Il faut absolument un homme du tempérament de l'auteur original; la lettre n'est rien, c'est l'esprit, c'est le fonds qu'il est important de comprendre pour le bien rendre.

Saint Jérôme a écrit sur la traduction quelques lignes d'un profond bon sens : « Vous ne verrez jamais les beautés d'une langue apparaître avec le même éclat dans un idiome étranger. Voici un mot dont la signification grecque est précise; en latin, je n'ai pas de mot qui le reproduise. J'ai recours à la périphrase, et le long détour que je tente réussit à peine à me conduire au but. Ajoutez à cela les anfractuosités de l'inversion, les différences des cas, la variété des images. Chaque langage possède sa vie propre, son caractère individuel et national ; telle parole rendue littéralement semble absurde : effrayé, je veux changer l'ordre ou la tournure de la phrase ; aussitôt l'on me dit que je manque aux devoirs du traducteur. Quoi de plus beau que les Psaumes et les livres hébreux? Eh bien ! ceux qui les lisent dans la traduction les trouvent sauvages, farouches, incultes; ils n'en

---

* M. Paul de Musset a ainsi arrangé à sa manière les charmants *Mémoires de Gozzi*, c'est-à-dire qu'il n'en a pas donné le quart, qu'il a interverti l'ordre des chapitres, sous le prétexte de *plaire au public français.* La spirituelle notice de M. Philarète Chasles donne une plus juste idée de Gozzi que ces *Mémoires* ainsi dénaturés. Qu'est-il arrivé ? Les *Mémoires de Gozzi* n'ont eu aucun succès; l'auteur et l'éditeur sont justement punis et payent la peine de leurs forfaits. Supposons une véritable traduction complète de ces mêmes *Mémoires*, ils peuvent rester quelque temps ignorés, mais un beau jour le succès arrive, car il ne manque jamais aux livres consciencieux, et le libraire et l'auteur recueillent le fruit de leurs travaux. Les *Mémoires de Gozzi* n'arrivent pas ici par hasard; Hoffmann avait une grande admiration pour l'auteur vénitien et son théâtre de féeries.

pénètrent pas le sens et la moelle ; il n'aperçoivent qu'une draperie de traduction souillée et flétrie. Ces ouvrages hébreux une fois traduits en grec, leurs parties ne se lient pas; on cesse de les comprendre. »

On a cru obtenir des traductions exactes par le mot à mot; ce procédé est encore insuffisant. Qu'un traducteur consciencieux, mais d'un *esprit doux*, ait à rendre un auteur étranger d'un *esprit un peu barbare;* mettez une nature *élégante* vis-à-vis des drames de Shakespeare, et vous obtiendrez une traduction tout à fait inexacte. Un être léger emploiera le premier mot venu français pour rendre un mot étranger, quand il est nécessaire de chercher, de creuser, de fouiller dans son esprit plutôt que dans le dictionnaire pour rendre une expression égale à celle de l'auteur étranger[*]. C'est pour ces raisons qu'un traducteur devrait être un homme admirant profondément un auteur d'une autre nation, l'ayant lu, relu, commenté, approfondi, autrement on n'obtient que des résultats déplorables; on croit connaître un grand génie, et, à moins de ces intelligences qui vont au delà de la traduction, qui l'augmentent par la pensée, qui la dorent, l'encadrent et la parent, sachant ce qui lui manque, le public ordinaire peut à peine se rendre compte d'un auteur étranger.

HISTOIRE DE L'IRLANDAIS EWSON.

Vous savez, Monseigneur, commença le médecin en se tournant vers le prince, que je n'ai jamais manqué pendant mes voyages de noter fidèlement sur mon journal tous les accidents plus ou moins singuliers qui se présentaient, et surtout les originaux amusants que je pouvais rencontrer. Je tire de ce journal un fragment qui, sans être particulièrement significatif, me semble cependant assez amusant. Pendant mon voyage de l'année passée, j'arrivai à la nuit noire dans un grand et beau bourg situé à quatre

[*] Mon excellent ami Baudelaire va publier dans cette même collection une traduction très-remarquable d'Edgar Poe, trouvée depuis de longues années; mais aussi le poëte a dû s'imaginer plus d'une fois qu'il était Edgar Poe lui-même. N'en pourrait-on pas dire autant de madame Lesbazeille-Souvestre et de *Jane Eyre*?

CHAPITRE XIII.

lieues de B...; je résolus de m'arrêter dans un très-bel hôtel dont le maître, qui venait d'être réveillé, me reçut avec affabilité. Fatigué, je dirai même moulu, par la longue route, je montai immédiatement dans ma chambre, je me jetai sur mon lit pour bien dormir. Il pouvait être à peu près une heure lorsqu'une flûte qui résonnait tout près de moi me réveilla; jamais de ma vie je n'avais entendu jouer de pareille sorte. L'homme qui en jouait devait être pourvu de poumons d'un immense volume, car il soufflait toujours les mêmes passages les uns après les autres d'une manière tellement aiguë, que le caractère de l'instrument était complétement détruit. On ne pouvait imaginer quelque chose de plus exécrable et de plus fou; j'avais beau jurer et insulter cet écervelé de maudit musicien qui me privait de mon sommeil et qui me déchirait les oreilles, rien n'y faisait. Les passages se succédaient inexorablement comme s'ils sortaient d'une mécanique à ressorts, lorsque j'entendis enfin un choc sourd, de même que quelque chose lancé contre la muraille; tout rentra dans le silence le plus complet, et je pus enfin finir tranquillement ma nuit.

En me levant le matin, j'entendis qu'on se querellait vivement dans la maison; je distinguai la voix de l'hôte répondant à un homme qui s'écriait continuellement : « Que le diable emporte votre maison! Faut-il bien que j'aie pu y entrer, c'est le diable bien sûr qui m'a amené dans cette baraque où l'on ne peut ni boire ni manger; tout est tellement mauvais que cela en devient infâme, et par-dessus le marché tout y est cher au possible : tenez, voilà votre argent, votre serviteur; vous êtes bien sûr que jamais vous ne me reverrez dans votre infâme cassine. »

Après ces mots je vis sauter d'un bond hors de la maison un petit homme si maigre que le vent pouvait l'emporter; il était vêtu d'un habit café-brun et d'une perruque ronde rousse comme la fourrure du renard; le tout était surmonté d'un chapeau gris crânement incliné par rapport à l'axe de la personne de ce petit individu. Il s'élança sur un cheval dont les membres me paraissaient singulièrement raides, et je le vis partir en excitant le lourd galop de sa monture.

Je le prenais naturellement pour un étranger qui, brouillé avec le maître d'hôtel, s'en était allé. Quelle ne fut pas ma surprise, lorsqu'à midi, me rendant dans la salle à manger de l'hôtel, je trouvai devant moi le même être comique à l'habit café-brun, à la perruque rousse, qui était parti le matin même. Je le vis même entrer et se mettre tranquillement à table ; en le considérant de près, c'était bien la figure la plus laide et en même temps la plus drôle que j'eusse rencontrée. Il y avait dans tout ce petit homme quelque chose de si sérieusement grotesque, que ce contraste vous poussait invinciblement à éclater de rire. Nous mangions tous ensemble ; la conversation, maigrement entretenue, roulait principalement entre le maître d'hôtel et moi sans que l'étranger, qui mangeait immensément, eût l'air de vouloir y prendre part ; mais je vis bien ensuite que par une malice à lui, le maître d'hôtel avait voulu diriger la discussion sur certaines particularités caractéristiques des nations : ainsi il me demanda si j'avais appris à connaître quelques Irlandais et si je savais quelque chose de leurs *bulls**. « Sans doute, » répliquai-je en sentant passer à travers mon cerveau toute une armée de

---

* Farces, attrapes, plaisanteries.

ces *bulls*. Ainsi je racontai ce mot d'un Irlandais à qui on demanda pourquoi il avait mis son bas à l'envers. « C'est que, répondit-il naïvement, il y a un trou à l'endroit. » Il me vint encore à l'idée cet autre *bull* d'un Irlandais qui, étant obligé de coucher dans le même lit avec un Écossais excessivement emporté, sortit son pied nu de dessous la couverture. Un Anglais, qui se trouvait dans la même chambre, s'en aperçut ; il détacha les éperons de ses bottes et en boucla un au pied de l'Irlandais ; celui-ci en dormant ne tarda pas à remettre son pied sous la couverture, et il rencontra malheureusement les jambes de l'Écossais qu'il égratigna terriblement et qu'il réveilla en sursaut. Dans sa fureur, l'Écossais donna un violent soufflet à l'Irlandais, ce qui amena le dialogue sentimental suivant : « Que diable t'emporte, pourquoi me bats-tu ? — Parce que tu m'as égratigné avec un éperon. — Mais ce n'est pas possible, puisque je me suis couché à côté de toi les pieds nus. — Pas possible, regarde seulement. — Ah ! sacré tonnerre, tu as raison, cet animal de domestique m'a bien tiré mes bottes hier, mais dans sa stupidité il m'a laissé les éperons. » Cette bourde fit éclater de rire le maître d'hôtel ; même l'étranger qui venait de terminer son repas et qui venait de faire disparaître dans son intérieur un immense verre de bière, me regarda avec un grand sérieux et me dit : « Vous avez raison, les Irlandais commettent souvent de pareils *bulls*, mais cela ne tient pas à certaines particularités de ce peuple qui est plein d'activité et d'imagination, cela tient à une atmosphère diabolique particulière qui vous prend la cervelle comme un rhume vous prend le nez. Ainsi, moi qui suis Anglais de naissance, mais qui ai été élevé en Irlande, je suis sujet à cette maladie des *bulls*. » Le maître d'hôtel se mit à rire de plus belle et je fis chorus avec lui, car il était vraiment très-drôle de voir ce petit homme parlant de *bulls*, en commettre un lui-même pour ainsi dire sans s'en douter. L'étranger, loin d'être offensé par nos éclats de rire, fit des yeux tout ronds, posa le doigt sur le bout de son nez et dit : « En Angleterre, les Anglais sont comme les épices que l'on mêle à certaines sauces pour en relever le goût. Quant à moi, j'ai cette ressemblance avec Falstaff, que je ne suis pas seulement spirituel par moi-même, mais je sais réveiller l'esprit chez les autres ; ce n'est pas un mince service dans ces temps de disette. Croiriez-vous que c'est dans cette âme de brasseur, semblable à une outre de cuir vide, qu'il suffise de ma présence pour faire jaillir quelques étincelles? mais celui-ci est un bon chef d'hôtellerie, il a soin de ne pas dépenser son petit capital de saillies ; cependant, de temps en temps il en prête une çà et là, lorsqu'il est en compagnie avec des riches ; mais quand il n'est pas sûr de pouvoir en retirer intérêt, comme cela arrive maintenant, alors il ne montre tout au plus que la couverture de son livre représentée par son rire immodéré. C'est dans ce rire que tout son esprit est renfermé. Sur ce, Messieurs, que Dieu vous garde ! » En disant ces mots l'original prit la porte, et je me tournai vers mon hôte pour demander quelques renseignements sur son compte. « Cet homme, me dit-il, qui est un Irlandais, s'appelle Ewson ; il veut passer pour Anglais, parce que son arbre généalogique prend racine en Angleterre ; bien qu'il y ait vingt-deux ans qu'il soit ici, il croit toujours qu'il vient d'arriver à peine. J'étais jeune encore quand j'achetai cette hôtellerie et que je me mariai, lorsque M. Ewson qui était jeune homme, mais qui portait alors la perruque rousse, le chapeau gris et l'habit café-brun toujours de la même coupe, passa ici en retournant dans son pays. La musique de la noce, qui résonnait gaiement au dehors, le fit entrer; il débuta aussitôt en jurant qu'on ne savait danser que sur les vaisseaux, et que c'était là qu'il avait appris cet art dès son enfance. Pour le prouver, il sortit un sifflet en corne, se mit à gambader d'une manière tellement effrayante, tout en sifflant à travers ses dents, qu'en faisant un bond prodigieux il se foula le pied et fut obligé de se coucher et de se faire traiter. Depuis ce temps-là il ne m'a pas quitté; vous ne sauriez vous imaginer tout ce que j'ai à souffrir de ses accès d'originalité. Chaque jour, depuis vingt-deux ans, il me cherche dispute, il critique la manière de vivre, il me reproche de l'exploiter, il se plaint qu'il ne peut vivre un jour de plus sans roastbeef et sans *porter;* il fait faire ses paquets, se coiffe de ses trois perruques qu'il met l'une sur l'autre, demande sa note et s'en va en montant sur sa vieille rosse; mais ce n'est qu'une promenade pour lui. Aussitôt que midi sonne on le voit rentrer par une autre porte; il se met à table tranquillement, comme vous l'avez vu aujourd'hui, et dévore comme trois hommes les plats qu'il appelle abominables. Chaque année il reçoit une forte lettre de change; alors il vient me faire un dernier adieu mélancolique, m'appelle son meilleur ami et verse des larmes, ce qui m'en fait verser aussi, mais ce sont des efforts pour retenir mon rire. Après avoir fait son testament, pour n'être surpris ni par la mort ni par les accidents de la vie; après avoir légué sa fortune à ma fille aînée, il s'éloigne lentement et douloureusement en se dirigeant vers la ville. Trois jours après, quatre jours au plus, il est de retour, accompagné de deux habits café-brun, de trois perruques rousses plus luisantes l'une que l'autre, de six chemises, d'un chapeau gris neuf et de tous les autres objets de toilette nécessaires. Il va trouver ma fille aînée, qui est sa favorite, et lui donne une petite pâtisserie, comme à une enfant, bien qu'elle ait maintenant dix-huit ans passés. Il reste ainsi pendant quelque temps sans parler de son séjour à la ville, sans songer à retourner dans son pays; il paye sa dépense chaque soir et me jette tous les matins l'argent de son déjeuner d'un air furieux, disant en montant à cheval qu'il ne reviendra plus. A part cela, c'est l'homme le plus bienfaisant du monde; il ne se passe pas la moindre circonstance sans qu'il fasse un petit cadeau à mes enfants; il fait l'aumône aux pauvres du village, seulement il ne peut souffrir le curé, qui a eu le malheur, ainsi que M. Ewson l'a appris par le maître d'école, de changer une pièce d'or que l'Anglais avait jetée dans le tronc du pauvre et de la distribuer sous la forme de pièces de cuivre. Depuis cette époque il l'évite tant qu'il peut, ne va jamais à l'église, de sorte que le curé le décrie en l'appelant athée; mais, comme je vous l'ai dit, j'ai souvent besoin de la plus grande patience tant il s'emporte et tant il a parfois des idées singulières. Pas plus tard qu'hier, en rentrant, j'entendis crier violemment du dehors et je distinguai la voix de M. Ewson; dès que je fus entré, je le trouvai en querelle avec la servante. Il avait, ainsi qu'il lui arrive toujours dans ses accès de colère, arraché sa perruque et jetée à terre; la tête chauve, dépouillé de son habit, en bras de chemise, il tenait sous le nez de la servante un énorme livre ouvert dans lequel il indiquait un passage, tout en criant et en jurant. La servante, les mains croisées, appuyée sur ses hanches, criait de son côté qu'il pouvait s'adresser à d'autres pour faire des farces, qu'il était un méchant homme qui ne croyait à rien, etc., etc. J'eus beaucoup de peine à séparer les deux querelleurs et à éclaircir le fond de la chose; voici cependant ce que je crus comprendre. M. Ewson avait demandé à la servante de lui procurer des pains à cacheter pour cacheter une lettre; ne sachant ce qu'il entendait par là, elle crut que les pains à cacheter n'étaient autre chose que l'hostie employée au sacrement de la communion, et elle pensa que M. Ewson voulait commettre quelque profanation, d'autant plus que M. le curé avait dit à qui voulait l'entendre que nous avions chez nous un négateur du bon Dieu. Elle refusa donc de faire sa commission, et M. Ewson, supposant qu'il ne s'était pas exprimé clairement, se hâta d'aller chercher son dictionnaire anglais-allemand pour montrer à la servante, qui ne sait pas lire, le mot propre qui désignait ce dont il avait besoin. Là-dessus, s'échauffant, il finit par ne plus parler qu'anglais, ce que la domestique prit pour un langage diabolique dont il se servait pour la séduire. Heureusement mon arrivée empêcha que les voies de fait ne suivissent les paroles, et que M. Ewson ne devînt victime de la fureur de la servante. »

J'interrompis ici le maître d'hôtel pour lui demander si

par hasard c'était M. Ewson qui, en sifflant effroyablement dans sa flûte, m'avait empêché de dormir la nuit dernière. « Hélas ! Monsieur, me répondit-il, c'est encore là une des lubies de M. Ewson, qui finira par chasser toute ma clientèle. Il y a trois ans, mon fils revint de la ville ; le garçon joue sur une très-belle flûte et employait ses moments de loisir à s'exercer. En l'entendant, M. Ewson se rappela tout à coup que lui aussi avait joué de la flûte, et il n'eut pas de repos jusqu'au moment où Fritz lui abandonna sa flûte et un morceau de musique, qu'il avait achetés pour une assez forte somme d'argent. Une fois en possession de ces deux choses, M. Ewson, qui n'a aucune idée de la musique, ni même de la mesure, se mit à travailler son morceau de musique avec le plus grand zèle ; à force de peine, il arriva enfin au second *solo* du premier *allegro*, lorsqu'il rencontra un passage qu'il ne pouvait déchiffrer. C'est ce passage seul qu'il est occupé à étudier depuis trois ans ; il le répète au moins cent fois chaque jour, jusqu'à ce que sa patience se lasse ; à la fin, comme un furieux, il saisit sa flûte, arrache sa perruque et les lance toutes les deux contre le mur. Mais, comme il y a fort peu de flûtes qui puissent supporter un pareil régime, il s'ensuit qu'il a souvent besoin de les renouveler et qu'il en a toujours trois ou quatre de rechange. Aussitôt que la moindre petite vis est cassée ou qu'une clé ne fonctionne pas bien, il jette la flûte par la fenêtre en criant : Dieu me damne ! ce n'est qu'en Angleterre qu'on sait construire des instruments bons à quelque chose. Mais, ce qui est le plus terrible, c'est que sa passion de sifflotement lui prend souvent la nuit. Alors tout le monde se trouve réveillé en sursaut. Croiriez-vous qu'il y a ici à l'hôtel de ville un docteur anglais qui s'appelle Green, et qui est presque depuis aussi longtemps ici que M. Ewson. Il lui ressemble en ce qu'il est aussi original que lui et d'une humeur également bizarre. Ils sont toujours à se quereller et ils ne peuvent pas se passer l'un de l'autre : cela me remet en mémoire que M. Ewson m'a commandé un punch pour ce soir, et qu'il y a invité le bailli et le docteur Green. Si vous pouviez, Monsieur, rester jusqu'à demain matin, vous verriez réuni ce soir le trio le plus singulier qu'on puisse rencontrer. »

Vous devez penser, Monseigneur, que je m'empressai de retarder mon départ, afin de ne pas perdre l'occasion de voir M. Ewson dans toute sa gloire. Il rentra vers la brune, vint me trouver dans ma chambre et eut la politesse de m'inviter à son punch, en ajoutant qu'il regrettait beaucoup de ne pouvoir m'offrir autre chose que cet indigne breuvage décoré ici du nom de punch. « Ce n'est qu'en Angleterre que l'on boit du punch, dit-il; je dois, du reste, bientôt y retourner, et si vous y venez jamais, j'espère que vous me fournirez l'occasion de vous prouver comment je m'entends à préparer ce nectar divin. » Je savais ce que je devais penser de ce retour. Peu de temps après arrivèrent les invités. Le bailli était un petit homme rond comme une boule, à mine bienveillante; son petit nez rouge était flanqué des deux côtés de deux yeux qui exprimaient la bonne humeur. Quant au docteur Green, c'était un homme robuste, d'un âge mûr, à tournure nationale. Ses vêtements avaient une coupe moderne, mais il les portait un peu en négligé; au surplus, il avait lunettes sur le nez, chapeau sur la tête. « Qu'on m'apporte du madère pour faire rougir mes yeux, s'écria-t-il pathétiquement en s'avançant vers le maître d'hôtel, qu'il secouait fortement après l'avoir saisi par la poitrine. *Chien de Cambyse, parle; où sont les princesses* *? Il sent le café ici, mais non pas le breuvage des dieux. — *Ménage-moi, ô héros*, s'écria le maître d'hôtel tout essoufflé ; *retire ton poing herculéen*, ou bien tu m'enfonceras les côtes dans ta colère. — Pas avant, lâche femmelette, continua le docteur, que la douce saveur de l'esprit du punch, se répandant autour de mon nez, ne l'ait chatouillé agréablement ; seulement alors je te laisserai, hôte misérable. » Tout à coup M. Ewson, qui ne se possédait plus, se précipite sur le docteur en l'interpellant : « Indigne Green **, tu vas voir vert à travers tes yeux; plein de douleurs, tu vas grincer des dents, si tu ne renonces pas de suite à une violence honteuse. » Je crus que le moment du tumulte était arrivé, orsqu'à mon grand étonnement le docteur répondit avec assez de tranquillité : « Malgré mon dédain pour une lâche faiblesse, je veux bien rester tranquille et attendre ma part du breuvage divin que tu as dû préparer, digne Ewson. » A ces mots il lâcha le maître d'hôtel, qui se dépêcha de se sauver, s'assit à côté de la table en prenant une mine de Caton, saisit une pipe bourrée et exhala d'énormes nuages de fumée. « Ne dirait-on pas, me dit le bailli, que l'on est ici au théâtre? le docteur, qui d'ordinaire ne touche pas un livre allemand, trouva par hasard chez moi une traduction de Shakespeare par Schlegel ; de-

---

* Citation de tragédie.
** *Green*, en anglais, veut dire vert. C'est un jeu de mots impossible à rendre en français.

puis ce temps-là il joue à sa manière des mélodies vieilles comme le monde sur un instrument étrange. Vous devez déjà vous être aperçu, Monsieur, que le maître d'hôtel ne parle qu'en phrases rythmées, et que le docteur lui a adressé la parole en ïambes. » Le maître d'hôtel entra avec un grand bol de punch fumant; et, tout en jurant leurs grands dieux qu'il était à peine buvable, je vis Ewson et Green en faire successivement disparaître plusieurs immenses verres l'un après l'autre. La conversation était monotone. Green était sobre de paroles; de temps en temps seulement, et comme pour maintenir l'opposition, il exprimait quelques idées grotesques à sa manière. Ainsi le bailli en vint à parler du théâtre de la ville voisine où je prétendis que le premier sujet jouait admirablement. « Je ne trouve pas cela, s'écria le docteur avec vivacité; ne pensez-vous pas que si le gaillard jouait six fois mieux il ne fût beaucoup plus digne des applaudissements ? » Je fus bien obligé de le lui accorder; seulement j'ajoutai que jouer six fois mieux n'était nécessaire qu'à l'acteur qui massacrait misérablement son malheureux père. « Je ne suis pas de votre avis, répliqua Green; cet homme donne tout ce qu'il peut donner. Est-ce sa faute si ses tendances l'entraînent du côté du mauvais ? Or, il est arrivé dans cette direction au point le plus avancé, ce dont on doit le louer. » Le bailli, avec son talent d'exciter ses deux amis à toutes sortes de lubies plus singulières les unes que les autres, était assis entre eux et leur servait de principe excitant. Cela continua jusqu'à ce que le punch, qui était fort, commençât à produire son effet. Sous l'influence du breuvage, Ewson devint extraordinai=

rement gai. Il se mit à chanter d'une voix aigre des hymnes nationales, jeta par la fenêtre sa perruque et son habit dans la cour ; et, se livrant à des grimaces de possédé, il finit par danser d'une manière si grotesque qu'il y avait de quoi éclater de rire. Pendant ce temps, le docteur restait grave et semblait en proie à des visions bizarres ; il prit la cuiller à punch pour une basse, et voulait absolument gratter dessus pour accompagner les chants nationaux d'Ewson. Le maître d'hôtel eut toutes les peines du monde à l'en empêcher ; de son côté, le bailli devint de plus en plus silencieux ; à la fin, il fit un faux pas et s'affaissa dans un coin de la chambre, en se mettant à pleurer à chaudes larmes. Le maître d'hôtel me fit un signe que je compris, et je me dirigeai vers le bailli pour lui demander ce qui causait sa douleur. « Hélas ! me dit-il d'une voix entrecoupée de sanglots, le prince Eugène était pourtant un grand général ! Se peut-il qu'un prince si héroïque ait dû mourir ! Ah ! mon Dieu ! mon Dieu ! » Et il se mit à pleurer si fort, que ses larmes inondaient ses joues. J'essayai de le consoler de la perte de ce grand prince, mort depuis plus de cent ans, mais ce fut inutile ; pendant ce temps-là le docteur Green s'était emparé de monstrueuses mouchettes et faisait toutes sortes de démonstrations près de la fenêtre ouverte. Il s'était mis en tête de moucher la lune qui ne donnait pas assez de clarté, à ce qu'il trouvait. Ewson se leva et se mit à crier comme s'il était possédé de milles diables jusqu'à ce qu'enfin le domestique, entrant dans la chambre avec une grande lanterne allumée, malgré le clair de lune, dit d'une voix forte : « Me voici, Monsieur, maintenant cela peut continuer. » Alors le docteur s'approcha tout près de lui, lui adressant la parole à travers des nuages de fumée qu'il lui lançait au visage : « Sois le bienvenu, ami ; es-tu le *Squenz* qui porte le clair de lune? *Es-tu un chien? Es-tu un buisson d'épines**? Je t'ai mouché, canaille, voilà pourquoi tu reluis si bien. Bonsoir ; alors j'ai bu une bonne quantité de l'indigne breuvage. Adieu, mon estimable hôte, adieu, mon Pylade. » Ewson jura que personne ne devait rentrer chez soi sans s'être cassé le cou, mais personne ne fit attention à ce qu'il disait ; bien au contraire, le domestique prit tranquillement sous l'un de ses bras le docteur et sous l'autre le bailli, qui se lamentait toujours sur la mort du prince Eugène, et ils s'en retournèrent ainsi en zigzagant dans les rues jusqu'à l'hôtel de ville. Nous eûmes beaucoup de peine à rapporter dans sa chambre Ewson devenu complétement fou ; il fit un tapage effrayant la moitié de la nuit avec sa flûte, tellement que je ne pus fermer l'œil, et que je ne me reposai de cette soirée qu'en faisant un bon somme dans ma voiture.

DERNIÈRES AVENTURES D'UN AVENTURIER.

Il n'y a pas encore bien longtemps que dans une auberge d'ici, nommée l'*Hôtel de Brandebourg*, descendit un étran-

---

* Allusion à l'acteur qui joue le rôle de Clair-de-Lune dans *le Songe d'une nuit d'été*, de Shakespeare.

ger qui, à en juger par ses dehors et par toute sa conduite, pouvait à bon droit passer quelque peu pour un original. Très-petit, plutôt plus maigre que maigre, et les genoux remarquablement cagneux, il allait ou plutôt il sautillait à travers les rues avec une rapidité singulière, on pourrait presque dire désagréable. Il portait des habits de la couleur la plus criarde, lilas, jaune serin, etc., qui, nonobstant sa maigreur, lui étaient encore trop étroits; et un petit chapeau rond à boucle d'acier étincelante était assis sur sa perruque, penché du côté de l'oreille gauche. Chaque jour le petit homme se faisait friser et poudrer de la façon la plus charmante, et se faisait attacher une belle queue d'étudiant, telle que ces messieurs ont coutume d'en porter à l'âge de dix-neuf ans, dans le genre de celles qui distinguent les génies inspirés (Voyez Lichtenberg sur les queues d'étudiants, etc.). Le petit homme était en outre un gourmet d'espèce particulière; il se faisait servir les plats les plus friands; il buvait et mangeait avec appétit démesuré. Une fois repu, sa langue allait comme un moulin à vent ou comme une roue de feu d'artifice. D'une seule haleine il parlait philosophie naturelle, singes rares, théâtre, magnétisme, nouvelles poupées de modistes, poésie, machines à compression, politique, et mille autres choses encore, de manière que l'on pouvait bientôt remarquer que c'était un homme surabondamment instruit, et qu'il avait dû briller pendant longtemps dans les thés esthético-littéraires. C'est surtout dans ce qu'on appelle le langage noble que s'entendait merveilleusement notre étranger, et quand il avait bu son vin de prédilection, un petit verre de muscat de plus qu'il ne fallait, il laissait apercevoir un esprit bon et charmant, ainsi qu'un sens éminemment allemand, bien qu'il assurât devoir un peu s'en cacher à cause de la Chine, où il avait oublié l'année d'avant une paire de bottes qu'il espérait bien recouvrer avec gracieuseté. Voulait-il d'ailleurs se tenir sur la réserve : quels que fussent en réalité sa croyance, son nom et sa condition, il lui échappait cependant, dans sa bonne humeur, mainte parole significative qui n'en semblait pas moins appartenir encore à la catégorie des énigmes indéchiffrables. Il donnait à entendre qu'il avait d'abord survenu richement à ses besoins en artiste distingué, mais qu'ensuite il était parvenu d'une façon toute mystérieuse à une de ces hautes positions qui garantiraient à chacun beaucoup plus que le cher pain quotidien. En même temps, il exécutait avec ses bras une sorte de pantomime par laquelle il avait l'air de prendre la mesure de quelqu'un, pantomime qui lui plaisait beaucoup et qu'il répétait souvent ; montrant ensuite avec un sourire mystérieux la rue des Maures, il faisait comprendre que si l'on suivait toujours cette rue jusqu'au bout et ainsi de suite, on arriverait à la fin dans un petit sentier, bordé des deux côtés de buissons de mûriers, qui conduit derrière la Cochinchine, et qui, à gauche, mène plus loin dans une grande prairie, au delà de laquelle on trouvait un empire très-vaste, tout à fait *propre* *, et il insinuait qu'il savait fort bien qu'à cette époque un empereur célèbre régnait dans le pays et faisait frapper de magnifiques pièces d'or. Ici l'étranger de faire sonner des pièces d'or dans sa poche, et sa physionomie de prendre une telle

* Le mot est en français.

expression de finesse, qu'il devait vous tomber dans la pensée que cet empereur qui régnait au delà de la grande prairie n'était en définitive que lui, et personne autre, le petit étranger lui-même.

Il est vrai de dire que sa figure, qui d'ordinaire était ratatinée comme un gant mouillé, pouvait parfois devenir lisse jusqu'au point de briller comme un rayon de soleil ; il avait alors ce certain regard majestueux et protecteur dont les grands potentats repaissent si souvent et si longtemps toute une meute de pauvres diables ; et les pièces d'or dont il était bourré sur toutes ses coutures avaient aussi pour ainsi dire une physionomie toute particulière. Elles étaient frappés à un coin tel, qu'il paraissait impossible de les classer parmi aucune des monnaies étrangères qu'on pût s'imaginer. D'un côté, elles portaient une inscription qui ressemblait presque à du chinois ; mais de l'autre côté, dans l'écu surmonté d'une couronne pareille à un turban, se trouvait un gentil petit âne ailé. Aussi l'aubergiste ne voulut-il pas recevoir en paiement cette monnaie qui lui était tout à fait inconnue, avant d'avoir consulté l'essayeur général de la monnaie, Loos, et d'avoir obtenu de lui la preuve que l'or de ces pièces était tellement fin, qu'il y avait eu vraiment un orgueil inouï à battre monnaie avec.

Mais quand on en arrivait à penser que cet étrange petit homme se donnait pour un potentat d'Asie voyageant incognito, alors mainte particularité dans sa conduite se trouvait complétement en contradiction flagrante avec cette conjecture. C'est ainsi, par exemple, qu'il avait l'habitude de chanter d'une voix criarde et perçante des chansons qu'il n'est pas d'usage de chanter dans la bonne société, comme : *Le samedi, le samedi la semaine finit ;* ou bien : *A Berlin, à Berlin où fleurissent les beaux tilleuls ;* ou encore : *Le tailleur doit vite partir pour Pankow,* etc.

Puis il avait une envie irrésistible de hanter certains bals où les ouvriers vont s'amuser avec des filles assez proprement mises. D'ordinaire on le jetait honteusement à la porte avec force injures, parce qu'il ne savait pas entrer en mesure dans la ronde et qu'il n'y avait pas de cuisinière agile dont il ne déformât, en marchant dessus, les brodequins couleur de jaune d'œuf ; mais ce qui cassa le cou à la bonne opinion qu'on avait de lui, fut qu'un matin, sur la place des Gendarmes, à l'heure même du marché, et comme possédé tout à coup de l'esprit malin, il plongea la main dans un tonneau de harengs et dévora un des petits hommes salés qu'il avait saisi, en dansant sur un pied. Pouvait-il réparer le dégât en idemnisant généreusement la marchande avec un âne ailé ? Non ; chacun le traita d'homme sans mœurs qui n'avait pas toujours Dieu devant les yeux. La bonne opinion qu'on avait de lui s'évanouit, et il n'était donné à aucun âne de le sauver.

Quelques jours après, l'étrange personnage avait donc quitté Berlin. Ce ne fut pas un petit étonnement pour l'aubergiste et pour tous ceux qui, dans ce moment, se trouvaient à leur fenêtre, que de le voir rouler avec un trot bruyant dans une voiture toute en argent.

Dernièrement, à la table d'hôte de ce même *Hôtel de Brandebourg,* on vint à parler de cet homme bizarre, et M. Krause constata qu'on avait trouvé sur le secrétaire de la chambre qu'il avait occupée un petit rouleau de papier

11.

écrit qu'il conservait. Sur mes instances, le rouleau me fut remis. Qui dépeindra mon étonnement, ma joie, mon bonheur, quand au premier coup d'œil jeté sur le manuscrit, je reconnus que l'étranger n'était autre que le célèbre Abraham Tonelli, qui, de garçon tailleur, avança à la position d'empereur d'Aromata, et dont les aventures merveilleuses furent communiquées, il y a plusieurs années, au monde lecteur, dans le huitième volume des *Plumes d'autruche*.

On pourra trouver assez singulier que ces mémoires commencent justement au moment où finit ladite biographie et se rattachent par cela même à cette dernière d'une façon assez exacte. Il est possible que Tonelli cherchât, pendant qu'il était à Berlin, le rédacteur de la première période de sa vie (Ludwigh Tieck). Puisque le sort a fait tomber dans mes mains le manuscrit qui relate la dernière partie de la vie de Tonelli, je me trouve pour ainsi dire engagé à en faire connaître immédiatement le contenu; je pense que ni M. Abraham Tonelli ni M. Ludwigh Tieck ne m'en sauront mauvais gré [*].

---

[*] *Note d'Hoffmann.* — Ceux d'entre les lecteurs bénévoles qui ne pourraient pas se procurer immédiatement le huitième volume des *Plumes d'autruche*, que Musæus a publié le premier, car c'est un livre excessivement rare, ne liront pas ce qui suit sans intérêt. Abraham Tonelli, né de pauvres parents tailleurs, élevé lui-même dans cette profession, mais convoitant des idées de grandeur, part pour son tour de compagnonnage: il s'égare en chemin, échappe avec peine à des brigands qui l'avaient attiré hors de la forêt, et arrive enfin, après avoir souffert beaucoup de misères, chez un baron polonais. Celui-ci lui enseigne l'art de se transformer en toute espèce d'animaux au moyen d'une racine, ce dont Tonelli se réjouit beaucoup. Un jour, il se sauve au moment où, transformé en éléphant, il venait de rosser le baron, qui s'était lui-même transformé en petit chien; et prenant la forme d'une souris, il se fait transporter au delà de la mer par un énorme oiseau, d'abord chez le roi de Perse, ensuite chez le sultan qui, rempli de joie de connaître un si rare artiste, se signe et se bénit, et le fait vivre dans l'opulence et la joie. Sur ces

CHAPITRE XIII.

Voici maintenant la suite de l'histoire curieuse de la vie d'Abraham Tonelli.

QUATRIÈME PARTIE

I

Mentir est un grand vice, surtout parce que c'est aller contre la vérité, qui est une grande vertu; aussi je n'ai jamais menti, excepté quand cela pouvait m'être avanta-

entrefaites, de perfides domestiques lui enlèvent la racine magique, et comme il n'a plus la puissance de se transformer, le sultan le chasse en le couvrant de honte et d'injures. Réduit à la condition de mendiant, il se rend péniblement jusqu'en Sibérie; pendant qu'il est dans un taudis d'auberge, il est visité par un chat enchanté qui le supplie de le délivrer et de lui rendre sa forme première, en lui promettant de l'aider à le mettre en la possession d'un trésor. Enfin, après une longue discussion, il finit par céder aux larmes et aux supplications du chat, et se laisse entraîner à lui tendre la main, prenant confiance dans ce chat qui ne l'égratigne pas. Il obtient le trésor, et, de plus, une pierre qui lui donne le pouvoir de lui soumettre le diable. Il ne lui découvre ce dernier pouvoir que lorsque tout l'or du trésor a disparu, et qu'il est retombé dans le besoin et la misère. Armé de ce talisman, il force le diable de lui procurer autant de trésors qu'il en veut; il finit par obtenir la faveur du roi de Monopolis, au moyen d'un repas qu'il lui donne dans l'auberge; il se construit un château appelé Tunnellenbourg, et se marie avec la fille d'un marchand; celle-ci meurt. Un incendie détruit le château, la pierre se perd, et Tonelli est chassé hors du pays comme sorcier. Obligé de nouveau de mendier, il rencontre deux tisserands, et entre avec eux dans une auberge. L'aubergiste les fait coucher dans une chambre qui, dit-on, est hantée par des esprits tapageurs; pendant qu'ils sont en train de jouer et de boire, toute une société d'esprits sort du plancher et du plafond, se met à une table et commence à se livrer à toutes les réjouissances d'un repas somptueux. Les deux tisserands, que les esprits forcent de boire avec eux, tombent morts; au moment où c'est au tour de Tonelli de boire, il s'écrie dans sa détresse: Périsse le diable et vive Dieu Notre-Seigneur! Aussitôt disparaît toute la société, et un autre esprit apparaît sous la forme d'un beau grand oiseau. Tonelli lui fait son *compliment* * et lui demande pardon pour la prière impolie qu'il venait de faire, que la peur seule lui avait arrachée. L'oiseau répond que cette faute est de peu d'importance, et lui conseille de prendre, parmi les choses précieuses qui sont sur la table, une coupe et une perle qui ont la puissance de tout transformer en or. Tonelli ne se le fait pas dire deux fois, et aussitôt un âne ailé le transporte dans le pays d'Aromata. Avec son pouvoir de l'or, il gagne la faveur de l'empereur, qui troque sa fille en mariage contre la perle; après que Tonelli a vaincu les ennemis du pays, en général plein de valeur, il succède à son

---

* Le mot est en français.

geux. Je possède surtout une conscience passablement solide qui, de temps en temps, me donne de vigoureux renfoncements dans le dos. Cette conscience me pousse maintenant à convenir que j'en ai menti impudemment quand j'enseignais au monde comme quoi j'étais vieux et grisonnant, cependant toujours heureux, et comme quoi les rêves sublimes de ma jeunesse s'étaient réalisés. Au moment où j'écrivais ces impostures, j'étais encore un beau jeune homme avec des joues rouges, seulement je m'étais fait poudrer fortement. J'étais justement en train, dans ce moment, de manger un faisan de Bohême, farci de marmelade de pommes, en buvant du muscat. C'est là ce que j'appelais les rêves de ma jeunesse; c'est ainsi que je voulais faire accroire que j'avais exécuté tout ce que j'avais projeté et que j'étais heureux jusqu'à la fin de ma vie. J'avais entièrement oublié cette bribe de ma vieille histoire; je ne pensais pas à Crésus, j'étais surtout fou de fatuité, et, comme je l'ai dit : tout n'est que mensonge au bon appétit près dont je jouis encore aujourd'hui. Plus tard, après avoir ainsi menti, je fus plongé dans le malheur, le besoin et la douleur, et il fallut oublier toute ma splendeur. Combien l'homme terrestre doit se plier ici-bas sous les caprices destructeurs d'un sort toujours incertain! O éclat trompeur du bonheur, comme tu pâlis rapidement et tout à coup sous le souffle venimeux

---

beau-père. On lit à la fin de ses mémoires : « Je suis maintenant vieux et grisonnant ; cependant je suis encore heureux ; j'écris pour me distraire, parce que je ne sais que faire l'histoire véridique de ma vie, pour montrer au monde que l'on exécute certainement et toujours ce que l'on a sérieusement projeté. J'ai encore, Dieu merci, un bon appétit, que j'espère conserver jusqu'au moment de la mort ; les rêves de mon enfance se sont réalisés ; peu d'hommes peuvent en dire autant. »

de l'adversité! C'est ainsi et pas autrement dans ce bas monde.

II

J'avais, comme empereur d'Aromata, une excellente impératrice supérieurement belle, un ange qui savait chanter et jouer des instruments de manière à faire rire le cœur dans la poitrine; cet ange savait aussi danser supérieurement. Je pensai, lorsque les semaines de miel furent passées, qu'il pourrait bien m'appartenir de prendre soin de la perle précieuse, et je la réclamai à mon épouse; mais celle-ci me la refusa. Je fis semblant d'avaler ma colère, et je manifestai l'opinion que mon épouse devait, à cause de son grand amour pour moi, ne pas résister à ma volonté. L'épouse refusa de nouveau ma demande, s'emporta et me regarda avec des yeux étincelants; c'était la première fois que j'avais vu de pareils yeux chez une femme, et cela me remit en mémoire ceux de la chatte noire; pendant trois jours je fis la grimace, et un matin, pendant que l'impératrice était en train de découper un cochon de lait rôti qui était trop poivré, je répandis les larmes amères de la mauvaise humeur; cela toucha mon épouse, qui me dit qu'il ne fallait pas tant prendre à cœur la perte de la perle, puisque j'avais troqué contre elle le bijou le plus précieux sur cette terre, et qu'elle consentirait à me donner quelquefois la perle pour m'en amuser. Quel honnête et bon caractère que celui de l'impératrice*.

---

* On ne sait si c'est par une fantaisie d'Hoffmann que ce conte reste tout à coup suspendu. Il n'y a rien de surprenant à croire que, fatigué, mécontent ou dans un accès d'humeur, ou pour faire au public une de ces plaisanteries qui sont communes à l'auteur de *Jean Kreisler*, Hoffmann ait terminé brusquement ce récit de la sorte.

HAIMATOCHARE.

Il a fallu une singulière personnalité à Hoffmann pour couvrir les nombreux emprunts qu'il fit de côté et d'autre. Peu d'hommes ont moins *inventé* que lui, car il s'appropriait non-seulement des sujets, mais des types avec autant de sans-gêne que Molière. C'est ce qui explique ces lectures perpétuelles, qu'on peut voir indiquées dans ses cahiers de notes.

Quand son esprit ne se meublait pas en contemplant des caricatures favorites telles que celles de Callot et d'Hogarth, il allait au butin dans les œuvres de Lewis, de Gozzi, de Shakespeare, de Schiller, de Voltaire, de Diderot, etc. ; mais l'homme qui lui était le plus utile était ce Français-Allemand, Chamisso, dont l'œuvre est inconnue dans sa patrie, la France, et qui aura du moins la gloire d'avoir été un des plus fidèles amis de Théodore Hoffmann. Chacun sait que le fameux type de Pierre Schlemil, *l'Homme qui a perdu son ombre*, appartient en propre à Chamisso; ce poëte avait-il trouvé ce type dans ces nombreuses traditions allemandes recueillies plus tard par les frères Grimm, et qui ne sont qu'un échantillon des richesses populaires de la littérature allemande? On ne sait rien là de positif; toujours est-il qu'Hoffmann s'empara du Pierre Schlemil de son ami, et l'intercala avec un grand bonheur dans *la Nuit de la Saint-Sylvestre*, pour faire pendant à *l'Homme qui a perdu son reflet*. Le reflet perdu n'est qu'une conséquence de l'ombre vendue; sans la création de Chamisso, Hoffmann n'eût pas trouvé la sienne; mais aussi avec quel art sont mises en présence ces deux figures étranges. Combien est heureuse la mise en scène de ce petit drame! Et dès les premières lignes, aussitôt que l'entrée de la cave a été dépeinte, comme on se sent pris par ces fumées vagues de *fantastique* et d'extraordinaire sortant de cette petite cave. On a voulu donner une esthétique du fantastique, et l'on n'a enseigné que le *procédé* du fantastique. Un être rangé, froid, les oreilles rouges, ayant du ventre, égoïste et spirituel, si le vent du succès tourne aux œuvres d'Hoffmann, s'assied devant son bureau, taille une belle plume neuve, dispose un certain nombre de cahiers blancs devant lui et dit : La mode est au fantastique, je m'en vais faire du fantastique. En cherchant bien dans les revues,

CHAPITRE XIII.

alors que les contes traduits par M. Loëve-Weymar étaient dévorés par la France entière, on trouverait des rapsodies signées *Hoffmannet* qui sont de M. ***. Mais la puérilité, le bizarre cherché, l'homme qui se bat les flancs fantastiquement se voient dans chacune de ces lignes. La *manière* d'Hoffmann est une de celles qui peut le moins être imitée. Aucune manière ne s'imite, celle-là moins que tout autre. Partout où il y a *procédé*, l'œuvre contient son poison qui la fane et l'accable. On ne manquera pas de me dire qu'Hoffmann a emprunté à Gozzi quelques-unes de ses terreurs, quelques-uns de ses malheurs ou visions qui atteignent souvent les héros de ses contes, mais c'est qu'Hoffmann avait des analogies de tempérament avec Gozzi, c'est que lui aussi ressentait également ces terreurs, ces visions, c'est qu'elles se décuplaient chez lui, et sa vie en est une preuve. Et il craignait si peu de paraître copier Gozzi, Lewis et d'autres, qu'il les cite à tout propos dans ses œuvres.

Aussi était-il permis à Hoffmann de s'emparer d'un sujet de conte, d'un type, car il le grandissait, le colorait à sa manière, le rendait sien et l'absorbait comme Sakespeare absorbait les nouvelles de Bandello.

Datura fastuosa * démontre la manière de composer d'Hoffmann. Chamisso lui avait donné l'idée du conte ; mais l'idée mère ne suffisait pas encore au romancier qui, dépourvu de grandes connaissances en histoire naturelle, allait quêter des renseignements et des détails auprès du célèbre naturaliste Lichtenstein, professeur à Berlin. La lettre suivante explique mieux l'affaire :

« Chamisso, écrivait Hoffmann à Lichtenstein en 1818, m'a laissé en legs l'idée d'un conte que je suis justement en train de parachever. Un professeur de botanique meurt et laisse non-seulement une fort riche collection de plantes, mais de plus il a élevé dans une petite terre particulière des plantes et des arbres étrangers tout à fait rares. Dans le nombre se trouve un exemplaire dont on n'a jamais entendu dire qu'il prospérât, même en serre

* Voir le tome XVI des œuvres d'Hoffmann, édition Renduel.

chaude, dans notre hémisphère. La veuve (une toute vieille femme) elle-même n'en sait rien, quoiqu'elle ait de profondes connaissances en botanique. Elle refuse même l'entrée de cette serre à l'élève du défunt, un jeune botaniste enthousiaste qui ne soupire qu'après cette rare plante exotique. Alors il se décide à épouser la veuve, malgré sa vieillesse.

« Je ne suis pas botaniste, il faut donc que je lise un livre de botanique et que je m'en nourrisse. Pourriez-vous me désigner une plante étrangère à laquelle Chamisso a peut-être pensé? etc. »

Ainsi donc l'idée mère appartient à Chamisso ; les détails, la technologie à Lichtenstein. Et cependant *Datura fastuosa* est bien une création d'Hoffmann dont on sent la griffe, comme on dit.

Le conte intitulé *Haimatochare* est moins de son propre fonds; il fut envoyé par Funck à Hitzig, qui entreprenait les œuvres posthumes. En 1819, le libraire de Bamberg, ayant l'intention de fonder un journal littéraire, s'adressa naturellement à Hoffmann le premier; celui-ci, n'ayant aucun manuscrit prêt, envoya le conte d'Haimatochare avec l'avant-propos ci-après :

« Les lettres suivantes, qui donnent des explications sur le sort de deux naturalistes, me furent communiquées par mon ami Adalbert de Chamisso, à son retour du remarquable voyage dans lequel il avait fait une fois et demie le tour du globe. Elles semblent bien dignes de la publicité. On y voit avec tristesse et même avec horreur combien l'événement le plus innocent peut quelquefois rompre violemment les liens de la plus intime amitié et convertir en un malheur déplorable les choses qu'on était en droit de regarder comme des meilleures et des plus utiles.

« E. T. A. Hoffmann. »

Je crois curieux et important de donner ici cette nouvelle de Chamisso et de faire connaître en France un échantillon de ce charmant esprit champenois, qui avait porté en Allemagne le naturel français, en le revêtant de formes nouvelles. J'engage les personnes curieuses d'*humourisme* à lire quelques nouvelles d'Edgar Poe, et à mettre en regard la fantaisie américaine avec la fantaisie franco-allemande de Chamisso ; de même il serait intéressant d'étudier la parenté qui semble s'établir par instant entre le russe Nicolas Gogol et Hoffmann. *Haimatochare* n'a jamais été imprimé dans les œuvres de Chamisso et était depuis vingt ans dans les tiroirs du libraire Funck, quand la publication des Œuvres posthumes d'Hoffmann vint tirer ce conte spirituel de la poussière.

HAIMATOCHARE.

I

A SON EXCELLENCE LE CAPITAINE GÉNÉRAL GOUVERNEUR DE LA NOUVELLE-GALLES DU SUD.

Port-Jackson, le 21 juin 18...

Votre Excellence a daigné ordonner que mon ami, M. Brougthon, fît partie de l'expédition dirigée sur O-Wahu, en qualité de naturaliste. C'était depuis longtemps mon plus ardent désir de retourner à O-Wahu, car la brièveté de mon dernier séjour ne m'a pas permis de pousser jusqu'à des résultats positifs quelques observations d'histoire naturelle fort importantes. Ce désir maintenant se ravive doublement, car M. Brougthon et moi sommes étroitement liés par la science et l'ardeur des recherches ; nous avons l'habitude déjà depuis longtemps de faire nos observations en commun et de nous aider réciproquement en nous communiquant à l'instant même nos découvertes. Je prie donc Votre Excellence de vouloir bien agréer que j'accompagne mon ami Brougthon dans l'expédition d'O-Wahu.

Avec respect, etc.

J. Menzies.

P. S. J'unis mes prières à mes vœux à ceux de mon ami Menzies pour que Son Excellence lui permette de venir avec moi à O-Wahu. Ce n'est qu'avec lui, c'est seulement quand son affection accoutumée seconde mes efforts que je puis réaliser les découvertes que le gouvernement attend de moi.

A. Brougthon.

II.

RÉPONSE DU GOUVERNEUR.

C'est avec un vif plaisir que je remarque, Messieurs, de quelle étroite amitié vous a liés la science, et je ne doute pas que d'une aussi belle union, de tels efforts concentrés, on ne puisse attendre les plus riches et les plus brillants résultats. Aussi par ces motifs, bien que l'équipage du *Diskovery* soit complet et que le navire ait peu de places, j'autorise M. Menzies à accompagner l'expédition de O-Wahu, et je vais faire parvenir au capitaine Bligh les ordres nécessaires.

le Gouverneur.

III

J. MENZIES A E. JOHNSTON, A LONDRES.

A bord de *la Découverte*, le 2 juillet 18...

Tu as raison, mon cher ami, la dernière fois que je t'écrivis, j'étais vraiment sous le coup de quelque accès de spleen. La vie à Port-Jackson m'était insupportable ; je pensais avec impatience à mon beau paradis, ce charmant pays d'O-Wahu que je venais de quitter depuis peu. Mon ami Broughton, un savant et en même temps un galant homme, était le seul qui pût me rasséréner et m'entretenir dans un enthousiasme scientifique ; mais lui-même s'ennuyait également à Port-Jackson, qui ne peut fournir matière à nos recherches. Si je ne me trompe, je t'ai écrit précisément qu'on avait promis au roi d'O-Wahu, nommé Téimotu, un beau navire qui devait être construit et équipé à Port-Jackson. Cela eut lieu en effet ; le capitaine Bligh reçut l'ordre de conduire le navire à O-Wahu et d'y séjourner quelque temps pour lier plus étroitement amitié avec le roi Téimotu. Comme mon cœur battait de joie à cette nouvelle, car je me croyais certain de faire partie de l'expédition ! Mais un coup de foudre qui traverse tout à coup un ciel pur ne m'aurait pas frappé davantage que cette annonce enjoignant à Broughton de s'embarquer seul. *La Découverte*, destinée à l'expédition d'O-Wahu, est un navire de moyenne grandeur qui ne peut guère recevoir de personnes que l'équipage nécessaire, aussi espérais-je d'autant moins faire prévaloir mon désir d'accompagner Broughton ; mais le noble caractère qui a partagé avec moi son cœur et son âme a appuyé si chaudement mon désir, que le gouverneur y a accédé. Par l'en-tête de cette lettre, tu vois que Broughton et moi venons de nous mettre en voyage. Oh! la belle vie qui m'attend ! Je me sens le sein gonflé d'espoir et d'impatience, quand je pense, chaque jour, à toute heure, combien la nature va m'ouvrir son riche sanctuaire où je pourrai m'approprier tel bijou qui n'aura jamais été découvert et appeler miennes des merveilles qui n'auront même pas été entrevues de personne !

Je te vois sourire ironiquement de mon enthousiasme ; je t'entends dire : — Bon, le voilà qui va revenir avec une manie toute nouvelle en poche ; mais si je lui demande quelque chose des goûts, des mœurs, des coutumes, des manières de vivre de ces peuples étrangers qu'il aura vus, si je veux connaître quelques détails intimes tels qu'on ne les trouve que dans mille relations de voyages et comme on ne peut les apprendre que de bouche à bouche, le voici qui me montre un manteau et un collier de corail. Sur tout le reste, il ne sait que me dire ; au milieu de ses cirons, de ses scarabées, il oublie les hommes.

Oui, je le sais, tu trouves singulier que j'applique toutes mes recherches au règne des insectes, et à cela je ne puis te répondre que la puissance éternelle a ainsi disposé de mes attractions au plus profond de mon être, et que les attractions ne peuvent aboutir que là. Mais tu n'as pas à me reprocher que ce fait, qui te semble si étrange, me fasse négliger les hommes, mes parents et mes amis. — Jamais je n'en arriverai à imiter le vieux lieutenant-colonel hollandais dont je veux te raconter l'histoire, afin que tu ne puisses établir aucune comparaison entre lui et moi. Cette histoire me revient à ce moment à l'idée avec tous ses détails. Le vieux lieutenant-colonel (j'ai fait sa connaissance à Kœnigsberg) était, pour ce qui concernait les insectes, le plus zélé et le plus infatigable naturaliste qui se pût voir. Tout le reste du monde était mort pour lui ; et les seuls rapports qu'il avait avec les hommes révélaient l'avarice la plus insupportable, la plus ridicule. En même temps, il était pris de l'idée fixe qu'un jour il serait empoisonné par du pain blanc. Tous les matins il pétrissait lui-même son pain, l'emportait avec lui dans les maisons mêmes où il était invité à dîner, et on ne put jamais le persuader de manger d'autre pain. Une seule circonstance peut te suffire comme preuve de son avarice : dans les rues il marchait lentement en écartant les bras de son corps le plus qu'il pouvait afin de ménager le corps de son uniforme. Mais revenons à l'affaire ; ce vieux colonel n'avait d'autres parents sur la terre, qu'un frère plus jeune qui vivait à Amsterdam. Depuis trente ans les deux frères ne s'étaient pas vus, quand l'Amsterdamois, poussé par le désir d'embrasser son aîné, entreprit le voyage de Kœnigsberg. Il entre dans la chambre du colonel qui était pour l'instant assis devant sa table, la tête penchée en avant, contemplant à travers une loupe un petit point noir sur une feuille de papier blanc. Le frère pousse un cri de joie et veut se jeter dans les bras du colonel, mais celui-ci, sans détourner les yeux du petit point, lui fait un signe de la main pour l'empêcher d'avancer et lui impose silence avec des st-st-st répétés. « Frère, qu'est-ce que tu fais là ?

s'écrie l'Amsterdamois. Georges est là, ton frère qui est venu exprès d'Amsterdam pour te voir, toi qu'il n'a pas vu depuis trente ans et qu'il voulait revoir au moins encore une fois. » Mais le vieux colonel reste immobile et chuchotte : « St-st-st ! la bête se meurt. » Alors seulement le frère comprit que le point noir était un petit ver qui se tordait dans les convulsions de la mort, et respectant la passion du colonel, il s'assied silencieusement à côté de lui ; mais quand enfin une heure s'écoula avant que le colonel s'embarrassât de regarder son frère, celui-ci se lève de sa chaise avec impatience, quitte la chambre avec un gros juron hollandais, et part à l'instant même pour retourner à Amsterdam, sans que le colonel y prît garde le moins du monde.

Demande-toi, Édouard, si tu entrais dans ma cabine et si tu me trouvais en contemplation de quelque insecte remarquable, crois-tu que je resterais immobile à regarder l'insecte ou que je me jetterais dans tes bras ? Il faut bien penser, mon cher ami, que le règne des insectes est justement le plus merveilleux, le plus mystérieux de toute la nature. Si mon ami Broughton a affaire au monde des plantes et des animaux complétement formés, moi, au contraire, je suis établi dans la patrie des êtres étranges et inconnus qui forment la transition et le lien entre les deux mondes. Mais je m'arrête pour ne pas t'ennuyer et ajoute seulement, pour tranquilliser et réconcilier ton âme poétique avec moi, qu'un spirituel poëte allemand nomme les insectes dans la parure de leurs belles couleurs nuancées, « des fleurs devenues libres. » Récrée-toi de cette belle image.

CHAPITRE XIII.

Et au fond, pourquoi tant de paroles pour justifier mon penchant? Ne serait-ce pas pour me faire croire à moi-même que la simple et générale envie de recherches me pousse irrésistiblement à O-Wahu, et que ce n'est pas plutôt l'étrange pressentiment d'un événement inouï à la rencontre duquel je marche. Oui, Édouard, dans cet instant même ce pressentiment s'empare de moi avec une telle puissance, que je suis incapable d'écrire davantage. Tu vas me croire un rêveur fou, mais il en est ainsi. Je lis distinctement dans mon âme qu'à O-Wahu m'attend le plus grand bonheur — ou ma perte inévitable.

Ton plus fidèle, etc.   JOHN MENZIES.

IV

LE MÊME AU MÊME.

Hanaruru, près d'O-Wahu, le 12 décembre 18...

Non, je ne suis pas un rêveur, mais il y a des pressentiments, — des pressentiments qui ne trompent pas ! — Édouard, je suis l'homme le plus heureux qu'il y ait sous le soleil, élevé à l'apogée de mon existence. Mais comment te raconter tout cela, te faire sentir en entier toutes mes délices, mon ravissement inexprimable ? Il faut me recueillir ; je veux essayer si je suis en état de te décrire tranquillement comment cette aventure s'est passée.

Non loin de Hanaruru, résidence du roi Téimotu, qui nous a accueillis amicalement, se trouve une belle forêt. C'est là que j'allais hier, au moment où le soleil était sur le point de se coucher. J'avais le projet d'attraper s'il était possible, un papillon fort rare (son nom ne t'intéresserait pas), qui ne commence sa course vagabonde et circulaire qu'après le coucher du soleil. Il faisait un air étouffé rempli de l'arome voluptueux des herbes parfumées. Quand j'entrai dans la forêt, je me sentis pris d'une étrange et douce angoisse ; de mystérieux frissons m'agitaient, qui se fondaient en aspirations indéfinies. Le papillon de nuit, pour lequel j'étais venu, s'éleva tout près de moi ; mais mes bras pendaient sans force, comme paralysés, je me sentais cloué au sol, j'étais incapable de poursuivre le papillon qui folâtrait au loin dans la forêt. Alors je me sentis entraîné comme par des mains invisibles dans un bosquet qui me chantait, par ses bruissements, de douces paroles d'amour. A peine entré, je vois, ô ciel ! — sur un tapis bigarré de brillantes plumes de pigeon, et couchée, la plus mignonne, la plus belle, la plus gracieuse insulaire que j'aie jamais rencontrée. Non, rien que ses contours extérieurs indiquaient que cet être parfumé appartenait à la race des insulaires d'ici. La couleur, la forme, la physionomie, tout était d'ailleurs différent. Un délicieux saisissement me coupa d'abord la respiration ; je m'approchai avec précaution de la petite : elle semblait dormir. Je la pris et l'emportai ; le plus précieux joyau de l'île était à moi ! Je la nommai Haimatochare ; je construisis une petite chambre tapissée de papier d'or, je préparai un lit des mêmes plumes de pigeon bigarrées et brillantes sur lesquelles je l'avais trouvée. Elle paraît me comprendre et sentir ce qu'elle est pour moi ! Pardonne-moi, Édouard, je te dis adieu, il faut que j'aille voir ce que fait cet être chéri, mon Haimatochare ; — j'ouvre sa petite chambre,

— elle est couchée sur son lit, — elle s'amuse avec les jolies plumes. O Haimatochare! — Adieu, mon Édouard.

John Menzies.

V

BROUGTHON AU GOUVERNEUR DE LA NOUVELLE-GALLES DU SUD.

Hanaruru, le 20 décembre 18...

Le capitaine Bligh a informé Votre Excellence de notre heureux voyage, et il n'aura certainement pas manqué de louer la manière amicale avec laquelle le roi Téimotu nous a accueillis. Téimotu est ravi du riche cadeau que Votre Excellence lui a fait, et répète à chaque instant que nous pouvons disposer comme de notre propriété de toutes les productions utiles ou agréables de l'île qu'il gouverne. Le manteau rouge brodé d'or a fait une si profonde sensation sur la reine Kahumanu, qu'elle en a perdu sa sérénité habituelle pour tomber dans de singulières pratiques. Elle va de grand matin dans l'endroit le plus profond, le plus solitaire, le plus épais de la forêt, et s'exerce à des poses théâtrales en drapant son manteau, tantôt sur une épaule, tantôt sur l'autre; ces poses, elle les répète le soir, devant la cour assemblée. En même temps elle tombe dans des accès d'étranges désolations, qui ne causent pas peu de soucis au bon Téimotu. J'ai cependant réussi quelquefois à égayer la reine désolée par un déjeuner de poissons grillés qu'elle aime beaucoup, et si elle boit après ce repas un bon verre de gin ou de rhum, sa douleur est vraiment soulagée d'une façon marquante. Il est singulier que Kahumanu court partout après notre Menzies, et quand elle se croit inaperçue, elle envoie des baisers en l'appelant des plus doux noms. Je suis tout disposé à croire qu'elle l'aime en secret.

En outre, je suis très-fâché d'avoir à mander à Votre Excellence que Menzies, dont je n'attendais que de bons offices, me gêne plus qu'il ne m'aide dans mes recherches. Il ne paraît pas vouloir répondre à l'amour de Kahumanu; au contraire, une folle passion, même condamnable, s'est emparée de lui et l'a entraîné à me jouer un tour très-abominable qui peut, si Menzies ne revient pas de son erreur, nous brouiller à tout jamais. Je regrette maintenant d'avoir prié Votre Excellence de lui permettre de suivre l'expédition à O-Wahu; mais comment pouvais-je croire qu'un homme que j'avais éprouvé depuis tant d'années pouvait tout à coup changer de la sorte par un étrange aveuglement. Je me permettrai de donner à Votre Excellence des détails plus circonstanciés de cet événement si blessant pour moi, et si Menzies ne devait point réparer sa faute, je prierai Votre Excellence de m'accorder votre protection contre un homme qui se permet d'agir en ennemi là où il fut accueilli avec une amitié sans bornes.

Avec un profond respect…… A. BROUGTHON.

VI

MENZIES A BROUGTHON.

Non, je ne puis le supporter plus longtemps; tu m'évites, tu me jettes des regards dans lesquels je lis la colère et le

CHAPITRE XIII.

mépris, tu parles d'infidélité, de trahison d'une telle manière que je suis obligé de m'appliquer ces mots! Et cependant je cherche dans tout le domaine des possibilités sans y trouver la cause qui pourrait justifier en quelque façon ta conduite vis-à-vis de ton plus fidèle ami. Que t'ai-je fait? qu'ai-je entrepris? qu'est-ce qui t'a blessé? Ce n'est peut-être qu'un malentendu qui te fais douter un instant de mon affection, de ma fidélité. Je t'en prie, Broughton, explique-moi ce malheureux mystère, sois encore à moi comme tu l'étais.

Davis, qui te remet cette feuille, a ordre de te prier de répondre à l'instant. Mon impatience devient pour moi un affreux tourment. MENZIES.

VII

BROUGTHON A MENZIES.

Et tu me demandes encore en quoi tu m'as offensé! En vérité, cette candeur sied bien à qui a forfait à l'amitié. Que dis-je? à l'amitié? à toutes les lois consignées dans les constitutions civiles, — d'une façon révoltante. Tu ne me comprends pas; eh bien! je vais te le dire tout haut. Puisse l'entendre le monde entier et frissonner de ton forfait! Oui, je vais te le dire à l'oreille ce nom qui résume tout ton crime. — Haimatochare! — Oui, tu l'as nommée Haimatochare, celle que tu m'as ravie, celle que tu caches loin du monde, celle qui est à moi, celle que je tenais à nommer *mienne* avec une douce fidélité, à nommer mienne dans des annales destinées à durer éternellement. Mais non, je ne veux pas encore douter de ta vertu, je veux croire encore que ton cœur fidèle saura vaincre cette passion malheureuse qui t'entraînait dans un tourbillon rapide. Menzies, rends-moi Haimatochare, et je te presse sur mon sein comme mon plus fidèle ami, comme mon frère de cœur. Toute la douleur de la blessure que tu m'as faite par ton action imprudente sera oubliée. Oui, rends-moi Haimatochare ! BROUGTHON.

VIII

MENZIES A BROUGTHON.

Ami, quelle étrange démence s'est emparée de toi ! C'est moi, — moi que tu accuses d'avoir ravi Haimatochare, elle qui est d'une race qui ne te regarde en rien, Haimatochare, que j'ai trouvée libre, dans la libre nature, dormant sur le plus beau des tapis, moi, le premier qui la contemplai d'un regard amoureux, le premier qui lui donnai un nom, un rang ! — En vérité, si tu me crois ingrat, je dois te croire fou, puisque, aveuglé par une jalousie dévorante, tu oses prétendre à ce qui est devenu ma propriété et qui le sera toujours. Haimatochare est à moi, et je la nommerai mienne dans ces annales où tu te proposes de consigner tes vantardises en t'attribuant la propriété d'un autre. Jamais je ne souffrirai qu'Haimatochare me quitte; je quitterai tout avec joie, pour mon Haimatochare, même la vie, qui ne peut s'embellir que par elle.

MENZIES.

IX

BROUGTHON A MENZIES.

Brigand effronté ! Haimatochare ne me regarde en rien !!! Tu l'as trouvée en liberté ! — Menteur ! Est-ce que le tapis sur lequel dormait Haimatochare n'était pas ma propriété ? ne devais-tu pas le reconnaître ? Et qu'ainsi Haimatochare appartenait à moi, — à moi seul ! Rends-moi Haimatochare, sinon je publie ton forfait devant l'univers entier. Ce n'est pas moi, c'est toi, — toi seul qui est aveuglé par une jalousie dévorante, — c'est toi qui veux t'emparer de la propriété d'autrui, mais tu ne saurais réussir. Rends-moi Haimatochare, ou je te déclare le plus vil fripon. BROUGTHON.

X

MENZIES A BROUGTHON.

Triple fripon toi-même ! Avec ma vie seulement j'abandonnerai Haimatochare. MENZIES.

XI

BROUGTHON A MENZIES.

Ce n'est qu'en abandonnant la vie, fourbe, que tu abandonneras Haimatochare. C'est bien ! Ainsi donc demain soir, à six heures, sur la place déserte qui se trouve à l'entrée d'Hanaruru, non loin du volcan, les armes décideront à qui restera Haimatochare. Veille à ce que tes pistolets soient en état. Brougthon.

XII

MENZIES A BROUGTHON.

Je me trouverai à l'heure et à la place indiquées : il faut que Haimatochare soit témoin du combat qui décidera de sa possession. Menzies.

XIII

LE CAPITAINE BLIGH AU GOUVERNEUR DE LA NOUVELLE-GALLES DU SUD.

Hanaruru, près d'O-Wahu, le 20 décembre 18...

Ce m'est un triste devoir que celui d'informer Votre Excellence de l'affreux événement qui nous a ravi deux hommes des plus estimables.

Il y avait longtemps que je remarquais, sans avoir pu deviner la cause, que MM. Menzies et Brougthon, unis jusque-là de la plus étroite amitié, ne faisant qu'un cœur et qu'une âme et ne pouvant jamais se séparer, étaient divisés. Ils finirent par s'éviter soigneusement et par échanger des lettres que notre pilote Davis portait de l'un à l'autre. Davis m'a raconté qu'à la réception de ces lettres, ils tombaient tous deux dans la plus grande agitation, et que Brougthon surtout avait fini par jeter feu et flamme. Hier Davis s'aperçut que Brougthon chargea ses pistolets et sortit de Hanaruru en toute hâte. Il ne put me trouver de suite ; aussitôt qu'il me transmit la supposition que Menzies et Brougthon pourraient avoir un duel, je me rendis avec le lieutenant Collnet et M. Wisby, chirurgien du navire, sur la plage déserte qui se trouve non loin du volcan, à la sortie de Hanaruru ; car il me semblait en effet, dès l'instant qu'il s'agissait d'un duel, que c'était l'endroit qu'ils avaient dû choisir. Quelques moments avant d'y arriver, nous entendîmes une décharge, puis une autre immédiatement après. Nous accélérâmes le pas, et cependant nous arrivâmes trop tard : Menzies et Brougthon étaient baignés dans leur sang ; celui-ci mortellement frappé à la tête, l'autre à la poitrine, tous deux ne donnant plus signe de vie. Ils s'étaient placés à dix pas à peine l'un de l'autre, et entre eux se trouvait le malheureux objet que les papiers de Menzies indiquent comme la cause de la haine et de la jalousie de Brougthon. Dans un petit carton garni de beau papier doré, je trouvai, sous des plumes étincelantes, un petit insecte très-étrange de forme et de couleur, que Davis, qui est habile naturaliste, prétendit nous donner pour une sorte de pou, mais qui, quant à la couleur, à la forme singulière de l'arrière-train et des petits pieds, se différencie de toutes les petites bêtes de ce genre découvertes jusqu'à ce jour. Sur le couvercle était écrit ce mot : *Haimatochare*. Menzies avait trouvé cette petite bête, inconnue jusqu'ici, sur le dos d'un pigeon tué à la chasse par Brougthon, et il voulait l'introduire dans le monde des naturalistes, sous le nom bizarre de Haimatochare, comme en ayant fait le premier la découverte. Brougthon, au contraire, prétendait que c'était lui qui l'avait le premier découvert, puisqu'elle se trouvait sur un pigeon tué par lui, et il voulait également s'approprier Haimatochare. De là, entre ces deux galants hommes, l'horrible dispute qui amena leur mort. Je vous ferai observer en passant que M. Menzies faisait provenir la petite bête d'une famille tout à fait nouvelle, dont elle forme le pivot : — *Pediculus pubescens, thorace trapezoideo, abdomine ovali posterius emarginato ab latere undulata etc., habitans in homine, Hottentottis, Groenlandisque escam dilectam præbens,* et plus loin : *Nirmus crassicornis, capite ovato oblongo, scutello thorace majore, abdomine lineari lanceolato, habitans in anate, Ansere et Bosrhade.*

A ces renseignements de M. Menzies, Votre Excellence daignera apprécier à quel point la petite bête est unique dans son espèce, et je prends la liberté, bien que je ne sois pas précisément naturaliste, d'ajouter que l'insecte attentivement observé à sa coupe, a quelque chose d'infiniment attrayant, dû surtout à des yeux limpides, aux jolies couleurs de son dos, et à une certaine désinvolture de mouvements toute particulière et charmante, qu'on n'a guère l'habitude de rencontrer dans de pareilles petites bêtes.

J'attends les ordres de Votre Excellence pour savoir si je dois expédier au musée la petite bête, bien emballée, ou si l'on doit précipiter au fond de la mer la cause de la mort de deux excellents hommes. En attendant la haute décision de Votre Excellence, Davis garde Haimatochare dans son bonnet de coton. Je l'ai rendu responsable de sa vie et de sa santé.

Daigne, Votre Excellence, agréer l'assurance, etc.

LE CAPITAINE BLIGH.

XIV

RÉPONSE DU GOUVERNEUR.

Port-Jackson, le 1er mai 18...

C'est avec la plus grande douleur que j'ai appris, capitaine, la mort infortunée de nos deux vaillants naturalistes. Est-il donc possible que le zèle pour la science puisse pousser l'homme si loin qu'il oublie ce qu'il doit à l'amitié et même à la société ! J'espère que ces MM. Menzies et Brougthon ont été enterrés de la manière la plus convenable.

En ce qui concerne Haimatochare, capitaine, je vous charge de la jeter à la mer, à la mémoire des infortunés naturalistes, avec les honneurs accoutumés.

Le Gouverneur.

XV

LE CAPITAINE BLIGH AU GOUVERNEUR DE LA NOUVELLE-GALLES DU SUD.

A bord de *la Découverte*, le 5 octobre 18...

Les ordres ont été exécutés à l'égard de Haimatochare. En présence de tout l'équipage en habits de fête, ainsi que du roi Téimotu et de la reine Kahumanu, qui sont venus à bord avec plusieurs personnages considérables de la cour, Haimatochare fut retirée du bonnet de coton de Davis, au coup de six heures, par le lieutenant Collnet, et posée dans la boîte garnie de papier d'or, sa première demeure, qui devait maintenant lui servir de cercueil. Cette boîte a été attachée à une grosse pierre et jetée à la mer par moi-même au son de trois coups de canon. La reine Kahumanu entonna en même temps un chant auquel tous les O-Wahutois s'unirent, qui était aussi lugubre et terrible que l'exigeait la solennité. Ensuite on tira de nouveau trois coups de canon et on distribua de la viande et du rhum à l'équipage ; des grogs et d'autres rafraîchissements furent servis au roi Téimotu, à Kahumanu, ainsi qu'aux autres O-Wahutois. La bonne reine est inconsolable de la mort de son cher Menzies. Pour honorer la mémoire de cet homme tant aimé, elle s'est plantée dans la fesse une grande dent de requin et souffre encore horriblement de cette blessure. Il me reste à mentionner que Davis, le fidèle gardien de Haimatochare, a prononcé un discours très-touchant dans lequel, après avoir décrit brièvement la vie de Haimatochare, il a démontré la fragilité des choses terrestres. Les matelots les plus durs ne purent retenir leurs larmes, et comme Davis poussait d'énormes sanglots pour impressionner davantage ses auditeurs, il arriva à faire hurler effroyablement tous les O-Wahutois, ce qui ne rehaussa pas médiocrement cette imposante solennité.

Agréez, etc... LE CAPITAINE BLIGH.

LETTRE DU MAITRE DE CHAPELLE JEAN KREISLER

QUI TRAITE AVEC UNE GRANDE SCIENCE DE L'HARMONICA.

Il n'est pas besoin du témoignage d'Hippel, l'ami intime d'Hoffmann, pour savoir que le maître de chapelle Jean Kreisler n'était autre que le romancier. Sous ce pseudonyme il a donné cours à ses idées musicales les plus bizarres, en même temps qu'il a traité avec le plus grand bon sens, et plus que du bon sens, les œuvres de grands génies, tels que Haydn, Mozart, Beethoven.

Ce ne sera pas sans une certaine curiosité qu'on lira une lettre du maitre de chapelle Jean Kreisler sur l'harmonica, instrument ridicule qui, il y a cinquante ans, fit fortune en Allemagne et y causa une sorte de révolution chez les mêmes esprits distingués qui se passionnent aujourd'hui pour le *mélophone*, l'*accordéon*, le *xilocordéon*, le *pan-harmonicon* et autres instruments agaçants, dont le seul fait d'écrire les noms m'agace les nerfs.

Tout en traduisant ce morceau, j'étais émerveillé du mal que se donnait Hoffmann à discuter un instrument aussi puéril que l'harmonica; mais c'est justement là que le travail, dans l'esprit du conteur, est intéressant à suivre. Il commence par raisonner sérieusement la machine à la mode, l'étudie et s'ingénie à chercher les côtés possibles; de temps en temps une fine raillerie se mêle à des aperçus musicaux intelligents, et enfin le grotesque l'emporte : Hoffmann reparaît tout entier à la fin de la lettre.

LETTRE DU MAITRE DE CHAPELLE JEAN KREISLER.

Le maître de chapelle Kreisler est connu de tous ceux qui ont lu un certain livre fantastique dont l'édition a paru il y a quelques années. Les caractères étaient imprimés sur un papier tellement uni, qu'on ne pouvait comprendre comment ils pouvaient rester debout sans glisser hors des feuilles. Ce Kriesler écrivit entr'autres choses ce qui suit à l'un de ses amis avec lequel il ne formait qu'un seul cœur et qu'une seule âme :

« Dites-moi, très-excellent monsieur et ami, dites-moi, au nom du ciel, ce qu'il en est du concert qui a été donné le 10 mars chez vous, dans la salle de l'Opéra ? Comme vous savez, je n'y suis pas allé; il faisait mauvais temps et j'avais prêté mon parapluie ; de plus, je me suis vu assailli par une certaine fainéantise, le penchant le plus naturel à tous les enfants de la terre, et je trouvai que le chemin de mon logement à l'Opéra était un peu trop long, bien que la distance ne se trouvât cependant que de cinquante misérables milles. J'ai lu sur ce concert tant d'opinions opposées que j'en perds la tête.

« Haude et Spener donnent à comprendre clairement, dans le numéro 31 de leur gazette, que le jeu d'harmonica de madame K*** a produit assez peu d'effet, et ils demandent comment il se fait que l'harmonica ne produise plus aujourd'hui les mêmes effets qu'autrefois. Nos nerfs, disent-ils, seraient-ils devenus plus faibles et plus mous? ou bien faut-il attribuer la froideur du public à notre tympan assourdi par les timballes, les trompettes et les instruments de cuivre? En revanche, l'*Impartial allemand*, dans son numéro 62, dit que l'harmonica est le plus beau et le plus sonore de tous les instruments, et il célèbre les doigts inspirés de l'artiste plein de talent qui sut évoquer les sons célestes de cet instrument. Pour moi qui n'ai pas entendu ces sons célestes, je suis obligé de me ranger à l'avis de MM. Haude et Spener, et d'avouer que les effets énergiques de l'harmonica, il y a quelques années, sont complétement aujourd'hui évanouis. D'un autre côté, j'opine que nos nerfs sont restés tout à fait les mêmes et que notre tympan, bien qu'on le tourmente en effet d'une manière terrible avec les timballes et les trompettes, est toujours capable de s'assimiler les effets des doux sons célestes. Permettez-moi, digne ami et monsieur, d'indiquer en peu de mots où en est la chose d'après mon jugement musical. La sonorité en musique est absolument la même chose que les couleurs en peinture. L'une et l'autre, sonorité et couleur, sont, en elles-mêmes et par elles-mêmes et dans une variété incalculable, capables des plus grandes et des plus admirables beautés; mais il reste la matière brute qui doit d'abord se modeler pour agir profondément et d'une manière durable sur la sensibilité humaine. Le degré de cet effet déterminera le degré de la beauté et de la perfection auxquelles ce modèle a réussi à parvenir.

« Ce n'est pas la coloration du vert, c'est la forêt avec la splendeur attrayante de ses tons qui éveille dans nos poitrines l'extase et la douce mélancolie. Le bleu profond du ciel nous paraît bientôt aride et triste quand il ne s'élève pas dans l'horizon des nuages formant mille images toujours changeantes. Appliquez cela à l'art et pensez, très-digne ami, comme vous seriez bientôt fatigué, ou quelle espèce de chatouillement momentané des sens cela exciterait en vous si vous ne pouviez voir les plus belles couleurs que dépourvues de toute espèce de formes. Pensez à la fade gamme de couleur du père Castel. Il en est de même dans la musique; la sonorité n'ébranlera profondément notre sensibilité que lorsqu'elle est mélodie ou harmonie; bref, quand elle s'est modelée en musique.

« Si maintenant *l'Impartial allemand* trouve que l'harmonica est de tous les instruments le plus beau et le plus harmonieux, je lui répondrai en musicien, dans toutes les fibres de ma chair que je suis, que l'harmonica, au point de vue musical, est l'instrument le plus pauvre et le plus incomplet qui existe; je ne dirai rien de l'incongruité de tous ces petits airs, de ces petites variations, de ces petites

13

polonaises et autres enfantillages insipides qu'on a l'habitude de jouer avec cet instrument; je me bornerai à observer que chaque mélodie sur l'harmonica paraît raide, sans flexibilité pour les oreilles fines. Cela tient au mécanisme de l'instrument, qui empêche l'exécutant le plus habile de *lier* les sons dans le sentiment de l'art. Ce même mécanisme rend impossible tout trait rapide; en revanche, l'harmonica a le même avantage que l'orgue de prolonger le son aussi longtemps que le doigt reste sur les touches; cette propriété a pour conséquence que l'instrument ne peut rendre que les passages lents, d'un style sévère.

« Mais pour que, excellent ami, vous sachiez tout de suite ce que je veux dire sans que je sois obligé d'employer beaucoup de mots, je voudrais mettre sous vos yeux le *Benedictus* travaillé en canon du vieux Palestrina, que j'ai devant moi sur le pupitre, et à l'exécution duquel tous les pianistes sont obligés de renoncer. Ce morceau conviendrait très-bien à l'harmonica et produirait beaucoup d'effet; mais, je le sais, vous n'avez point d'harmonica, et si maintenant vous vous trouviez avec mon digne exemple auprès de tel ou tel monsieur qui se rendrait auprès de telle ou telle dame sachant parfaitement caresser le verre, vous les verrez alors se répandre en gémissements exagérés sur des cordes trop tendues, etc., et se plaindre de la *difficulté d'exécution* du morceau impossible à exécuter; cependant il ne s'agit que de bien répartir les quatre parties du *Benedictus* entre les deux mains. C'est là le difficile. *Hinc illœ lacrymœ.*

« Vous pensez peut-être, très-digne ami, que dans de pareilles compositions l'harmonica peut développer une immensité de richesses harmoniques, et que sur aucun instrument au monde, à l'exception de l'orgue, le choral ne doit mieux résonner; mais encore ici l'imperfection empêche tout effet durable.

« Cette imperfection consiste dans les petites proportions de l'instrument, chez lequel les basses profondes manquent complétement, de sorte que les morceaux en style lié, de même que les chœurs, paraissent maigres, et comme on dit dans la langue artistique, sonnent *grêles* *.

« S'il est avéré maintenant que l'harmonica rend si peu en musique, il ne faut attribuer l'admiration qu'il a excitée qu'à sa sonorité, et, je dirai mieux, à l'amour de la nouveauté. Cette admiration, cette faveur pour la sonorité sans formes ne pouvait durer longtemps, et devait nécessairement disparaître d'autant plus vite que les exigences musicales restaient moins satisfaites; de plus l'harmonica nous arriva justement à l'époque des nerfs faibles, et comme on se mit à dire que l'harmonica agissait magiquement sur les nerfs, il ne pouvait pas manquer que l'instrument s'emparât de toutes les âmes sensibles. Il eût été de la plus haute inconvenance pour toute fille un peu bien élevée de ne pas s'évanouir d'une manière passable aux premiers sons de l'instrument; elle aurait couru le risque de devenir sur le coup parfaitement indifférente au doux jeune homme qui l'inondait depuis si longtemps de ses regards fondants; même quelques dames déjà un peu mûres rêvaient qu'elles rebroussaient à dix ou quinze ans de leur existence, à travers toutes les douleurs d'une heureuse extase, en rencontrant un cœur et

---

* Au lieu de grêles, il y a *jeunes* dans le texte.

un petit roman avec. Je n'ose penser à l'usage que Mesmer aurait pu faire de cet instrument.

« L'époque des faibles nerfs et des évanouissements est maintenant passablement loin de nous.

« Il me faut encore rappeler ce grand inconvénient, que l'on cherche toujours à tapoter sur l'harmonica des choses qui ne lui conviennent pas du tout, et qu'on n'y entend presque jamais des compositions dans le style sévère et lié. Ceci provient simplement de ce que les exécutants ne sont pas capables de les jouer.

« Bien qu'il puisse paraître facile, très-digne ami et monsieur, de jouer un morceau tel que le *Benedictus* de Palestrina, je puis cependant vous assurer que c'est une affaire toute particulière à laquelle peu de personnes s'entendent. La Kirchgessner jouait tout à fait misérablement le style lié ; Pahl ne jouait pas beaucoup mieux ; quant à madame K***, je ne l'ai pas entendue, l'absence de mon parapluie, comme je vous l'ai dit, m'en a empêché ; je m'abstiens donc de tout jugement sur elle.

« Le meilleur joueur d'harmonica que j'aie entendu dans ces derniers temps, était un charmant homme de mœurs douces et agréables, qui vint demeurer quelques jours dans la même maison que moi, à son retour de la campagne de France ; je veux désigner par là mon estimable ami le colonel des Baschkirs, Tetulow Pripop, qui, à tort, est peu connu dans le monde musical. Il fut entièrement possédé par l'harmonica qu'il trouva dans ma maison ; il en jouait la journée entière et savait tirer de cet instrument les sons les plus étranges que l'on pût entendre ; et les mélodies, les accords qu'il faisait entendre étaient de la plus merveilleuse originalité. Ce certain son inimitable que quelques joueurs d'harmonica, d'ailleurs habiles, ne produisent que par-ci par-là, et que les gens non impressionnables trouvent pareil au grattement d'un couteau sur une vitre, ce son, le colonel le possédait tellement, qu'il pouvait y rester sans interruption. Le palefrenier de mon bon Tetulow Pripop, un jeune gaillard gai, ayant une physionomie de tigre charmante et intéressante, était si hors de lui de la virtuosité de son maître, qu'il se précipitait par terre en hurlant et venait lui baiser les pieds. Mais il n'y avait rien d'étonnant que cet homme sentît si fortement, car lui aussi était musicien, et en soufflant dans son long et mince sifflet de Baschkir, il savait réveiller en vous un enthousiasme tout à fait idyllique. On se croyait immédiatement transporté sur les bords de la plus belle mare (à crapauds) où jamais cœur sensible ait pu s'asseoir.

« Je me rappellerai éternellement la dernière fois que Tetulow Pripop joua de l'harmonica : dominé par le sentiment intérieur, il avait ôté son grand bonnet pointu de fourrure de renard et de plus trois autres petits bonnets qu'il portait dessous ; il n'avait conservé qu'une petite toque rouge pendant qu'il touchait et faisait entendre les sons célestes les plus enchanteurs, si bien que son tigre hurlait, et se lamentait d'une manière effrayante.

« Comme pris d'une douleur déchirante à l'occasion du départ de l'ami tant aimé, la plupart des verres de l'instrument finirent par éclater; là-dessus, le colonel des Baschkirs, Tetulow Pripop, mit des gants blancs glacés et s'empressa d'aller au-devant de son régiment (*Pulke*).

« Je n'ai plus revu ce charmant ami.

« Écrivez donc, très-digne monsieur et ami, à M. Gerber de Sandershausen pour qu'il pense à citer avec l'honneur qui lui revient, dans la nouvelle édition de son Lexique musical, mon digne colonel Tetulow Pripop. Portez-vous bien. »

LES MÉPRISES

EXTRAITS DES MÉMOIRES D'UN FANTASQUE*.

I

PERDU ET RETROUVÉ.

Le numéro 82 du journal de Haude et Spener pour l'année 18..., contenait l'avis suivant :

« Un jeune homme dont voici le signalement exact : yeux bruns, cheveux bruns, favoris en désordre, habits noirs, qui a trouvé dernièrement sur un banc du jardin des plantes, près de la statue d'Apollon, un petit portefeuille bleu à fermoir d'or, qu'il a sans doute ouvert, est invité (car on se doute qu'il n'habite pas Berlin), à se trouver, le 24 juillet de l'année prochaine, à Berlin, à l'hôtel du *Soleil-d'Or*, chez madame Obermann. De plus amples renseignements, qui sans doute l'intéresseront, lui seront donnés sur le contenu de ce portefeuille. Dans le cas où ledit jeune homme mettrait à exécution le projet

---

* Les *Méprises* ont été publiées par M. Édouard Degeorge, dont la manière de traduire est si remarquable qu'il est difficile d'y trouver un mot à changer. Aussi, me suis-je considérablement aidé de sa traduction pour ce morceau seulement.

qu'il médite d'aller voyager en Grèce, on l'engage vivement à s'arrêter à Patras, chez le consul prussien, Andreas Condoguri, et à lui représenter le portefeuille en question. Un doux mystère lui sera révélé. »

Le baron Théodore de S..., lisant ce journal au Casino, fut saisi d'étonnement et de joie. Quel autre que lui pouvait concerner cet avis, puisque un an auparavant, il avait trouvé dans le jardin des plantes, à la place désignée par le journal, le petit portefeuille bleu à fermoir d'or. Le baron Théodore de S... était un de ces hommes dont la vie n'offre rien d'extraordinaire, mais qui voient du surnaturel dans les moindres événements, et qui croient que la destinée leur réserve des événemennts miraculeux. Aussitôt qu'il eut trouvé ce portefeuille, appartenant certainement à une femme, il rêva une aventure; mais, plus tard, des événements plus importants le lui avaient fait oublier. La surprise du baron fut donc extrême en lisant dans le journal une aventure dont le début s'annonçait étrangement.

Pourtant, deux choses le contrariaient : d'abord on signalait comme bruns ses yeux qu'il avait toujours cru bleus; ensuite ses favoris étaient dépeints comme en désordre. Ce dernier point lui fut d'autant plus sensible, que lui-même se chargeait de leur entretien, prenait ce soin important devant une excellente glace à toilette de la fabrique de Paris, et que le meilleur coiffeur du théâtre l'avait déclaré passé maître en cet art.

Le baron, s'étant suffisamment chagriné sur cet article, fit les réflexions suivantes. Pourquoi a-t-on attendu près de dix mois pour faire insérer cette invitation? Serait-ce pour m'avoir fait surveiller et prendre des renseignements sur moi? Mais puisqu'on me connaissait assez pour me confier un secret, était-il nécessaire de m'envoyer en Grèce? Une femme seule peut tremper dans ce tendre mystère... Je ne puis douter qu'entre moi et cette aimable personne qui oublia le portefeuille sur le banc, tout près de la statue d'Apollon, il n'existe de mystérieux rapports, donc on me promet la clé chez madame Obermann, au Soleil-d'Or, à Berlin, ou à Patras, en Morée. Peut-être alors des songes ravissants, des pressentiments amoureux se transformeront-ils en une vivante réalité? ainsi que dans les contes de fées, ce secret révélé me remplira d'un bonheur céleste. Mais où diable ai-je mis le mystérieux portefeuille?

Le point était critique; d'un seul coup il pouvait détruire ces beaux rêves. Le baron chercha en vain l'objet bleu à fermoir d'or; il finit par se rappeler que, le jour même de sa trouvaille, une violente colère s'était emparée tellement de son esprit, qu'il avait oublié complétement le petit portefeuille. Ce jour-là il était habillé d'un des plus élégants habillements coupés par les ciseaux artistiques de Freitag *. Neuf barons, cinq comtes et presque tous les jeunes gens à la mode avaient juré sur leur foi de nobles que le frac était divin, le pantalon délicieux. Cependant le comte T..., le roi des élégants, n'avait pas encore prononcé son jugement. Le hasard fit que le comte rencontrât le baron de S... sous les tilleuls, à l'instant même où celui-ci sortait du jardin des plantes et venait de trouver le portefeuille. — Bonsoir, baron, lui cria le

---

* Célèbre tailleur de Berlin.

comte, qui le lorgna un instant, puis dit d'un ton sec et méprisant en tournant les talons : la taille trop large d'un huitième de pouce.

Le baron, pour ce qui était de la toilette, tenait trop à la mode et à ses conventions pour ne pas souffrir de l'énorme faute dont après tout il devait s'accuser lui-même. La pensée qu'il s'était promené tout un jour dans les rues de Berlin avec une taille trop large, était pour lui un remords sans égal. Il rentra brusquement, se déshabilla et ordonna à son valet de chambre d'éloigner de ses yeux ce malencontreux vêtement. Il ne se consola que lorsque, quelques jours après, un nouveau frac noir, toujours de la coupe du tailleur Freitag, fut déclaré irréprochable par le comte E... Cette explication n'est-elle pas suffisante pour faire connaître comment cette taille trop large fut cause de la perte du portefeuille, perte dont le baron était inconsolable?

Plusieurs jours s'étaient écoulés, depuis la promenade au jardin des plantes, quand le baron eut l'idée de visiter sa garde-robe. Le valet de chambre ayant ouvert l'armoire où il mettait les habits que son maître ne portait plus, une odeur pénétrante d'essence de roses s'en échappa. Interrogé par le baron, le domestique dit que ce parfum provenait d'un certain habit noir dont la taille était trop large, qu'il avait suspendu là quelques jours avant, son maître ayant défendu de le lui représenter.

Ces mots furent un trait de lumière pour le baron qui se rappela avoir serré dans la poche de son frac le précieux portefeuille et de l'y avoir oublié; il se rappela aussi que ce portefeuille avait une odeur bien prononcée d'essence de roses.

L'habit examiné, le fait se vérifia. On se figure avec quel empressement le baron ouvrit le fermoir d'or pour prendre connaissance du contenu du portefeuille. Rien n'était plus étrange.

D'abord le baron trouva un tout petit couteau d'une forme bizarre, ressemblant assez à un instrument de chirurgie. Un ruban de soie de couleur paille attira ensuite son attention. Des caractères étrangers assez semblables aux caractères chinois se dessinaient en noir sur le tissu ; enfin, une fleur inconnue et desséchée était renfermée dans une enveloppe de papier de soie. Mais le baron fut frappé par-dessus tout à la vue de deux feuillets écrits : l'un contenait des vers, malheureusement écrits en une langue étrangère même à plus d'un habile diplomate, en grec moderne. L'écriture du second feuillet était si fine, qu'elle ne semblait pas lisible sans le secours d'un microscope ; cependant le baron, à sa grande joie, parvint à déchiffrer ces caractères en italien, langue qu'il possédait à fond.

Dans une poche étroite du portefeuille un petit flacon d'essence de roses plié dans un fin papier et scellé hermétiquement, contenait l'odeur qui avait parfumé le portefeuille et l'habit. Sur le papier un mot était écrit en caractères grecs : Σχνουεσπελπολδ.

Le jour suivant le baron, ayant rencontré chez le restaurateur Jagorsch le conseiller privé Wolf, lui demanda la traduction de ce mot. A peine le conseiller Wolf eut-il jeté les yeux sur l'adresse que le baron lui montrait, qu'il partit d'un éclat de rire et affirma qu'il ne lisait là que SCHNUSPELPOLD, nom qui ne se trouvait point dans Homère, par une bonne raison : SCHNUSPELPOLD était d'origine allemande et point du tout grecque.

Malgré les connaissances de la langue italienne, le baron n'en eut pas moins beaucoup de peine à déchiffrer le feuillet dont il vient d'être parlé : l'écriture ressemblait à cette impalpable poudre qu'on emploie pour la guérison des yeux malades, et plusieurs endroits étaient en partie effacés ; puis, celle à qui appartenait le portefeuille (que ce fut une femme, on n'en pouvait douter) n'avait tracé que des pensées détachées, un brouillon de lettre adressée à une amie intime, une sorte de cahier de notes. Bref, le baron se creusa inutilement le cerveau et s'abîma les yeux,

II

LE FEUILLET DU PORTEFEUILLE.

« En somme, la ville est bien bâtie. Toutes rues tirées au cordeau et vastes places. Çà et là on rencontre des allées plantées d'arbres à moitié desséchés ; lorsque le vent pousse en murmurant devant lui des tourbillons de poussière, on les voit agiter tristement leur chevelure d'un gris cendré. Pas une seule fontaine d'où jaillisse une eau fraîche et vive et qui offre une saine boisson ; aussi les marchés sont-ils peu fréquentés. Le bazar, situé à côté de moulins bruyants, est petit et caché ; quelle différence avec celui de Constantinople ! Absence de somptueuses étoffes, de riches bijoux, qui ne se vendent que dans des maisons particulières. La plupart des marchands se poudrent les cheveux, sans doute pour gagner la confiance par un extérieur plus respectable ;

aussi vendent-ils fort cher. Il y a peu de palais qui soient bâtis en marbre; il faut que les carrières manquent dans les environs. Les matériaux pour la construction consistent en petites pierres cuites, de forme oblongue, d'un rouge désagréable, connues sous le nom de briques. J'ai remarqué quelques pierres de taille, quelques façades tout au plus en granit et en porphyre.

Cependant je désirerais bien que tu pusses voir, chère Chariton, la très-belle porte qui est ornée d'un quadrige et de la statue de la déesse de la Victoire. Elle rappelle le style simple et noble de nos ancêtres. Mais pourquoi te parler si longuement de blocs de pierre froids et morts, qui pèsent sur ce cœur brûlant et menacent de l'étouffer? Loin, loin de ce désert! Avec toi, mon amie, avec toi... Mais non... Mon Magus a été aujourd'hui plus fantasque et plus méchant que jamais; il avait trop dansé après son dîner, et s'était foulé le pied. Était-ce de ma faute? était-il juste de me tourmenter, de m'accabler de reproches? Quand parviendrai-je à briser les chaînes que me fait porter ce monstre exécrable? Il me réduit au désespoir... Je lui ai frotté le pied avec du baume de la Mecque, et je l'ai couché; aussitôt il est devenu tranquille. Mais il n'est pas resté longtemps au lit; il s'est levé, a fait son chocolat et m'en a offert une tasse. Je ne l'ai pas bue de crainte qu'il n'y eût glissé de l'opium pour m'endormir et me métamorphoser, comme il l'a déjà fait souvent.

Affreux soupçons! préventions injustes et fatales!... Aujourd'hui mon Magus a été la douceur, la bonté même. Du bout de mes ongles je grattais doucement sa tête chauve; ses grands yeux noirs et brillants s'enflammaient; il paraissait ravi. — Tout à l'heure! tout à l'heure! s'écria-t-il. En même temps il alla chercher ses outils, et appliqua sur un châle à fond rouge sombre la plus magnifique bordure d'or qu'on puisse souhaiter. Je l'enveloppai dans le châle, et après que, selon son habitude, il se fut vissé l'électrophore* à l'occiput, nous nous dirigeâmes vers l'agréable bois qu'on rencontre en sortant par la porte de la Victoire. Il n'est besoin que de faire quelques pas pour se trouver sous ces belles allées couvertes et sombres.

Dans le bois, mon Magus retomba dans son humeur bizarre. Je vantai la promenade, il me tança vertement. A l'en croire, je ne devais pas sottement m'imaginer que j'avais sous les yeux des arbres, des bosquets, des gazons, de l'eau et des campagnes véritables. La couleur détrempée de ces objets prouvait bien que ce n'étaient-là que des décors fabriqués avec un art trompeur. — A l'approche de l'hiver, assurait-il, le tout est emballé, transporté à la ville et loué aux confiseurs, qui s'en servent pour leur étalage. « Si je voulais apercevoir un échantillon de la nature, il me conduirait, disait-il, au théâtre; ce n'est que là, dans ce pays, où l'on voit des choses sérieuses en ce genre; d'habiles créateurs attachés à cet établissement manipulent savamment vallons et montagnes, bocages et grands arbres, les eaux et le feu. » Combien ces propos me contrariaient?

Je voulus m'asseoir à la place qui me rappelle le temps si doux où je t'avais pour compagne, ô ma bien-aimée Chariton, ce rond-point entouré d'un taillis épais, et au milieu la statue d'Apollon. La mauvaise humeur de mon

---

* *L'électrophore* en physique est un petit instrument qui donne sans frottement une source intarissable de fluide électrique. (G—y.)

Magus redoubla. — Cette maudite poupée, disait-il, lui était un objet d'inquiétude et d'épouvante. Le mieux à faire était de lui casser le nez, et de lui administrer une volée de coups de bâton, afin qu'elle ne pût pas s'animer. » Il levait déjà sur la statue sa longue et solide canne de jonc. Figure-toi l'état dans lequel j'étais en voyant mon Magus se conduire d'après les principes de ce peuple odieux qui, dans son superstitieux égarement, brise le nez à toutes les statues, de crainte qu'elles ne deviennent vivantes. Je me précipitai sur lui, arrachai la canne de ses mains, et l'emportai lui-même sur un banc. Là, il se mit à rire ironiquement, et dit qu'il ne fallait pas avoir la simplicité de croire que la statue qui était devant moi fut taillée dans la pierre. Je n'avais qu'à regarder avec attention ce corps informe, gonflé comme un ballon, et qui, suivant une expression de Benvenuto Cellini, ressemblait à un sac plein de citrouilles.

— Ici, ajouta-t-il, tel est le procédé dont on se sert pour confectionner ces statues : on amasse un tas de sable, puis on souffle adroitement au beau milieu jusqu'à ce que la figure soit modelée.

Mon Magus me pria de lui permettre de s'écarter un peu; il désirait aller jusqu'au bord de la pièce d'eau pour écouter les grenouilles. Je le lui permis volontiers, et lorsqu'il eut...

Le ciel s'empourpra des rayons du soleil couchant. Des étincelles se glissèrent de feuille en feuille sur la sombre ramure. Quelque chose remua dans les branches du bosquet au-dessus de ma tête. Un rossignol fit entendre des sons plaintifs; mon cœur fut pénétré d'une tristesse voluptueuse. Poussé par une aspiration irrésistible, par un désir ardent, je fis ce que je n'aurais pas dû faire... Tu connais, ô ma Chariton, le ruban magique, ce présent séducteur de notre ancêtre ; je le tirai de ma poche et le roulai autour de l'artère de mon bras gauche. Aussitôt l'oiseau voltigea à mes pieds, et se mit à me chanter dans la langue de mon pays :

« Pauvrette, pourquoi t'enfuir ici ! Peux-tu échapper à la mélancolie, aux regrets cuisants? Ici comme là-bas ils t'enlaceront dans leurs liens, et loin de ta patrie hospitalière, la douleur qui suit les espérances trompées ne te fera-t-elle pas de plus profondes blessures? Celui qui te poursuit est derrière toi. Fuis, fuis, pauvrette ! Mais tu veux le tuer ! la mort dans l'amour ? Donne-la-moi, donne-la-moi, et toi, vis dans la félicité; le sang qui coulera de mon cœur en éveillera le pressentiment dans ton sein. »

Le rossignol vola sur mes genoux. En proie à une sorte de fascination, d'ivresse, je tirai mon petit instrument de meurtre... Heureusement le Magus parut; le rossignol s'envola. J'arrachai le ruban de mon bras, et...

Un frisson parcourut tout mon être. Même chevelure, mêmes yeux, même démarche noble et fière, seulement défigurée par l'extravagant et abominable vêtement qui est en usage dans cette contrée. Ce serait peine inutile, ma chère Chariton, d'essayer de t'en donner une idée ; je n'en pourrais venir à bout. Contente-toi de savoir que l'habit de dessus, qui est chez nous l'ornement des hommes, est ici d'une couleur sombre, généralement noir, taillé de manière à imiter la queue et les ailes de cet oiseau qui hante le bord des ruisseaux et qu'on appelle ici *lavandière*. La queue est surtout figurée par la partie de ce vêtement que l'on nomme *les pans*, et dans laquelle on ménage des poches.

destinées à contenir les objets nécessaires à certains besoins, comme le mouchoir, etc. Une chose également singulière, c'est que les jeunes gens de condition trouveraient indécent de faire voir leurs joues et leur menton nus; l'un et l'autre sont recouverts par la barbe qu'on y laisse croître, ainsi que par une petite pièce de batiste bien raide, qui s'élève des deux côtés du visage au-dessus d'une bande d'étoffe nouée autour du cou. Ce que je trouve encore plus étrange, c'est la coiffure : elle consiste en un bonnet cylindrique recouvert de poils courts et rudes, qui a un bord rond. On nomme cela un chapeau.

Ah! Chariton, malgré cet affreux déguisement, je l'ai reconnu! Quelle puissance infernale me l'a ravi? S'il m'avait vue!

Mais je jetai précipitamment le ruban autour de mon cou; il passa devant moi, et je restai invisible pour lui. Cependant il parut pressentir la présence d'un être ami, car, non loin de moi, il se jeta sur un banc, quitta son chapeau, et fredonna un air dont les paroles voulaient à peu près dire : « Laisse-toi voir, » ou : « Mets-toi à la fenêtre. » Ensuite, il tira de sa poche un étui, en sortit un curieux instrument qui s'appelle ici des *lunettes*, les plaça sur son nez, les assujettit derrière les oreilles, et regarda fixement, à travers les verres polis et brillants, du côté où j'étais assise. Je fus épouvantée. Ces verres magiques, talisman puissant, ne pouvaient-ils pas détruire le charme? Je me crus perdue, mais le malheur que je craignais n'arriva pas. Moment le plus fatal de ma vie! Comment parviendrai-je à te faire comprendre, ô ma chère Chariton! l'émotion inénarrable qui me pénétra?... Je vais essayer, néanmoins. Maria est une bonne et charmante enfant ; bien qu'elle ne soit pas de notre religion, elle respecte nos pratiques, est convaincue de la vérité de notre croyance. Dans la nuit qui précède la Saint-Jean, j'échappai à la surveillance de mon Magus. Maria s'était emparée de la clé de la porte de sortie ; elle m'attendait en bas avec un joli vase. Nous nous acheminâmes toutes deux, dans le plus profond silence, vers le bois, et recueillîmes dans la citerne l'eau sacrée, dans laquelle nous jetâmes les pommes saintes. Le lendemain matin, après avoir prié Saint-Jean avec ferveur, nous plaçâmes le vase sur nos quatre pouces que nous tenions étendus. Il s'inclina à droite, il s'inclina à gauche, se balançant et tremblant... Notre espoir était vain !

Mais après m'être lavé la tête, le cou et la poitrine avec l'eau mystérieuse dans laquelle se trouvaient les pommes consacrées, je me dirigeai, soigneusement voilée, vers la promenade appelée *les Tilleuls*, sans que mon Magus, qui rêvait son interminable rêve, s'en aperçut. Bientôt une vieille femme appela plusieurs fois de suite à haute voix :

— Théodore ! Théodore !

O ma Chariton ! tremblante d'effroi et de bonheur, je faillis perdre connaissance et tomber à la renverse... Oui, c'est bien lui !... c'est lui-même !... Oh ! vous, saints vénérés !... Un prince jadis riche, puissant, respecté, aujourd'hui sans patrie, errant en habit de lavandière et en chapeau de poils de castor !... Si j'avais pu seulement !...

Mon Magus, dans sa mauvaise humeur, tient tout cela pour de folles imaginations. Il n'y a pas moyen de le décider à de plus amples recherches. Elles lui seraient pourtant bien faciles : il n'aurait besoin que d'aller dans le bois, à l'endroit où j'ai vu Théodore, de couper un morceau de la pomme consacrée, de le manger, et de boire une gorgée de l'eau mystérieuse. Mais il ne veut pas, il ne veut pas absolument. Il est plus bourru que jamais. Je suis obligée de le châtier de temps en temps, ce qui, hélas! ne fait que lui donner plus de puissance sur moi. Cependant si mon bien-aimé Théodore!...

J'ai eu de la peine à la lui apprendre, mais maintenant ma Maria danse à merveille la Roméca; on ne la danse pas mieux chez nous... La belle nuit! chaude et embaumée, éclairée par les rayons vaporeux de la lune... Le bois était silencieux et comme étonné d'entendre nos chants. De temps à autre, un soupir, un léger bruit, agitaient les feuilles; on eût dit que de petits Elfes sautillaient de branche en branche. Lorsque nous cessions de chanter, les voix mystérieuses des esprits de la nuit s'élevaient au milieu du silence et nous invitaient à de nouvelles chansons. Mon Magus avait apporté un théorbe avec son électrophore; les accords de la Roméca résonnaient solennellement. J'étais si contente de la manière dont il en jouait, que je lui promis du miel blanc pour son déjeuner du lendemain.

Il était bien plus de minuit quand nous crûmes voir des gens qui se dirigeaient, à travers le taillis, du côté du gazon sur lequel nous étions assis. Nous nous enveloppâmes de nos voiles, et nous nous mîmes à fuir de toute la vitesse de nos jambes. Précipitation inconsidérée! précipitation funeste! Pour la première fois, l'oiseau se fâcha; mais il ne dit que des sornettes, et refusa de répondre à nos questions, sous prétexte qu'il n'était point un professeur, mais bien un perroquet. Précipitation inconsidérée! précipitation funeste! Bien certainement c'était Théodore; il venait à nous, et.., Mon Magus a eu si peur que j'ai été obligée de le faire saigner.

L'excellente idée! Je me suis avisée aujourd'hui de graver avec un petit couteau sur l'écorce de l'arbre sous lequel j'étais assise lorsque Théodore était en face de moi, sans qu'il m'aperçut, les mots suivants : « Théodore, n'entends-tu pas ma voix?... C'est... elle t'appelle... une mort redoutable... jamais... il périra... Constantinople... une résolution inébranlable... l'oncle... bonheur... »

III

VOYAGE EN GRÈCE.

La lecture de ce feuillet, dont les dernières lignes étaient malheureusement tout à fait effacées et illisibles, jeta le baron dans un état d'exaltation extraordinaire.

Tout autre à sa place, une personne même moins sujette que lui à se mettre en tête des chimères, eût ressenti de l'étonnement. Outre le mystère qui régnait dans tout cela, l'existence d'un être bizarre, appartenant au sexe féminin, pratiquant les sciences occultes, en rapport avec un principe magique, lui commandant et lui obéissant tour à tour, devait exciter au plus haut degré l'intérêt; mais se voir pris lui-même dans le cercle enchanté que cette feuille d'écriture, ou plutôt l'inconnue de laquelle elle provenait, avait tracé, n'y avait-il pas de quoi en perdre la tête?

Tout à coup il se rappela que, se promenant un jour dans le parc, il s'était reposé sur un banc en face de celui sur lequel il avait trouvé le portefeuille, qu'il avait cru entendre de légers soupirs, et qu'apercevant une femme assise vis-à-vis de lui et cachée sous un long voile, il avait mis ses lunettes, mais qu'alors il n'avait plus rien vu, absolument rien. Il se souvint aussi d'une nuit où, revenant fort tard avec quelques-uns de ses amis de chez le veneur de la cour, ils distinguèrent dans l'éloignement les sons d'un instrument inconnu, des chants étranges qui sortaient d'un endroit épais du bois. S'étant dirigés du côté où l'on faisait cette musique, ils virent deux fantômes blancs qui prenaient la fuite; l'un deux portait sur les épaules quelque chose de rouge qui reluisait à la clarté de la lune. Et, d'ailleurs, le nom de Théodore, écrit sur le feuillet, n'était-il pas décisif?

Le baron courut en toute hâte vers le parc, à la recherche de l'arbre dont parlait l'inconnue; il espérait trouver le secret de l'énigme, mais il ne vit gravés sur l'écorce que les mots tracés sur le portefeuille. Par un jeu singulier du hasard, tous les mots effacés sur le feuillet devenaient illisibles sur l'écorce, qui s'était cicatrisée et rapprochée en cet endroit-là.

— Merveilleuse sympathie de la nature! s'écria le baron avec une sorte d'extase.

Et il pensa à ces deux meubles jumeaux dont parle Goethe, tirés du même tronc, et dont l'un se fendit de haut en bas au moment où l'autre, placé dans un château fort éloigné, devenait la proie des flammes.

— O ma sublime inconnue! continua le baron sur le

même ton, enfant du ciel venue de la patrie des dieux, il y a longtemps que mon cœur se consume pour toi d'un désir sans nom, ô mon seul amour! Je m'ignorais moi-même; le portefeuille bleu au fermoir d'or est le miroir magique à l'aide duquel j'ai aperçu pour la première fois mon propre moi révélé par ton amour. Je pars à ta recherche, je pars pour ce pays où sous un ciel doux fleurit la rose des éternelles amours!

Et le baron commença les préparatifs d'un voyage en Grèce. Il lut Fontini, Bartholdi, tous les récits de voyages qu'il put réunir ; il fit faire une berline confortable, rassembla la somme nécessaire à ses dépenses, se mit en devoir d'apprendre le grec, et commanda au tailleur du théâtre un fort joli costume grec moderne. (Il avait entendu dire à un voyageur que, pour parcourir la Grèce en toute sécurité, il était bon d'être vêtu comme les indigènes.)

On se doute bien que, durant ces préparatifs, notre baron n'oublia pas la propriétaire inconnue du portefeuille bleu. Il s'en était fait une image apparaissant toujours devant ses yeux, distincte et vivante ; sa taille prise était élevée et délicate, ses formes d'une régularité harmonieuse, sa contenance pleine de grâce et de majesté, son visage, le type enchanteur qui, dans les antiques, nous ravit et nous étonne ; les plus beaux yeux du monde, des cheveux abondants, noirs, magnifiques, c'est-à-dire, en tous points, semblable aux portraits des Grecques qu'a tracés l'enthousiaste Sonini, et de plus, ainsi que ce qui était écrit sur le portefeuille en faisait foi, un cœur capable d'une grande passion, de dévoûment, d'une fidélité sans bornes. Manquait-il quelque chose au bonheur de l'heureux Théodore? Oui, quelque chose : il ignorait le nom de la beauté. Quel dommage! quel préjudice cela causait à ses exclamations! Les œuvres de Wieland l'aidèrent bien un peu, en ce qu'il nomma sa bien-aimée, en attendant une appellation plus exacte, *Musarion*. Il fut alors en état de composer quelques vers, passablement mauvais, sur la charmante inconnue.

Il voulut essayer la puissance du ruban magique; il ne doutait pas de l'avoir en ses mains. Il alla donc dans le bois, roula le ruban autour de son bras gauche, et prêta une oreille attentive au chant des oiseaux ; mais il n'y comprenait pas grand'chose. Un serin vert étant venu se poser sur une branche rapprochée, tout ce que le baron crut saisir dans le langage de l'oiseau effronté fut ceci : « Pied de lièvre, pied de lièvre, petit fat, retourne à la maison, ou je te siffle, je te siffle! » Le baron tressaillit, et s'éloigna avec vivacité, sans pousser plus loin son expérience.

Si l'interprétation du chant des oiseaux lui avait mal réussi, il ne fut pas plus heureux en essayant de se rendre invisible. Bien qu'il eut mis autour de son cou le fameux ruban, le capitaine de R., qui se promenait sous les tilleuls, prit brusquement l'allée isolée que le baron espérait traverser sans être vu, fondit sur lui, et le pria en termes pressants de vouloir bien se souvenir, avant son départ, d'une petite dette de jeu d'une cinquantaine de frédérics d'or.

Le tailleur rendit le costume. Le baron trouva que ce vêtement lui allait à ravir, que le turban surtout donnait à sa physionomie une expression étonnante. Il savait bien qu'il était joli garçon ; mais cette expression ! cette expression !... il n'en revenait pas.

Il prit en horreur son habit de lavandière, sa coiffure de poils de castor. Il ne se serait montré partout qu'en costume grec moderne, s'il n'eût craint les railleries des comtes et des barons anglomanes.

Son négligé habituel : une robe de chambre en damas, un bonnet grec, une longue pipe turque, l'avait déjà un peu orientalisé. La transition au costume en question était toute naturelle.

Ainsi accommodé, le baron s'assit à la turque, les jambes croisées, sur son sofa, ce qui, à la vérité, lui causa de violentes douleurs, fumant du tabac du Levant, et tirant d'un magnifique bout d'ambre des nuages de fumée qu'il chassait capricieusement devant lui.

A ce moment la porte s'ouvrit, et son oncle, le vieux baron Achatius de F..., entra.

Le baron Achatius, en reconnaissant dans ce Grec moderne son propre neveu, recula de trois pas, frappa des mains et s'écria :

— Il est donc vrai !... On ne m'a pas trompé... Le peu de bon sens que possédait monsieur mon neveu l'a donc abandonné !

Le baron qui avait des raisons pour ménager un oncle vieux garçon et colossalement riche, voulut sauter à bas du sofa pour aller à lui. Mais ses jambes, qui n'avaient pas l'habitude de cette position incommode, s'étaient engourdies. Il ne put en fait usage, et vint tomber aux pieds de son oncle, en perdant son turban et sa pipe, dont le contenu s'échappa tout brûlant sur le riche tapis turc. L'oncle riait aux éclats, tout en éteignant sous son pied le tabac enflammé. Il aida le Grec moderne, qui était tout étourdi, à reprendre position sur le sofa et lui dit :

— Eh bien ! mon neveu, quelle est cette folie ? Est-il vrai que tu comptes partir pour la Grèce ?

Le baron pria son oncle de lui accorder un moment d'attention, et sur un signe d'assentiment de ce dernier, il raconta, depuis le commencement jusqu'à la fin, tout ce qui lui était arrivé : la trouvaille du portefeuille dans le parc, l'avis du journal de Haude et Spener, et la résolution qu'il avait prise de se rendre directement à Patras, de présenter au consul Andreas Condoguri le portefeuille bleu et de lui demander l'explication du mystère.

— J'avoue, dit l'oncle, que l'avis du journal de Haude et Spener était fait pour exciter la curiosité de la personne entre les mains de laquelle le portefeuille devait tomber, surtout lorsque cette personne est, comme toi, un jeune homme à la tête ardente. Il est même possible que tu sois vraiment celui qu'on désigne. Quant à celle qui a écrit le billet que tu m'as lu, si elle n'est pas une folle, ce doit être une femme grecque. Tu t'es informé des usages du pays, tu dois savoir que ce peuple, qui croit fermement à la magie, est adonné aux plus absurdes superstitions.

— Raison de plus ! murmura le baron.

— J'ai entendu parler, continua l'oncle, de cette eau merveilleuse ; dans la nuit de la Saint-Jean, en observant le plus profond silence, les jeunes filles vont la chercher pour savoir si elles épouseront l'amoureux de leur choix. Tout cela s'explique donc ; ce qui te concerne, seulement, ne me paraît pas bien positif. Est-ce bien toi qui es le

CHAPITRE XIII.

Théodore en question ?... Du moment où la chose paraît problématique, ce serait faire un coup de tête que d'entreprendre un long et périlleux voyage. Tu désires avoir une explication, cela est naturel ; mais alors attends le 24 juillet de l'année prochaine pour aller trouver à l'hôtel du Soleil-d'Or Mme Obermann, ainsi qu'on t'y a invité.

— Non, mon cher oncle ! s'écria le baron avec exaltation, non, ce soleil n'est pas l'astre qui doit faire le bonheur de ma vie ; c'est à Patras, ce n'est qu'en Grèce que je le verrai lever, que je pourrai obtenir la main de cette noble jeune fille, de cette créature angélique qui veut bien faire la félicité de celui qui, d'ailleurs, descend comme elle d'une ancienne famille grecque d'une race princière.

— Hélas ! fou à lier ! s'écria le vieillard hors de lui. Quel délire !... As-tu donc oublié que ta mère était ma sœur?... Ne t'ai-je pas vu naître? ne t'ai-je pas tenu sur les fonts du baptême?... A qui dis-tu de pareilles extravagances? A quelqu'un qui possède à fond ton arbre généalogique ; depuis des siècles on ne peut s'y méprendre.

— Vous oubliez, répartit le baron en souriant avec toute la douceur et la grâce d'un prince grec, vous oubliez, mon cher oncle, que mon aïeul, qui fit de longs voyages, ramena de l'île de Chypre une femme d'une beauté remarquable, dont le portrait se voit encore dans notre vieux château paternel.

— Sans doute, reprit l'oncle, il faut excuser ton grand-père : il était jeune et ardent ; il se prit d'amour pour une belle Grecque ; il fit la folie de l'épouser, quoiqu'elle fut de basse naissance et qu'elle eut fait le métier de vendre des fleurs et des fruits, ainsi que je l'ai cent fois entendu dire. Mais elle mourut bientôt après ce mariage sans laisser d'enfant.

— Non! non! s'écria vivement Théodore, cette marchande de fleurs était une princesse, et ma mère fut le fruit de cette union heureuse, mais, hélas! d'une trop courte durée.

L'oncle fit un saut en arrière.

— Théodore! Théodore! dit-il, tu délires. Il y avait deux ans que la Grecque était morte lorsque ton aïeul épousa ma mère. J'avais quatre ans quand ta mère, ma propre sœur, vint au monde. Comment, au nom du ciel, peut-il se faire qu'elle soit la fille de cette Grecque?

— J'avoue, répondit Théodore avec calme, que, si l'on considère la chose du point de vue habituel, mon assertion peut sembler invraisemblable; mais notre existence est semée de mystères, et l'invraisemblable est souvent le vrai. Vous croyez, mon cher oncle, que vous aviez quatre ans lorsque ma mère est née; mais vous avez pu être le jouet d'une illusion. Laissons de côté ces mystérieuses combinaisons qui entraînent si souvent les hommes dans l'empire du surnaturel. Que direz-vous si j'oppose à toutes vos objections un témoignage qui les anéantira d'un seul coup, le témoignage de ma propre mère? Vous paraissez surpris? Vous doutez encore? Écoutez donc le récit qu'elle me fit.

Ma mère pouvait avoir sept ans lorsqu'un soir elle se trouva dans la salle où était placé le portrait de la Grecque. Il commençait à faire sombre; cependant on pouvait encore le distinguer. Ma mère le contemplait avec amour; elle se sentait attirée par une puissance irrésistible. Peu à peu cette figure si belle, si noble, si pleine de vie, s'anima et finit par descendre de son cadre ; l'imposante princesse, cette chère aïeule, vint embrasser ma mère en la nommant son unique, sa chère enfant. A partir de cette époque le portrait lui prodigua les soins les plus tendres, les plus constants; c'est à lui qu'elle est redevable de son éducation, et notamment de la connaissance de la langue grecque moderne (ma mère, durant tout le temps de son enfance, n'en parla pas d'autre); mais comme certains motifs devaient faire ignorer la maternité du portrait, il arriva que tout le monde prit ce grec moderne pour du français, et pour une gouvernante française le portrait lui-même qui se montrait quelquefois à la fin du dîner.

Ma mère mariée, le portrait ne quitta plus son cadre jusqu'à ce qu'elle devint grosse. Alors la princesse lui découvrit sa noble origine, lui prédit que le fils auquel elle donnerait le jour irait dans le beau pays de Grèce, et ferait valoir les antiques prérogatives de sa famille. Le destin, ou, comme disent les hommes, le hasard, l'y conduirait par une faveur toute particulière; mais ma mère ne devait négliger aucune des précautions qui, suivant les traditions vénérées de notre patrie, pouvaient le préserver de tout danger.

Voilà pourquoi à ma naissance on me couvrit de sel de la tête aux pieds, on mit de chaque côté de mon berceau un morceau de pain et un pilon de bois, on suspendit une gousse d'ail au plafond de la chambre, et l'on me plaça au cou un petit sachet contenant trois charbons et trois grains de sel. Vous savez, mon cher oncle, si vous avez lu Sonnini, que cet excellent usage se pratique encore dans les îles de l'Archipel. Ce fut un moment bien solennel que celui où ma mère me découvrit ce secret; pour la première fois de sa vie, elle s'était mise sérieusement en colère contre moi, et voici à quelle occasion. Une belette s'était introduite dans la chambre, et je cherchais à la chasser lorsque ma mère entra; à cette vue, elle me gronda bien fort, puis, appelant la belette qui s'était réfugiée dans un meuble, elle lui parla en ces termes : « Chère dame, soyez mille fois bienvenue; vous êtes ici chez vous, personne ne cherchera à vous faire de mal, tout est à votre service. » Ces paroles me semblèrent si comiques que je partis d'un éclat de rire. La bête prit la fuite; mais au même instant je reçus de la main de ma mère un soufflet vigoureux qui me fit voir les étoiles. A mes cris, dont j'ai honte à cette heure, ma mère se radoucit; les larmes aux yeux, elle me prit dans ses bras et me révéla sa naissance en m'expliquant pourquoi elle n'avait pu agir autrement envers la belette; enfin elle m'apprit l'histoire du portrait.

Je ne doute pas, mon cher oncle, que vous ne soyez persuadé, tout comme moi, que la découverte du portefeuille bleu est cette faveur particulière du destin que ma grand'mère m'avait prédite. Je ne me conduis donc pas comme un étourdi, un jeune rêveur, mais comme un homme de bon sens, en me mettant sur-le-champ en route et me rendant d'un seul trait à Patras, chez le consul Andreas Condoguri. C'est sans doute un galant homme; il ne se refusera pas à me donner des renseignements qui me sont nécessaires. Convenez donc, mon cher oncle, que je suis en voie d'atteindre mon but, mon but fortuné.

CHAPITRE XIII.

L'oncle avait écouté patiemment le neveu ; lorsque ce dernier eut fini, il fit explosion.

— Que Dieu te protége, Théodore ! ton cerveau est bien malade. Ta mère, — que ses cendres reposent en paix ! — était tant soit peu fantasque ; ton père m'a souvent dit qu'à ta naissance elle avait fait toute sorte de folies. Quant à ce que tu racontes des princesses grecques, des portraits vivants, des enfants salés et des belettes, tout ceci, je t'en demande bien pardon, est éclos dans ta pauvre cervelle, cet *orbis pictus* de toutes les extravagances. Je ne me mettrai pas en travers de ton entreprise. Pars pour Patras, et fais bien mes révérences au consul Condoguri. Il est possible que ce voyage te fasse du bien, et que tu reviennes avec des idées plus saines dans la tête, si elles ne te la coupent pas. N'oublie point, dans le cas où tu passerais près de l'île où croît l'ellébore, d'en faire provision. Sur ce, je te souhaite un bon voyage.

C'est ainsi que l'oncle prosaïque quitta le neveu exalté.

A mesure que le jour du départ approchait, le baron se sentait quelques inquiétudes ; chacun lui parlait des dangers de ce voyage. Dans un moment de mélancolie, il rédigea ses dernières volontés ; il léguait ses poésies complètes, manuscrits et imprimés, à celle à qui appartenait le portefeuille bleu, son costume grecque moderne à la garde-robe du théâtre.

Outre son chasseur et un jeune Italien qui écorchait quelques mots de grec et devait lui servir d'interprète, il jugea prudent de s'adjoindre pour la route un vigoureux habitant de la Marche aux épaules herculéennes en l'honneur duquel le siége du cocher fut notablement élargi.

14.

Le baron employa trois jours à faire ses visites de départ... Un voyage dans cette contrée romantique !... une aventure mystérieuse !... un adieu éternel peut-être !... n'était-ce pas assez pour jeter en extase les jeunes filles sensibles ? Et lorsque le baron montra les jolies gravures qu'il avait achetées chez Gaspard Weiss pour donner plus d'intérêt à ses conversations, et qui représentaient les belles habitantes du pays qu'il allait visiter, un soupir s'échappa de plus d'une poitrine féminine ; ce ne fut pas sans accompagnement de sanglots qu'on lui dit le fatal *Adieu mon cher baron* [*].

Les hommes les plus sérieux, de même que les frivoles, serrèrent tristement la main du baron, en lui disant : « Puissions-nous, mon cher ami, vous revoir bien portant et satisfait de votre voyage. »

Partout les adieux furent touchants. Au fond, bien des personnes désespéraient de revoir l'intrépide voyageur; la tristesse se répandit dans les cercles dont le baron faisait l'ornement.

Enfin la chaise de poste chargée de paquets attendait devant la porte. Le baron recouvrant son costume grec moderne d'un manteau de voyage, monta en voiture. Le chasseur et l'habitant de la Marche aux larges épaules, armés de carabines, de pistolets et de sabres, prirent place sur le siége. Le postillon sonna joyeusement du cor, et la voiture partit au galop pour Patras par la porte de Leipzig.

Au premier relais, le baron mit la tête à la portière, et recommanda au postillon, d'un ton impérieux, de ne pas perdre de temps.

---

[*] Ces mots sont en français dans l'original.

Il aperçut sur la route le jeune professeur dont il avait fait récemment la connaissance, et qui s'était montré très-enthousiaste du voyage en Grèce. Le professeur revenait de Postdam. Dès qu'il reconnut le baron, il se précipita à la portière de la voiture en s'écriant :

— Je vois, ô le plus heureux de tous les barons ! que vous partez pour la Grèce ; accordez-moi, je vous prie, quelques minutes, le temps nécessaire pour coucher par écrit certaines notions importantes que j'ai extraites du voyage de Bartholdy ; elles serviront à vos recherches. J'y joindrai un memorandum relativement aux pantoufles turques, par exemple.

— J'ai Bartholdy avec moi, dit le baron, interrompant le professeur. Quant aux pantoufles que je vous ai promises, vous pouvez compter sur les plus belles qui soient au monde, dussé-je les sortir des pieds d'un pacha, car, ô mon cher professeur ! vous m'avez encouragé, vous m'avez donné de l'espoir. Je feuilleterai souvent, sur la terre classique, l'Homère de poche dont vous m'avez fait présent. A vrai dire, je ne sais pas le grec ; mais j'imagine que cela doit s'apprendre tout seul quand on est dans le pays. Le proverbe ne dit-il pas dans le nôtre : « C'est du grec pour lui ? » Néanmoins, écrivez, mon cher, écrivez, car je n'aperçois pas encore les chevaux.

Le professeur tira ses tablettes, et se mit en devoir de rédiger la notice, telle qu'elle lui venait à l'esprit. Pendant ce temps le baron chercha dans son portefeuille ses propres tablettes. Sa main tomba sur ce certain journal de Haude et Spener qu'il avait lu un jour au Casino, et qui était la cause première de son entreprise périlleuse.

— Feuille providentielle ! s'écria-t-il avec emphase, feuille chérie, qui recelais le secret de mes destinées; c'est à toi que je dois toutes mes espérances, le succès de mes vœux, mon bonheur tout entier. Sans prétentions comme tu es, modeste feuille de papier gris, un peu malpropre même, tu contiens un diamant, un trésor qui m'a rendu le plus riche des hommes. O feuille, bien estimable, je te conserverai précieusement, feuille des feuilles!

— De quelle feuille parlez-vous ? demanda le professeur au baron en lui présentant la notice qu'il venait d'achever. Quelle est cette feuille qui vous jette dans une telle extase, mon cher baron ?

Le baron raconta tout au professeur, et lui présenta le numéro du journal. A peine celui-ci l'eût-il examiné, qu'il fit un geste significatif, puis il le parcourut encore une fois comme un homme qui n'en veut pas croire ses yeux ; enfin il s'écria :

— Baron, cher baron ! vous voulez aller en Grèce, à Patras, chez le consul Condoguri ? Mais voyez donc !...

Le baron prit la feuille que le professeur lui montrait, y jeta les yeux, et se laissa retomber sur les coussins de sa voiture comme un homme écrasé par un coup de foudre.

A ce moment arrivèrent les chevaux. Le maître de poste se présenta humblement à la portière en s'excusant du retard; dans une heure et demie au plus il promettait que le baron serait à Postdam.

— Tournez bride, s'écria le baron d'une voix farouche, nous retournons à Berlin !

Le chasseur et l'habitant de la Marche se regardèrent

CHAPITRE XIII.

d'un air effrayé ; le postillon resta la bouche béante ; mais le baron, qui s'animait de plus en plus, réitéra cet ordre en criant de nouveau :

— Tourne bride, te dis-je ! A Berlin, animal ! M'entends-tu, imbécile ? Un ducat pour boire si tu nous conduis comme le vent. Un ducat ! Mais galope, galope, canaille ! Postillon de malheur ! galoperas-tu ?

Le postillon entendant cela, tourna bride, et la chaise de poste partit au grandissime galop.

C'est que le baron avait oublié de prendre garde à quelque chose, lorsque le journal de Haude et Spener lui était tombé sous la main. Le numéro qu'il avait lu était de l'année précédente, fragment de maculature ayant servi peut-être à envelopper quelque vil objet. Le hasard l'avait fait tomber sur une table du Casino. De sorte que le 24 juillet, jour où le baron, partant pour Patras, rencontra le professeur sur le chemin de Postdam, le 24 juillet était justement l'expiration de l'année, délai accordé pour faire le voyage en Grèce, le jour où, à défaut de ce voyage, il fallait se trouver à l'hôtel du Soleil-d'Or, à Berlin, chez madame Obermann, pour y attendre la fin de l'aventure.

Que restait-il à faire au baron, sinon de regagner au plus vite Berlin et se rendre au Soleil-d'Or ? C'est ce qu'il fit.

IV

SONGE ET RÉALITÉ.

— Quel singulier hasard! se dit le baron en se renversant mollement sur un sofa de la chambre n° 14 de l'hôtel du Soleil; quel singulier hasard!... Patras était le but de mon voyage, le consul Andreas Condoguri, l'homme qui devait m'indiquer ma route; eh bien! non... je ne suis pas allé plus loin que le village de Zehlendorf. C'est le maître de poste qui m'a fait conduire ici, et le professeur lui-même s'est trouvé, sans le savoir, le levier qui a mis en mouvement ces forces inconnues.

Ici le chasseur du baron entra.

— Aucun étranger, dit-il, ne s'est encore présenté à l'hôtel.

Cela consterna le baron, dont l'âme se dilatait à l'espérance de voir finir, ou plutôt commencer son aventure. La seule pensée qui le consolait était celle-ci : la journée ne finissait qu'à minuit, et même des gens rigoureux n'auraient daté du 25 juillet qu'après le dernier coup sonné.

Il s'efforça d'être calme, et attendit dans sa chambre l'issue des événements. Tout en ne voulant penser à rien, il ne put s'empêcher de rêver à l'image charmante qui remplissait son cœur. Sur les dix heures, un garçon se présenta et servit un souper fin. Le baron jugeant à propos, vu sa disposition morale, de prendre quelque boisson éthérée, demanda du champagne. Comme il achevait le dernier morceau d'une volaille rôtie, il s'écria sentimentalement:

— Que sont nos besoins matériels, quand l'esprit pressent le divin?...

Puis il s'assit à la turque, les jambes croisées sur le sofa, prit sa guitare, et entonna une romance grecque, dont il s'était donné beaucoup de peine à apprendre la prononciation, et sur laquelle il avait composé une mélodie; le tout produisait aux oreilles un effet étrange, et pouvait passer pour un morceau caractéristique. Le baron s'était animé. La première bouteille de champagne vidée, il s'en fit apporter une seconde. Peu à peu il lui sembla que les accords qu'il tirait de son instrument se détachaient, s'élevaient, planaient librement dans les airs, en redoublant de force et de sonorité. Une voix chantait sur un mode inconnu. Il colla son oreille contre la porte, la porte s'ouvrit tout à coup; une femme au port noble et majestueux parut, enveloppée d'un long voile.

— C'est elle! c'est elle! s'écria le baron hors de lui, en se jetant à genoux devant l'inconnue et lui présentant le portefeuille bleu.

Elle releva son voile; Théodore, transporté de ravissement, eut peine à supporter l'éclat de cette beauté surhumaine. La belle jeune fille prit le portefeuille et l'examina avec attention, puis se pencha vers Théodore toujours agenouillé et comme en adoration devant elle, le releva et lui dit d'une voix douce :

— C'est toi, c'est toi, mon Théodore; je t'ai trouvé.

— C'est lui, c'est lui, *il signor Theodoro*, que tu as trouvé, répéta une voix caverneuse.

Et le baron aperçut alors derrière la jeune fille un petit

être singulier, couvert d'un manteau rouge et portant sur la tête une couronne brillante d'or.

Les paroles de ce petit être frappèrent l'oreille de Théodore comme des balles de plomb; il recula avec épouvante.

— Ne crains rien, dit la jeune fille, ne crains rien, noble seigneur, ce petit homme est mon oncle, le roi de Candie; il n'a jamais fait de mal à personne. N'entends-tu pas, ô mon ami, chanter le merle de roche? Rassure-toi donc, il ne peut rien arriver de fâcheux.

Le baron laissa échapper quelques mots de sa poitrine oppressée.

— Mes songes, mes doux pressentiments ne m'ont donc pas trompé? O la plus révérée, la plus noble des femmes! Puisque tu consens à m'appartenir, révèle-moi donc à cette heure le secret de ta destinée et de mon propre sort!

— A celui seul qui aura traversé les épreuves de la consécration sera découvert ce secret; seul un serment solennel donne la consécration : jure que tu m'aimes!

Le baron se jeta de nouveau à genoux et jura :

— Je jure par la lune sacrée qui laisse tomber ses rayons sur les champs de Paphos...

Mais la jeune fille l'interrompit.

— Ne jure point, dit-elle en se servant des expressions de Juliette, ne jure point par la lune, l'inconstante au disque changeant, afin que ton amour ne change pas comme elle; pense, ô mon doux Roméo, au lieu célèbre où la voix redoutable de l'oracle se fait entendre depuis des siècles, où le destin de l'homme apparaît sans voiles. Le conseil supérieur du consistoire ne veut pas nous dé-

CHAPITRE XIII.

fendre l'entrée du temple. Une autre cérémonie te mettra en état de te sauver avec moi et de te débarrasser du roi de Candie. Ne crains pas de lui répondre vertement, s'il lui prend fantaisie de faire le grossier, comme il lui arrive souvent.

Pour la seconde fois la jeune fille releva Théodore ; ensuite elle prit dans le portefeuille le petit couteau, découvrit le bras du baron, et lui ouvrit une veine avant qu'il eut eu le temps de s'y opposer. Le sang jaillit, il fut sur le point de s'évanouir ; mais la jeune fille entoura de suite le bras blessé avec le ruban magique qu'elle attacha à son propre bras. Un nuage bleuâtre sortit du portefeuille et se répandit dans la chambre ; le toit disparut, les murs s'éloignèrent, le plancher s'enfonça. Le baron, soutenu par la jeune fille, se mit à planer dans l'espace sous la voûte du ciel, large et lumineuse.

— Halte-là ! cria la voix aigre du roi de Candie, qui s'attacha au bras du baron. Voilà ce que je ne souffrirai pas ; au moins je veux être du voyage.

Le baron chercha à se dégager.

— Vous êtes un impertinent, patron, dit-il, et pas plus roi que ma pantoufle. Il faudrait être bien peu versé en statistique pour ignorer qu'il n'y eut jamais de roi de Candie. Nul almanach royal ne parle de vous, et si par hasard on en parlait, vous pourriez passer tout au plus pour une faute d'impression. Arrière, vous dis-je ! Débarrassez les airs de votre présence.

Le petit être, à ces mots, se mit à grogner d'une façon désagréable, mais la jeune fille ne lui eut pas plutôt touché la tête, qu'il se recoquilla sur lui-même, et se glissa dans le portefeuille qu'elle avait suspendu à son cou comme une amulette.

— Baron, dit-elle, tu as du cœur, et tu sais te servir à propos de la rudesse des dieux... Mais vois : déjà l'escadron de Paphos approche.

Du haut des cieux le trône d'Armide descendait, entouré d'une troupe de génies. Le baron prit place à côté de la jeune fille, et, fendant les airs, ils partirent comme un trait.

— Dieux ! s'écria le baron qui se sentait de plus en plus défaillir, si, à l'exemple de certains comtes de ma connaissance, j'avais fait quelques promenades aérostatiques avec M. ou Mme Reichardt, je serais aujourd'hui un baron expérimenté et m'entendrais à cette navigation en plein ciel; tandis que j'ai beau siéger sur des roses, aux côtés de cette divine créature, je n'en éprouve pas moins un abominable mal de cœur.

A l'instant le roi de Candie s'échappa du portefeuille, et s'accrocha tout en grognant et sifflant horriblement, aux jambes du baron. Celui-ci, entraîné par le poids, glissa du trône. Il n'eut que le temps d'en saisir le pied, et il resta suspendu ; mais le fatal roi de Candie le serrait avec une force toujours croissante. Il ne put lutter plus longtemps. Les guirlandes de roses auxquelles il chercha encore à se tenir se déchirèrent. Il se sentit tomber dans l'abîme, poussa un cri d'épouvante, et... se réveilla.

Le soleil du matin brillait dans la chambre. Le baron se frotta les yeux sans bien savoir où il était. Il se sentait seulement une douleur aigue dans les jambes et dans le dos.

CHAPITRE XIII.

—Où suis-je? se demanda-t-il, et d'où viennent ces sons?

Le sifflement, le grognement du roi de Candie continuaient à se faire entendre. Le baron parvint à se lever, à quitter le tapis sur lequel il était tombé en rêvant. Il eut bientôt découvert la cause du bruit discordant. C'était l'Italien qui dormait dans un grand fauteuil et ronflait d'une manière formidable; la guitare, échappée de ses mains, gisait sur le plancher.

—Luigi! Luigi! réveillez-vous, cria le baron en le secouant assez rudement.

Ce ne fut pas sans peine que l'Italien sortit de sa léthargie. Pressé par son maître, il raconta que, la veille au soir le baron (il lui en demanda bien pardon), sans doute fatigué du voyage, n'était pas en voix : cela arrive au plus fameux chanteur, lui, sans s'en apercevoir, avait tout doucement pris la guitare des mains de son maître et s'était mis à fredonner quelques jolies *canzonette* italiennes.

Le baron, qui était assis les jambes croisées, dans la position assez gênante des Orientaux, s'était profondément endormi. Quant à lui, bien qu'ordinairement peu amateur de boisson, il s'était permis de finir le petit reste de champagne que son maître avait laissé. Le sommeil l'avait surpris. Dans la nuit il crut entendre des voix. Il s'était imaginé qu'on le sonnait brusquement. S'éveillant à moitié, il lui avait semblé voir des étrangers dans l'appartement, une femme qui parlait grec; mais, fasciné par un charme inconnu, il n'avait pu tenir ses yeux ouverts et était retombé dans l'assoupissement jusqu'au moment où le baron était venu l'éveiller.

— Qu'est-ce à dire ! s'écria Théodore. S'agit-il d'un songe ou d'une réalité ? Ai-je fait avec elle, la vie de mon âme, le voyage de Paphos? Une puissance diabolique m'a-t-elle jeté à bas du trône? Dois-je succomber sous cet affreux mystère? Est-il vrai qu'un sphinx hideux m'ait saisi et voulu lancer dans l'abîme sans fond? Suis-je donc ?...

Le chasseur du baron, qui entra avec le concierge, interrompit ce monologue. Il s'était passé cette nuit-là des choses surprenantes. Voici le récit qu'ils firent :

Au coup de minuit une belle chaise de poste s'était arrêtée devant la porte de l'hôtel. Une dame voilée, de haute taille, en était descendue, et avait demandé en mauvais allemand s'il n'était pas arrivé dans le jour un étranger. Le concierge, ne connaissant pas le baron, avait répondu qu'en effet il était venu un beau jeune homme qui, à en juger par son costume, devait être un Arménien ou quelque Grec de condition. Cette réponse avait paru satisfaire très-fort la dame ; elle s'était écriée plusieurs fois avec transport : *Eccolo! eccolo!* ce qui voulait dire, autant qu'il savait d'italien : « C'est lui ! c'est lui ! » puis l'avait prié avec instance de la conduire sur-le-champ dans la chambre de l'étranger. C'était, disait-elle, son époux, et elle le cherchait depuis un an.

Tout cela avait paru louche au concierge, qui jugea prudent d'éveiller le chasseur. Celui-ci ayant affirmé que le baron était garçon, le concierge ne vit pas autant d'inconvénients à introduire auprès de lui une jeune dame. Il la laissa donc entrer.

— La dame, ajouta-t-il, était suivie par quelque chose

qu'il n'avait pas bien pu voir; mais comme cela avait des jambes et marchait droit, il l'avait pris pour un petit homme. L'étrangère s'était approchée du baron endormi sur le sofa, s'était penchée sur lui, l'avait regardé attentivement; puis elle fit un pas en arrière avec un geste d'épouvante, et prononça d'un ton amer quelques paroles incompréhensibles, en les accompagnant d'un rire ironique. Enfin, rejetant son voile en arrière, et regardant le concierge avec des yeux brillants de colère, elle avait ajouté quelque chose que le respect qu'il devait au baron ne lui permettait pas de répéter.

— Parle! parle! dit ce dernier, je veux, je dois tout savoir.

— Puisque vous le voulez, monsieur le baron, continua le concierge, je vous dirai donc que la dame étrangère m'a apostrophé en ces termes : « Oiseau de malheur, celui vers qui tu me mènes n'est point mon époux, mais bien le pied de lièvre noir du jardin des plantes. »

Nous essayâmes d'éveiller le signor Luigi, qui ronflait de toutes ses forces, mais ce fut impossible. La dame allait se retirer, quand elle aperçut sur la table un petit portefeuille bleu. S'en emparer, le mettre dans la main du baron, s'agenouiller aux pieds du sofa, fut pour elle l'affaire d'un instant. Mais, chose étrange! le baron, toujours endormi, se mit à sourire et présenta le portefeuille à la dame, qui le saisit et le cacha avec précipitation dans son sein. Prenant dans ses bras le quelque chose qui la suivait, l'étrangère descendit les escaliers avec une vivacité incroyable et se jeta dans sa voiture qui disparut bientôt. Cette dame m'a cruellement insulté, ajouta le concierge, moi qui depuis trente ans porte avec honneur l'épée et la bandoulière, insignes de ma charge; elle m'a appelé oiseau de malheur! Et cependant j'en supporterais le double pour avoir le bonheur de revoir encore une fois une si belle personne. Non, de mes jours je n'ai rien contemplé d'aussi parfait !

Ce récit déchira le cœur du baron. Évidemment cette inconnue était la Grecque, propriétaire du portefeuille bleu, et le petit être informe, le Magus dont il était question dans le fragment écrit sur un des feuillets. Pour le baron, se dire qu'il avait dormi dans le moment le plus important de sa vie, était cruel. Le pied de lièvre noir du jardin des plantes lui pesait sur le cœur. Si c'était bien à lui, comme tout le faisait croire, que cette épithète s'adressait, que devenaient ses espérances? Tout, jusqu'à la manière dont le portefeuille venait de lui être ravi, était un sujet de désespoir.

Il se vengea en grondant son chasseur.

— Malheureux! lui dit-il, c'était elle, et tu ne m'as pas éveillé! elle, mon idole, ma vie, pour qui je voulais tenter un voyage lointain en Grèce !

Le chasseur répondit avec une mine piteuse, que, si la dame était bien celle que son maître cherchait, il avait cru comprendre que celui-ci n'était pas précisément la personne que désirait la dame... et qu'alors il n'avait pas jugé nécessaire de le réveiller.

Quel supplice ce fut pour le baron de rencontrer à toute heure du jour des gens qui, dissimulant mal un sourire, lui demandaient comment il avait fait pour être déjà de retour! Il ne pouvait donner le mot de l'énigme sans s'exposer à la risée générale ; il prétexta une maladie, et réellement la contrariété et le chagrin le rendirent bientôt malade, à tel point que son médecin ne vit pour lui d'autre remède que des eaux minérales, dont l'activité est souvent terrible pour les natures les plus robustes. Le baron dut partir pour Freienwald.

V

LE CHARME DE LA MUSIQUE.

Le baron avait formé le projet d'aller voir, en quittant Freienwald, un vieil oncle qui restait à Mecklembourg; mais dès qu'il se trouva mieux, l'envie lui prit de retourner à la Résidence. Vers les derniers jours de septembre il était à Berlin. Maintenant qu'il avait fait une excursion, sinon jusqu'à Patras, au moins jusqu'à Freienwald, il se sentait le courage de s'exposer aux regards des mauvais plaisants. Il avait lu tous les ouvrages qui traitent de la Grèce, et était en état de disserter savamment sur le voyage qu'il avait, on ne peut pas dire fait, mais du moins voulu faire. Il espérait bien regagner tous ses avantages, mettre un terme aux quolibets et se faire adorer encore de plus d'une femme.

Un soir, au moment où le soleil allait disparaître de l'horizon, le baron, se rendant au jardin des plantes, traversait la place de Paris, il s'arrêta court à la vue d'un couple qui marchait devant lui.

Un vieillard tout petit, tout contrefait, aux jambes torses, aux vêtements surannés et grotesques, avec un gros bouquet sur la poitrine, un grand jonc espagnol à la main, conduisait une dame voilée, d'une taille majestueuse, et dont le costume annonçait une étrangère. Une des choses qui frappèrent le plus le baron, ce fut la queue que portait le petit vieillard; elle sortait comme un serpent sous son chapeau et descendait jusqu'à terre. Deux petits polissons, de ceux qu'on trouve à toute heure au jardin des plantes, qui s'occupaient à faire partir des pétards dans les jambes des passants, cherchaient à marcher sur cette queue. Peine inutile! par des tours et des détours d'anguille, elle leur échappait constamment. Du reste, le petit homme ne semblait pas s'en apercevoir.

Le cœur du baron battait violemment, un pressentiment l'agitait... et il faillit se laisser choir au milieu de la poussière de la place de Paris, lorsque la dame, s'étant retournée, lui lança, à travers son voile qui laissait entrevoir deux yeux magnifiques, un regard semblable à l'éclair perçant la nue sombre.

Cependant le baron revint de son trouble, et comprit que la malice des enfants lui fournissait une occasion d'aborder le vieillard et sa compagne. Il chassa les polissons à grand bruit, se rapprocha du petit homme, et dit en le saluant poliment :

— Vous ne prenez pas garde, Monsieur, que ces méchants drôles allaient écraser sous leurs pieds une pièce importante de votre coiffure.

Le personnage se retourna, considéra quelque temps le baron sans répondre à sa politesse, puis partit d'un bruyant éclat de rire. Les petits polissons qui avaient trouvé du renfort en passant devant la porte de Brandebourg, firent chorus, et le baron, tout confus, s'arrêta, ne sachant plus ce qu'il devait faire.

Pour se débarrasser de ces mauvais garnements, il leur jeta quelque monnaie, et suivit le couple bizarre, qui s'en alla tout le long de l'allée des Tilleuls. A sa grande joie, le vieillard et la dame entrèrent dans la boutique du confiseur Fuchs. Le baron en fit autant. Ils prirent place dans un cabinet particulier. Grâce aux glaces qui le décoraient, le baron, assis dans la pièce à côté, ne perdit pas de vue les étrangers.

Le petit vieux baissait la tête d'un air maussade, la dame lui parlait avec vivacité, mais tout bas. Impossible de saisir un seul mot. On leur servit des glaces, des gâteaux et des liqueurs. La dame porta la main à la partie postérieure de la tête du vieillard, et, à la grande surprise du baron, détacha la queue, l'ouvrit comme si c'eût été un étui, en retira une serviette, un couteau et une cuiller.

Elle attacha la serviette sous le cou du vieux, comme on fait aux enfants pour les empêcher de se salir. Celui-ci semblait avoir recouvré sa bonne humeur; il regardait la dame d'un air tendre, tout en mangeant avec avidité les glaces et les gâteaux. Enfin elle releva son voile. Chacun eût été ravi comme l'impressionnable baron d'une beauté aussi extraordinaire. Quelques-uns auraient peut-être objecté que le feu de ce premier regard de Turandot une fois supporté, il manquait à la physionomie de l'étrangère, comme à toute sa personne, cette grâce qui, en dépit des règles, triomphe des plus rebelles; d'autres, qu'il y avait quelque chose de suspect dans ce front et ces yeux tenant

15.

de l'Isis égyptienne. Qu'importe? Ce n'en était pas moins une merveilleuse apparition.

Le baron s'ingéniait pour trouver un moyen honnête de se mettre en rapport avec le couple. Essayons de toucher le cœur de cette divinité par le charme de la musique, se dit-il. Et aussitôt il s'assit devant le beau piano qui décore, ainsi que chacun le sait, le salon du confiseur Fuchs. Se livrant à son inspiration, il se mit à improviser. C'était sublime ; du moins il le pensait. Pendant un *pianissimo* mystérieux, il crut entendre un léger bruit dans le cabinet. Il jeta un coup d'œil furtif. La dame s'était levée. La queue du vieux sautillait, bondissait sur la table où elle l'avait déposée. Le petit homme, pour la faire arrêter, la frappa de la main en criant :

— A bas, friponne, à bas!

Le baron, un peu effrayé de la nature étrange de cette friponne de queue, attaqua brusquement un *fortissimo*, qui se résolut en mélodies tendres et suaves. Il crut s'apercevoir alors que la dame, attirée par la puissance de ces sons mélodieux, venait, sur la pointe des pieds, se placer derrière sa chaise. Oh! alors toutes les cantilènes languissantes et voluptueuses des maîtres italiens en *ini*, *elli*, ou *ichi* que la mémoire du baron lui rappelait, défilèrent sous ses doigts. Il allait clore sa chaude improvisation par une terminaison éclatante, lorsqu'il entendit un soupir. Voici le moment, se dit-il en lui-même ; et il se leva brusquement. Quel désappointement! Il se trouva face à face avec le capitaine de cavalerie de B..., appuyé sur la chaise.

— Permettez-moi de vous faire observer, mon cher baron, dit le capitaine, que vous portez préjudice au sieur

Fuchs; le vacarme effroyable que vous faites met en fuite tous les chalands. Une étrangère qui ne faisait que d'entrer, après avoir supporté un instant votre exécrable *lamento* avec tous les signes de la plus vive impatience, a fini par s'en aller, elle et le personnage qui l'accompagnait, un petit homme à la tournure grotesque.

— Est-il possible! s'écria le baron atterré; elle s'est enfuie! elle m'échappe encore une fois!

Le capitaine de cavalerie, s'étant fait expliquer en quelques mots les choses, assura que c'était bien la personne que cherchait le baron. La dame avait une chaîne d'or qui retenait à son cou un petit portefeuille bleu, ornement assez extraordinaire pour qu'il l'eût remarqué. De son côté, le sieur Fuchs, qui était resté tout le temps devant la porte de sa boutique, avait vu le petit homme faire signe à une voiture de place qui passait par là et y monter avec la dame. Le baron put encore apercevoir la voiture, qui s'éloignait rapidement et allait tourner les Tilleuls, comme se dirigeant du côté du château.

— Prenez mon cheval et courez après, dit le capitaine.

Le baron s'élança sur la monture et lui enfonça les éperons dans le flanc. La bête qui était pleine de feu se cabra et partit comme un trait; elle passa la porte de Brandebourg et se dirigea droit vers Charlottembourg, où le baron, qui heureusement n'avait pas perdu l'équilibre, arriva juste à temps pour le souper que Mme Pauli donnait ce soir-là à quelques-unes de ses connaissances. On avait vu venir le baron; ce ne fut qu'un cri d'admiration. Quelle hardiesse! On ne le croyait pas si bon écuyer; il fallait du courage pour monter le cheval du capitaine, un animal indomptable.

Le baron laissait dire, mais intérieurement il maudissait l'existence.

VI

LE CHEF DE BANDES GRECQUES. — L'ÉNIGME.

Une grande consolation pour le baron était de penser que l'objet de ses espérances, de ses rêves, se trouvait dans l'enceinte des murs de Berlin. Un heureux hasard pouvait encore le mettre en présence du couple singulier; mais ce fut en vain qu'il parcourut plusieurs jours de suite, du matin au soir, la promenade des Tilleuls; il ne trouva aucune trace du vieillard ni de la dame. Le seul parti qui lui restait était de prendre des informations au bureau des étrangers; là on devait savoir ce qu'était devenu le couple entré la nuit du 24 juillet dans la ville.

Le baron donna à l'employé du bureau le signalement du curieux petit homme et de la jeune dame grecque; mais l'employé n'avait pas les passe-ports des étrangers, il ne put que dire le nom de ceux qui étaient entrés à Berlin dans la nuit du 24 juillet. A part le marchand Prosocarchi, de Smyrne, il n'était arrivé que des conseillers de bailliage, des greffiers de justice, etc., venant de leur province. Le susdit marchand Prosocarchi n'avait amené personne avec lui, ce ne pouvait donc être le petit vieux. Cependant, pour mieux s'en convaincre, le baron se rendit chez lui; il trouva un grand homme d'une belle figure, auquel

CHAPITRE XIII.

il acheta volontiers quelques pastilles du sérail et de ce même baume de La Mecque qui avait guéri l'entorse du Magus.

Prosocarchi n'avait pas entendu parler de la princesse grecque.

— Si elle était à Berlin, disait-il, elle n'aurait pas manqué de me rendre visite.

Tout ce qu'il savait, c'est qu'un prince exilé de Naxos, descendant d'une ancienne famille princière, voyageait en Allemagne avec sa fille, mais Prosocarchi ne les connaissait pas.

Le baron continua de se rendre chaque jour, lorsque le temps le permettait, au jardin des plantes, à cette place même où il avait trouvé le portefeuille, à cette place favorite de la belle Grecque, ainsi que le faisait connaître l'écrit contenu sur un des feuillets.

— Il est certain, se disait le baron, en s'asseyant un jour sur le banc à côté de la statue d'Apollon, que cette noble, cette céleste créature vient souvent ici avec son Magus difforme. Pourquoi faut-il que le hasard ne me permette pas de m'y trouver? Allons! je ne quitterai plus d'un seul instant ce lieu : dussé-je y passer ma vie, j'y resterai jusqu'à ce que je l'aie rencontrée.

Cette pensée donna naissance à la détermination de faire construire derrière le banc, au pied de l'arbre, un petit ermitage, et de vivre là, dans la douleur, loin des bruits du monde, dans la plus grande solitude, tout entier à son amour. Le baron réfléchissait déjà aux moyens à prendre pour obtenir du gouvernement la permission de faire élever cette construction. Il se demandait s'il ne ferait pas bien de porter, outre l'habit d'ermite, une fausse barbe qu'il pourrait toujours arracher au moment où il *la* retrouverait ; ce serait d'un très-bon effet, pensait-il. Durant ces réflexions, la nuit était venue ; un vent frais qui soufflait à travers les arbres avertit le baron qu'il était prudent, puisque l'ermitage était encore à construire, de chercher ailleurs un abri. Mais quelle émotion n'éprouva-t-il pas, lorsqu'en sortant d'une allée couverte, il vit devant lui le vieillard et la dame voilée ! Il perdit la tête et se mit à courir après eux en criant :

— O mon Dieu ! enfin, voilà ! C'est moi ! c'est Théodore !... Le portefeuille bleu !...

— Où est-il le portefeuille ? l'avez-vous trouvé ? Si cela est, que Dieu soit béni ! dit le vieillard en se retournant. Mais... c'est donc vous, mon cher baron ? L'heureuse rencontre ! Je croyais bien mon argent perdu.

Le personnage n'était autre que le banquier Nathaniel Simson, qui revenait de la promenade avec sa fille, et regagnait sa maison, située près du jardin des plantes. Le baron fut très-confus de cette méprise, d'autant plus confus qu'il avait longtemps fait la cour à la jolie mais bien plus jeune Amélie (ainsi se nommait la fille du banquier Simson). Amélie s'était souvent raillée du voyage manqué du baron ; aussi celui-ci l'évitait-il soigneusement.

— On vous revoit enfin, cher baron ! dit-elle.

Mais Simson ne la laissa pas achever.

— Le portefeuille ! le portefeuille ! demanda-t-il.

Il faut dire que quelques jours auparavant il avait justement perdu, dans une allée du jardin des plantes, un portefeuille qui contenait un bon sur le trésor de cin-

CHAPITRE XIII.

quante thalers. Il s'imaginait que le baron parlait de ce portefeuille. Celui-ci fut contrarié du malentendu; il aurait voulu être à cent lieues, mais il chercha vainement à se dégager. Amélie s'empara sans façon de son bras, en disant qu'elle avait le droit de retenir un ami perdu depuis si longtemps. Il fallut bien en passer par là et se résoudre à aller prendre le thé avec la famille Simson. Amélie s'était mise en tête de captiver de nouveau le baron. Elle lui fit raconter son aventure. D'abord il ne voulait pas en trahir le secret; mais comme elle trouva sublime, divin, ce qu'il disait, peu à peu il lui ouvrit son cœur et avoua tout : les événements qui s'étaient passés dans la nuit du 24 au 25 juillet, la rencontre dans la boutique de Fuchs, etc.

Amélie, qui avait comprimé plus d'un sourire, supplia le baron de venir la voir un soir dans son costume grec, qui devait, disait-elle, lui aller à ravir. Tout à coup elle feignit de tomber dans une profonde rêverie, resta quelques instants comme absorbée, puis dit en se remettant peu à peu :

— C'est passé... ce n'est rien...

Naturellement le baron voulait en savoir la cause, et Amélie avoua que c'était le souvenir d'un songe extraordinaire qu'elle avait fait justement dans la nuit du 24 au 25 juillet. Comme elle avait lu souvent Jean-Paul Richter, elle ne fut pas embarrassée d'improviser un rêve convenablement fantastique, et dont le but était de faire paraître le baron en costume grec moderne, comme l'objet de ses sentiments les plus intimes. Cela ravit Théodore ; la Grecque, l'ermitage, le portefeuille bleu, tout était oublié!

Ainsi vont les choses en ce monde : ce qu'on poursuit

le plus vivement est ce qu'on obtient en dernier lieu ; ce qu'on ne cherche pas se présente de soi-même. Le hasard est un dieu malin.

Le baron, décidé à rester à la ville, et cela à cause d'Amélie, jugea convenable d'échanger sa chambre de l'hôtel du Soleil contre un logement confortable. Il se mit donc en devoir d'en chercher un.

En passant devant la porte d'une belle maison de *Friederichsstrasse*, qui portait le numéro..., un grand écriteau frappa ses yeux : « Chambres garnies à louer. » Il monta l'escalier et s'arrêta à l'étage indiqué, mais il chercha en vain un cordon de sonnette. Il frappa à toutes les portes, personne ne répondit : silence complet. On eût entendu voler une mouche, quand tout à coup un bruit bizarre parvint à son oreille, un babillage, un caquetage singulier. Il poussa la porte de l'appartement d'où semblait provenir ce bruit, et se trouva dans une chambre décorée avec un goût parfait et un très-grand luxe. Sa vue se porta d'abord sur un lit vaste, somptueux, sculpté, tout doré, décoré de guirlandes de fleurs et tendu de riches draperies de soie.

— *Lagos piperin etrivé, kakon tys kefalis tu* *, dit une voix glapissante sans que le baron vît personne.

Mais en regardant autour de lui, qu'aperçut-il ? O ciel !... le portefeuille bleu sur un guéridon élégant !...

Son premier mouvement fut de s'élancer pour ressaisir ce bien ravi, cet objet si précieux. Mais la voix lui cria dans les oreilles :

* Si le baron avait connu le grec moderne, il eût su que cela voulait dire : « Le coq broya le poivre au grand détriment de sa tête. »

CHAPITRE XIII.

— *O diavolos jida den y ché, ké tyri, epoulie*[1].

Il recula tout effrayé.

Un léger soupir, qui semblait sortir du lit somptueux, se fit entendre.

— C'est elle, se dit le baron qui sentit le sang s'arrêter dans ses veines.

Il s'approcha en tremblant, regarda par l'ouverture des rideaux, aperçut un bonnet de dentelles garni de rubans aux vives couleurs.

— Du courage! se dit-il.

Et par un mouvement brusque il écarta les rideaux.

On entendit un cri perçant. Un petit être, caché au milieu des oreillers, se leva brusquement : c'était le grotesque vieillard que le baron avait vu conduisant la dame dans Berlin. La tête couverte d'un bonnet de femme, il faisait une figure si comique, que tout autre que Théodore, absorbé par son aventure amoureuse, eût éclaté de rire.

Le petit vieux regardait le baron avec ses grands yeux noirs.

— Est-ce vous, baron? fit-il d'une voix basse et lamentable. J'espère que vous n'avez point de mauvais dessein, que vous ne m'en voulez pas de m'être moqué de vous l'autre jour sur la place de Paris, lorsque vous voulûtes prendre sous votre protection mon espiègle de queue. Mais ne me regardez pas avec ces yeux terribles; autrement je craindrais...

— Roi de Candie! roi de Candie!

---

[1] « Le diable n'avait pas de chèvres, et pourtant il vendait des fromages. »

Cela fit sourire le personnage grotesque, qui s'assit sur l'oreiller et dit gracieusement :

Hé ! hé ! cher baron Théodore de S..., vous aussi avez la manie de me prendre, moi homme de nulle importance, pour le roi de l'île de Candie !... Ne me connaissez-vous donc pas ? Ne deviez-vous pas savoir que je ne suis personne autre que l'assistant du chancelier Schnuspelpold de Brandebourg ?

— Schnuspelpold ! dit le baron.

— Tel est mon nom, continua le petit homme, mais depuis longtemps assistant de chancellerie non *in officio.* Cette maudite manie des voyages m'a fait perdre mon pain et mon emploi. Mon père (que Dieu ait son âme!), fabricant de boutons à Brandebourg, avait la même folie; il me parlait à tout moment de la Turquie, où il était allé une fois, si bien que je ne pus rester tranquille, et un beau jour je me mis en route. Je fus à Gand, de là à Tangermunde. Je descendis l'Elbe dans une barque et me dirigeai vers la Porte-Ottomane, mais lorsque je me présentai, justement elle se ferma. Je voulus m'y accrocher avec la main droite, la porte m'écrasa deux doigts. Voyez plutôt, noble baron, ces deux doigts de cire qui tiennent la place de ceux qui manquent. Au moins si cette maudite cire ne fondait pas toujours lorsque j'écris !

— Laissons cela, dit le baron en interrompant le petit vieux ; parlez-moi plutôt de la dame étrangère, de cette apparition céleste que j'aperçus à vos côtés dans la boutique du confiseur Fuchs.

Et il se mit à raconter la trouvaille du portefeuille, le voyage en Grèce, le rêve à l'hôtel du Soleil-d'Or, et finit par supplier le vieillard de ne pas contrarier son amour, lui qui, tout en ne voulant passer que pour l'assistant du chancelier Schnuspelpold de Brandebourg, n'en devait pas moins disposer du sort de la Grecque, en qualité d'oncle ou de père.

— Hé ! hé ! fit Schnuspelpold souriant d'un air joyeux et narquois, rien ne pouvait m'être plus agréable que de vous voir, grâce au portefeuille bleu, amoureux de la princesse grecque. J'ai l'honneur (honneur fort pesant) d'être chargé de sa tutelle. Le tribunal de Paphos m'a choisi, faute de trouver quelqu'un autre qui possédât certaines qualités magiques.

— Mais chut ! chut ! mon petit Schnuspelpold ; ne parle pas ainsi à tort et à travers, tu ferais une école ; sois discret, mon fils.

— Je ne doute pas, noble baron, que vous ne réussissiez auprès de ma pupille ; tout ce que je puis vous dire, c'est qu'elle cherche un jeune prince du nom de Théodore Capitanaki : c'est lui qui a vraiment trouvé le portefeuille bleu et non pas vous.

— Comment ! s'écria le baron, ce n'est pas moi qui ai trouvé le portefeuille ?

— Non, répartit le vieux avec fermeté, ce n'est pas vous; et, de plus, vous vous êtes mis en tête mille folies.

— C'est en vain que tu t'accroches à mes pieds, grossier roi de Candie, c'est en vain que tu te fais aussi lourd qu'une masse de plomb ! s'écria le baron en fureur.

Mais la voix glapissante se fit entendre :

— *Alla ta kas kurismata, kai alla gonun y kotés**.

---

* La poule chante dans un endroit et va pondre dans l'autre.

— Paix ! paix ! petit criard ! dit le vieux avec douceur.

Et le perroquet gris se hucha sur le plus haut bâton de son perchoir.

Le vieux se tourna du côté du baron et continua sur le même ton :

— Vous vous appelez Théodore, mon noble ami, et, qui sait? des rapports mystérieux peuvent vous faire passer pour le vrai Théodore Capitanaki. Si vous voulez gagner sur-le-champ le cœur et la main de ma noble pupille, cela ne tient qu'à une bagatelle. Je sais que vous avez de belles connaissances au département des affaires étrangères ; eh bien ! faites seulement que le grand-sultan reconnaisse pour libres les Grecs, et votre bonheur est certain. Mais que vois-je?

Ici Schnuspelpold retomba sur ses coussins et se cacha la tête sous la couverture.

Le baron suivit la direction qu'avaient pris les yeux du vieillard, et il vit dans une glace la Grecque arrêtée sur le seuil de la porte, qui lui faisait un signe. Il voulut s'élancer vers elle ; mais il s'embarrassa dans le tapis et tomba de tout son long. Le perroquet riait aux éclats. Comme la Grecque s'était approchée du baron, celui-ci profita de cette circonstance, et, de même qu'un habile danseur, chercha à donner à sa chute l'apparence d'une pose académique.

— Enfin, ô douce idole de mon âme !... s'écria-t-il en italien, à genoux aux pieds de la Grecque qui l'interrompit et lui dit :

— Parle plus bas ; n'éveille pas le vieux en me répétant ce que je sais depuis longtemps. Lève-toi.

CHAPITRE XIII.

Elle lui présenta sa main, et le baron, transporté au troisième ciel, prit place à ses côtés sur un moelleux divan placé dans le fond de la chambre.

— Je sais tout, dit-elle en abandonnant sa main dans celle du baron, et, quoi qu'en dise mon Magus, tu as trouvé le portefeuille... Toi aussi tu descends d'une famille de princes grecs, et lors même que tu ne serais pas celui à qui j'avais donné mon cœur, tu peux néanmoins, si tu le veux, devenir maître de ma vie.

Le baron se confondit en protestations; mais la Grecque appuyant sa tête sur sa main, dans une pose pensive, semblait ne pas y prendre garde. Au bout d'un moment elle dit en lui parlant à l'oreille très-bas :

— As-tu du courage ?

— Comme un lion, répondit-il.

— Oseras-tu, tandis que ce monstre est là dans ce lit, profondément endormi, avec ce petit couteau, lui...

Le baron, reconnaissant à la main de la Grecque le petit instrument de chirurgie qu'il avait trouvé dans le portefeuille, frissonna de la tête aux pieds.

— Avec ce petit couteau, dit la Grecque, lui couper la tête ?... Mais, ne crains rien, nous pouvons causer, le perroquet le veille. Parle-moi seulement de ta famille.

Le baron se mit à raconter l'histoire du portrait de sa grand'mère, de sa mère elle-même, et de tout ce que le lecteur connaît depuis l'entretien que Théodore eut avec son oncle.

Les beaux yeux de la Grecque brillaient de joie; elle semblait animée d'une autre vie; en cet instant sa beauté vait pris un éclat éblouissant, surnaturel.

Le baron nageait dans un océan de délices. Sans savoir comment cela se fit, il se trouva tout à coup dans ses bras, couvrant de baisers ardents sa bouche charmante.

— Oui, disait la Grecque, tu devais être à moi. Fuyons ensemble vers notre patrie. Hâte-toi de te rendre dans ce lieu sacré, où les chefs du peuple t'attendent, les armes à la main, pour secouer le joug honteux sous lequel nous traînons une misérable existence. Il ne te manque, je le sais, ni les vêtements, ni les armes; par tes soins tout est prêt. Tu n'as qu'à te montrer, à te mettre à la tête des guerriers, à remporter sur le pacha une victoire éclatante. Les îles sont libres, et tu goûtes, uni à moi par un feu sacré, tout le bonheur que l'amour et notre belle, notre riche patrie, peuvent procurer à un mortel... Que redouterais-tu dans cette entreprise hardie?... Si tu échoues, qu'arrivera-t-il?... Tu mourras de la mort des héros sur le champ de bataille, ou tu seras pris par le pacha, et alors qu'as-tu à craindre?... On t'empalera pour le plus; on te garnira les oreilles de poudre à canon, puis on y mettra le feu; ou l'on choisira quelqu'autre genre de mort, toujours digne d'un brave. Moi qui suis jeune et belle, on me destinera au harem du pacha... Si tu n'es pas réellement le jeune prince Théodoros Capitanaki, mais bien, comme mon Magus l'affirme, le pied de lièvre du jardin des plantes, mon vrai prince saura bien me délivrer.

A ce discours, il se passa dans l'intérieur du baron un étrange bouleversement. Une froideur glaciale succéda à l'ardeur qui le brûlait. Le frisson de la fièvre s'empara de lui.

CHAPITRE XIII.

Mais les yeux de la Grecque lancèrent des éclairs, sa figure prit une expression farouche; elle se leva dans toute sa majesté devant lui, et prononça d'une voix solennelle les paroles suivantes :

— Si tu n'étais ni Théodore, ni le pied de lièvre noir; si tu n'étais qu'une image trompeuse, une ombre vaine, l'ombre de cet infortuné jeune homme dont la méchante Ensouze, blessée par l'archet du violon, suça le sang *, ah ! j'ouvrirai tes veines, je verrai ton sang, et alors s'évanouiront toutes ces visions diaboliques!...

Et la Grecque brandit le petit couteau étincelant. Le baron, épouvanté, gagna la porte en courant à toutes jambes. Le perroquet cria d'une voix éclatante :

— *Alla paschy a gaidaros ké alla evryskusi* **.

Schnuspelpold se jeta à bas du lit par un mouvement violent en criant de son côté :

— Halte ! halte ! mon noble ami ! la princesse est votre fiancée, votre fiancée !

Mais le baron avait descendu comme un trait les escaliers, et était déjà bien loin...

Amélie Simson affirma savoir de bonne source que le prétendu assistant de chancellerie Schnuspelpold était tout bonnement un savant juif de Smyrne, venu à Berlin pour demander au conseiller secret Diez son avis sur un

---

* Bartholdy parle dans un voyage en Grèce d'un jeune homme qui mourut à Athènes, et dont la mort eut pour cause l'aventure suivante. Un soir qu'il était assis avec un de ses amis dans la campagne, sur un banc, et jouait du violon, une larve (Ensouze), attirée par la musique, s'assit à côté de lui. Ne la voyant pas, il la toucha de son archet. La larve blessée par l'archet jura de se venger. Depuis ce moment, le corps du jeune homme flotta çà et là ; jusqu'à sa mort ce ne fut qu'une ombre.

** « L'âne trouve autre chose que ce qu'il cherchait. »

passage douteux du Coran. Malheureusement, le conseiller n'était plus de ce monde lorsque le juif arriva à Berlin.

Quant à la princesse grecque, c'était simplement la fille du juif qui était devenue folle depuis la perte de son époux.

Il n'en est point ainsi. Le lecteur n'a qu'à se rappeler l'écrit contenu sur le feuillet du portefeuille, de même que maintes autres circonstances, pour se persuader que l'énigme est encore à résoudre.

Chose étrange ! à cette heure le baron Théodore de S... voyage pour tout de bon en Grèce. S'il revient, on aura des nouvelles plus précises de Schnuspelpold et de la Grecque, que l'auteur a cherchés inutilement dans tout Berlin. Si ce dernier apprend quelque chose touchant le baron et ses mystérieuses aventures, il ne manquera pas, par la même voie, d'en informer le lecteur l'année prochaine.

LA FENÊTRE DU COIN DU COUSIN.

Les moindres productions d'un auteur aussi original qu'Hoffmann sont curieuses à étudier, surtout lorsque l'auteur dénoue le masque comique qui couvre la figure de ses personnages pour montrer sa véritable figure. Hoffmann est le plus souvent caché dans un coin de ses contes, quelquefois sous l'habit du héros principal, quelquefois dans la poche d'une figure des derniers plans. C'est comme le diable qui, sous n'importe quel travestissement, laisse toujours passer sa griffe; mais ici, dans *la Fenêtre du Coin*, Hoffmann s'est montré tout entier sans se cacher, avec les mélancolies que lui inspirait sa fin prochaine,

CHAPITRE XIII.

avec l'ardente curiosité qui en faisait *l'homme des foules*, avec sa lunette d'approche qui remplaçait l'usage de ses jambes perdues. Ses éditeurs nous le disent deux fois, dans deux notes : telle était la chambre d'Hoffmann, tel était son état de maladie. Un homme tel qu'Hoffmann à une fenêtre n'est pas un regardeur ordinaire; si on ajoute que sa fenêtre donnait sur le grand marché de Berlin, le lecteur enthousiaste s'imagine de quel œil sardonique et malicieux chaque personne était suivie sans s'en douter. Grandes dames, fruitières, jeunes filles, servantes, charbonniers, gamins, marchands et marchandes de toute espèce ont posé pour Hoffmann malade, qui a employé cette fois le procédé d'un dessinateur dans une rue. Il ne s'agit pas d'un drame, mais de vives esquisses, de mille croquis, de petits coups de crayons jetés en forme de récit, et qui sembleraient plutôt du domaine du caricaturiste. Du reste Hoffmann, peintre et musicien, a souvent essayé de transplanter ces deux arts dans le domaine du récit : quelquefois il a écrit des fantaisies en prose exclusivement *musicales;* ce n'est pas parce qu'il parlait de musique ou qu'il se servit de termes musicaux, mais le caractère vague de la musique, ces sensations inanalysables, il a su, comme dans quelques morceaux du *Kreisleriana*, les couler en prose. Ici Hoffmann est purement dessinateur.

La Fenêtre du coin ne ressemble pas aux œuvres que nous connaissons en France sous le titre de *Contes fantastiques.* Hoffmann est plus réel, quoiqu'il se lance à corps perdu dans les champs de l'induction. Son ami Hitzig a caractérisé très-bien cette œuvre posthume : « On a déjà signalé dans la vie d'Hoffmann, et des critiques pleins de pénétration ont même mené cette besogne beaucoup plus loin qu'Hoffmann, ainsi que le prouve *la Fenêtre du coin*, à mesure que sa vie terrestre s'inclinait vers la fin, arrivait à une clarté et à un naturel plus grand dans sa manière de comprendre et d'exposer les choses, au milieu de ce brouillard dans lequel il lui était devenu habituel de toujours planer. » Un esprit bien différent du conteur allemand, Bernardin de Saint-Pierre, rêva longtemps d'avoir une fenêtre sur un grand marché de Paris : cette bonne fortune, ce gai coup d'œil, Hoffmann le réalisa. Et voici ce qu'il en sut tirer.

LA FENÊTRE DU COIN.

Mon pauvre cousin a éprouvé le même sort que le célèbre Scarron. Ainsi que celui-ci, mon cousin a perdu complétement l'usage de ses jambes par une longue et douloureuse maladie; maintenant il est obligé d'avoir recours à de solides béquilles et au bras nerveux d'un invalide grognard, qui ne fait auprès de lui le garde-malade qu'à son bon plaisir, pour le traîner de son lit dans son fauteuil garni de coussins, et de son fauteuil à son lit; mais ce n'est pas là l'unique ressemblance de mon cousin avec le Français. Aussi bien que Scarron, mon cousin écrivaille; comme Scarron il est doué d'une certaine humeur joviale, et il fait à sa manière les plaisanteries les plus humouristiques. Toutefois il faut remarquer, à l'honneur de l'écrivain allemand, qu'il n'a jamais regardé comme nécessaire d'épicer ses mets piquants d'*assa-fœtida*, pour chatouiller le palais de ceux de ses lecteurs allemands qui ne trouveraient pas ses plats tout à fait de leur goût. Il se contentait de la noble saveur qui excite et fortifie. Aussi les gens aiment à lire ce qu'il écrit; cela doit être bon et divertissant; moi, je ne m'y entends guères. D'ordinaire la conversation de mon cousin me faisait du bien, et il me semblait plus agréable de l'entendre que de le lire. Cependant cette invincible manie d'écrire est ce qui a attiré de noirs malheurs sur mon pauvre cousin. La plus pénible maladie ne put arrêter le mouvement rapide de l'imagination qui continuait à manœuvrer en lui, en fabriquant toujours, toujours du

CHAPITRE XIII.

neuf. Aussi me racontait-il parfois toutes sortes de charmantes histoires qu'il inventait, au milieu d'affreuses douleurs. Mais le méchant démon de la maladie avait barré le chemin que la pensée aurait dû suivre pour arriver à se formuler sur le papier. Ainsi quand mon cousin voulait écrire quelque chose, non-seulement ses doigts lui refusaient le service, mais la pensée elle-même s'était évanouie et envolée. Aussi tombait-il dans la plus noire mélancolie.

— Cousin, me disait-il un jour d'un ton qui m'effraya, cousin, c'en est fait de moi. Je me fais l'effet de ce vieux peintre halluciné qui restait assis des journées entières devant une toile tendue dans le cadre, chargée seulement de quelques couleurs, et qui vantait à ses visiteurs les beautés sans nombre du magnifique chef-d'œuvre qu'il venait de finir; — je renonce à la vie active et créatrice, — mon esprit se retire dans sa cellule.

Depuis ce temps, mon cousin ne se laissait plus voir ni par moi ni par personne. Le vieil invalide grognard nous repoussait de sa porte en y bougonnant comme un hargneux chien de garde. Il est nécessaire de dire que mon cousin habite de petites chambres basses en haut de la maison. C'est aujourd'hui l'usage des écrivains et des poëtes. Qu'importe un plafond bas si l'imagination vole haut et se construit une immense voûte aérienne qui monte jusqu'au ciel bleu et resplendissant?

Le logis de mon cousin est situé dans le plus beau quartier de la capitale, c'est-à-dire sur le grand marché, qui est entouré de bâtiments de luxe et au milieu desquels resplendit le théâtre colossal, bâti avec tant de génie. C'est la maison faisant le coin que mon cousin habite, et de la fenêtre d'un petit cabinet, il embrasse d'un seul regard tout le panorama de cette place grandiose *. C'était justement un jour de marché que, perçant à travers la foule, j'arrivai au bas de la rue d'où l'on aperçoit de fort loin la fenêtre du coin de mon cousin. Mon étonnement ne fut pas mince quand je vis reluire à cette fenêtre la petite calotte rouge que mon cousin portait dans son bon temps. Bien plus, en m'approchant davantage, je remarquai que mon cousin avait endossé sa magnifique robe de chambre de Varsovie et qu'il fumait dans sa pipe turque des dimanches. — Je lui fis signe, j'agitai mon mouchoir de poche et je réussis à attirer sur moi son attention. Il me répondit amicalement de la tête : Que d'espérances ! Rapide comme l'éclair, je grimpai l'escalier ; l'invalide ouvrit la porte, sa figure d'ordinaire ridée, plissée, pareille à un gant qui a été mouillé, semblait avoir été touchée par un rayon de soleil, et était devenue un masque presque aimable. Il dit qu'il croyait que Monsieur était dans son fauteuil, et qu'on pouvait lui parler. La chambre était faite, et sur le paravent du lit on voyait attachée une feuille de papier, où se lisaient ces mots écrits en grosses lettres :

Et si male nunc, non olim sic erit **.

Tout indiquait l'espérance revenue, la force vitale ressuscitée. — Ah ! te voilà donc enfin, me cria mon cousin comme j'entrais dans le cabinet ; ah ! te voilà donc

* Fidèle peinture de la chambre d'Hoffmann. (*Note d'Hitzig.*)
** Et si maintenant le mal se fait sentir, il n'en sera pas toujours ainsi.

enfin, cousin ; sais-tu bien que je me suis vraiment ennuyé après toi ? Mon Dieu, quand même tu ne t'inquiètes pas de mes œuvres immortelles, je t'aime pourtant, va, parce que tu as l'esprit gai, et que tu es amusable sinon bien amusant. A ce compliment de mon sincère cousin, je sentis le sang me monter au visage. — Tu t'imagines, continua-t-il sans faire attention à mon mouvement, tu t'imagines bien certainement que je suis en pleine convalescence, et même tout à fait délivré de mon mal. Il n'en est pourtant rien. Mes jambes sont des vassales tout à fait infidèles, qui sont en pleine révolte contre la tête de leur seigneur, et qui ne veulent plus rien avoir à faire avec le reste de mon cher cadavre. Cela veut dire, en un mot, que je ne puis plus bouger de place, et je me charrette humblement dans ce fauteuil à roues de côté et d'autre, d'après les très-mélodieuses marches que mon vieil invalide me siffle, en souvenir de ses campagnes. Mais cette fenêtre est ma consolation. Ici, j'ai retrouvé la vie avec ses bigarrures, et je me sens maintenant en fort bon rapport avec ses agitations incessantes. Tiens, cousin, regarde plutôt là-bas.

Je m'assis vis-à-vis de mon cousin sur un petit tabouret, dans l'embrasure de la fenêtre.

Le coup d'œil était en effet étrange et saisissant. Tout le marché ne ressemblait plus qu'à une masse populaire si étroitement pressée, qu'on eût pu croire qu'une pomme jetée à travers, n'eût jamais pu arriver jusqu'à terre. Les couleurs les plus différentes resplendissaient au soleil, par toutes petites places ; ce spectacle faisait sur moi l'effet d'un grand carré de tulipes ondoyant au gré du vent, et je fus obligé de m'avouer que ce coup d'œil agréable, mais un peu fatigant à la longue, était dans le cas d'occasionner à des gens quelque peu prédisposés à de telles sensations un léger vertige, semblable à celui qui précède les rêves. C'est en cela que je fis consister le plaisir que cette fenêtre du coin donnait à mon cousin, et je le lui dis tout net.

Le cousin se frappa la tête des deux mains et le dialogue suivant commença entre nous.

LE COUSIN. —Ah! cousin! cousin, je vois bien maintenant que la plus petite étincelle de talent littéraire ne brûle pas en toi. La disposition la plus élémentaire te manque pour marcher jamais sur les traces de ton cousin, si digne et si boiteux, c'est-à-dire l'œil qui voit réellement. Ce marché ne t'offre que l'aspect d'un tourbillon confus et bariolé de gens du peuple, en proie à une animation insignifiante. Ho! ho! mon ami! moi, au contraire, je vois se développer là la mise en scène la plus variée de la vie bourgeoise, et mon esprit, à la manière de Callot et de Chodowiecki*, enfante mille esquisses l'une après l'autre, qui ne manquent ni de hardiesse ni de trait. Voyons, cousin, il faut que j'essaye si je ne pourrai pas mettre à ta portée les principes de l'art. Tiens, voici ma lunette, regarde devant toi, là, dans la rue; aperçois-tu cette personne un peu étrangement habillée, un large panier de marché au bras, qui est en grande conversation avec un marchand de balais, et qui semble traiter d'autres affaires

---

* Chodowiecki était un dessinateur et graveur fort spirituel qui a *illustré* de petites eaux-fortes charmantes tous les romans allemands et suisses du temps d'Hoffmann. Lavater en faisait grand cas. (C — y.)

domestiques que celles relatives à la nourriture du corps?

moi. — Je l'aperçois. Elle a un éclatant mouchoir citron, ployé à la mode française en turban autour de la tête, et son visage, ainsi que toute sa personne, indique clairement une française. C'est bien certainement une *restante* de la dernière guerre qui aura su tirer son épingle du jeu*.

le cousin. — Pas mal deviné. Je gage que l'homme est redevable à quelque branche d'industrie française, lui rapportant un joli profit, de la possibilité où se trouve sa femme de remplir son panier de toutes sortes de bonnes choses. Maintenant elle se perd dans le tourbillon. Tâche donc, cousin, de suivre sa course dans tous ses zig-zags sans la perdre des yeux. Le mouchoir jaune brille devant toi.

moi. — Dieu! comme ce brillant point jaune fend la foule! La voilà déjà près de l'église. — Elle marchande quelque chose près des étalages. — Maintenant, la voilà partie. — Ah! je l'ai perdue! — Non, là-bas elle se relève. — Là-bas près de la volaille. — Elle prend une oie plumée. — Elle la tâte en connaisseuse.

le cousin. — Bien, cousin. La fixité du regard fait que l'on voit distinctement. Cependant au lieu de prétendre t'initier si ennuyeusement à un art qui ne peut presque pas s'apprendre, laisse-moi plutôt te faire remarquer toutes ces drôleries qui se déroulent devant nous. Remarques-tu dans ce coin, là-bas, cette dame qui, malgré la foule qui n'est pas trop grande, se fait jour à l'aide de ses deux coudes pointus?

* En allemand : qui a su mettre ici à l'abri de l'inondation son petit agneau.

MOI. — Quelle singulière tournure ! — Un chapeau de soie sans formes qui nargue toutes les modes, avec des plumes bigarrées qui voltigent dans les airs ; — un petit surtout de soie, qui n'a rien gardé de sa couleur primitive. — Par-dessus, un châle assez honnête ; — la garniture de gaze de sa robe de coton jaune lui descend jusqu'à la cheville du pied. — Bas gris bleu. — Bottines lacées. — Derrière elle une superbe servante avec des paniers, un filet à poissons, un sac à farine. — Bon Dieu de là-haut ! quels regards furieux la soyeuse personne jette autour d'elle, et avec quelle fureur elle se précipite dans les groupes les plus serrés ! — Comme elle saisit tout, légumes, fruits, viandes ! Comme elle examine tout ! Comme elle tâte tout ! Comme elle marchande tout pour ne rien acheter !

LE COUSIN. — Cette femme-là, qui ne manque pas un marché, je l'appelle la ménagère enragée. Il me semble qu'elle doit être la fille d'un riche bourgeois, peut-être d'un fabricant de savons aisé, dont la main avec les *annexes* (la dot) a été obtenue non sans peine par quelque petit secrétaire intime. Le ciel ne l'a douée ni de beauté ni de grâces ; par contre, elle passait chez tous les voisins pour la jeune fille la plus laborieuse et la meilleure ménagère; et c'est la vérité. Du matin au soir elle s'agite tant dans son ménage, que le pauvre secrétaire intime effrayé voudrait être au pays du poivre *. Tous les registres à trompettes et à cymbales des achats, des commandes, des petites emplettes et des besoins si variés du ménage, sont

---

* Comme nous disons : à tous les diables.

toujours tirés comme ceux d'un orgue, ce qui fait que la maison du secrétaire intime ressemble à une tabatière à musique, dans laquelle un mécanisme remonté joue sempiternellement une symphonie insensée, composée par le diable en personne. — Presque tous les quatre jours de marché elle est accompagnée d'une autre servante. *Sapienti sat!* * — Tiens, vois-tu là, ce groupe qui se forme? Ne serait-il pas digne d'être éternisé par le crayon d'un Hogarth? Regarde donc, là-bas, sous la troisième porte du théâtre?

MOI. — Deux vieilles femmes assises sur de petites chaises basses; — toute leur marchandise étendue devant elles dans une moyenne corbeille. — L'une vend des mouchoirs, à attraper les myopes. — L'autre a un magasin de bas bleus et gris, de tricots, etc. — Elles viennent de se pencher l'une vers l'autre; elles se chuchotent à l'oreille. — L'une savoure une tasse de café. — L'autre semble si absorbée par la conversation, qu'on dirait qu'elle en oublie le petit verre de *schnaps* qu'elle était sur le point de laisser glisser dans son gosier. — En effet, ce sont des physionomies frappantes! Quel sourire de sorcières! Quelles gesticulations avec leurs bras osseux et secs!

LE COUSIN. — Ces deux femmes sont continuellement ensemble, et malgré la différence de leur commerce pas de collision, par conséquent pas de jalousie de métier. Cependant, jusqu'à ce jour, elles se sont toujours guettées d'un œil hostile, et si mon expérience physionomique ne me trompe pas, elles doivent s'être jeté à la tête plus

---

* Assez de science : c'est-à-dire tu en sais assez.

d'une expression railleuse. Oh! tiens! tiens! regarde donc, cousin, les voilà qui deviennent de plus en plus intimes de cœur et d'âme. La marchande de mouchoirs partage sa demi-tasse avec la marchande de bas. Qu'est-ce que cela veut dire? Ah! je sais. Il y a quelques minutes, une jeune fille de seize ans au plus, belle comme le jour, dont la mise indiquait les mœurs et la timide pauvreté, est venue près de la corbeille, attirée par les attrapes. Son attention était captivée par un mouchoir blanc, avec une bordure de couleur, dont elle avait peut-être grand besoin. Elle le marchanda, et la vieille déploya toutes les ressources de sa finesse mercantile, en déployant le mouchoir et en faisant briller au soleil ses couleurs éclatantes. Elles tombèrent d'accord, mais quand la pauvrette voulut tirer sa bourse du coin de son mouchoir de poche, elle ne trouva pas assez d'argent pour une pareille dépense. Les joues en feu et les yeux pleins de larmes, la pauvre jeune fille s'éloigna aussi vite qu'elle put, pendant que la vieille éclatait de rire méchamment, en repliant le mouchoir et en le rejetant dans la corbeille. Il a dû s'ensuivre de jolis propos. Mais voici maintenant que l'autre sorcière connaît la jeune fille et la triste histoire de sa famille ruinée qu'elle met sur le tapis, en y joignant une chronique scandaleuse pour le divertissement de la marchande abusée. Il y a certainement là-dessous quelqu'abominable calomnie, grosse comme le poing, qui aura été payée par cette tasse de café.

MOI. — De toutes les combinaisons que tu déroules là, cousin, il est possible qu'aucune ne soit vraie; et cependant, en regardant ces femmes, il me semble, grâce à ton exposition animée, que tout cela est on ne peut plus plausible; et je suis, bon gré mal gré, obligé de le croire.

LE COUSIN.—Avant de nous éloigner des murs du théâtre, laisse-nous jeter encore un regard sur cette bonne grosse femme aux joues bouffies de santé, qui est assise avec un calme et un sang-froid stoïque sur cette chaise de joncs, les mains cachées sous son tablier blanc, et qui a déployé devant elle, sur des linges blancs, un si riche magasin de cuillers polies, de couteaux, de fourchettes, de tasses à thé, de cafetières, de tricots, de faïence, d'assiettes, de plats de porcelaine à la vieille mode, et que sais-je encore ! Si bien que sa pacotille achetée de bric et de broc dans les encans, comme il est probable, forme un véritable *orbis pictus* *. Elle écoute l'offre de la pratique, la figure tranquille, sans avoir l'air de s'inquiéter qu'on achète ou qu'on n'achète pas ; elle tire seulement une main de dessous son tablier pour recevoir l'argent et laisse prendre à ses pratiques les objets qu'elles ont achetés. C'est une marchande calme et réfléchie qui veut mettre quelque chose de côté. Il y a un mois, tout son commerce consistait en à peu près une demi-douzaine de bas de coton fins, et autant de gobelets. Ses affaires ont augmenté à chaque marché; cependant elle n'a jamais apporté une meilleure chaise, elle cache toujours comme auparavant ses mains sous son tablier, ce qui indique qu'elle possède une grande égalité d'esprit et ne se laisse pas entraîner par la fortune à devenir hautaine et orgueilleuse. Quelle idée baroque me vient tout à coup ! Je me figure un petit diablotin mauvais sujet, tel que celui de la gravure de Hogarth, sous la chaise de la bigotte, un petit diablotin qui se glisserait ici

* Peinture du monde entier, de l'univers.

sous la chaise de la marchande, et, envieux de son bonheur, scierait le pied de la chaise sans le moindre bruit. Pata pouf! la voilà qui tombe au milieu de ses verres et de ses porcelaines, et tout le commerce est à vau-l'eau. Quelle faillite!

MOI. — En vérité, cher cousin, tu m'as déjà appris à mieux voir. Pendant que je laisse errer mes regards dans ce tourbillon bigarré de la foule ondoyante, j'aperçois de côté et d'autres des jeunes filles accompagnées de cuisinières proprement vêtues, qui portent à leur bras de vastes paniers et qui marchandent les provisions dont le marché est couvert. La mise distinguée de ces jeunes filles ne me permet pas de douter qu'elles ne soient au moins de la première bourgeoisie. Comment se fait-il qu'elles viennent au marché?

LE COUSIN. — Cela peut s'expliquer très-facilement. Depuis quelques années, la coutume est d'envoyer au marché même les filles des plus hauts fonctionnaires de l'État, afin de leur apprendre, par la pratique, cette branche de la tenue du ménage qui regarde l'achat des provisions.

MOI. — En effet, c'est une louable coutume qui, en sus de l'avantage pratique, doit conduire en outre à des manières de voir toutes domestiques.

LE COUSIN. — Crois-tu, cousin? Eh bien, quant à moi, je pense tout le contraire. Quel but peut-on avoir en faisant ses achats soi-même, sinon de s'assurer de la qualité de la marchandise et de la véracité des prix? Les qualités, la mine, les marques d'un bon légume, de la viande fraîche, une ménagère débutante peut apprendre tout cela très-facilement d'une autre manière; et la petite épargne que l'on croit faire en empêchant la cuisinière de faire danser l'anse du panier, n'existe pas, parce que la cuisinière ne laisse pas que de s'entendre secrètement avec la marchande, en sorte que cela ne balance pas le dommage que la fréquentation du marché peut amener. Jamais je ne voudrais, pour quelques *kreutzers*, exposer ma fille à être entourée de gens mal élevés, à entendre des équivoques et des propos malhonnêtes des gens du marché. Et encore il faut parler des coups d'œil des langoureux jeunes gens en habit bleu, à cheval, ou en redingote jaune à collet noir, à pied, dont le marché est... — Mais tiens, regarde donc, regarde, cousin ; comment trouves-tu la fille qui nous arrive du côté de la pompe, accompagnée d'une cuisinière déjà âgée ? Prends ma lunette, cousin, prends ma lunette.

moi.—Ah ! quelle créature ! c'est l'amabilité en personne ; —mais elle baisse pudiquement les yeux ; — chacun de ses pas est craintif, — chancelant ; — elle se retient timidement à sa compagne, qui lui ouvre avec effort un passage dans la foule. — Je la suis. — Voilà la cuisinière qui s'arrête devant les paniers de légumes. — Elle marchande, — elle attire la petite, qui prend vite, vite de l'argent dans sa bourse, en détournant à moitié son visage, et tend cet argent, toute joyeuse de pouvoir en être quitte. — Je ne puis la perdre, grâce à son châle rouge. — Elle semble chercher quelque chose en vain. — Enfin ! enfin ! les voici qui s'arrêtent près d'une femme qui vend des légumes plus délicats dans de jolis paniers. Toute l'attention de la jolie petite est absorbée par un panier des plus frais choux-fleurs. — La jeune fille elle-même en choisit une tête et la met dans le panier de la cuisinière. — Comment ? l'effrontée cuisinière retire sans se gêner cette tête de son panier, la remet dans celui de la marchande, et en choisit une autre, sans compter qu'on peut voir, aux secousses violentes de sa lourde tête ornée de dentelles, qu'elle accable de reproches la pauvre petite qui, pour la première fois, avait voulu choisir à son gré.

LE COUSIN. —Comment te figures-tu les sentiments de cette jeune fille dont on veut à toute force faire une ménagère, ce à quoi s'oppose tout à fait sa délicatesse d'esprit. Je connais cette charmante petite; c'est la fille d'un haut conseiller secret, une nature naturelle, éloignée de toute afféterie, animée des vrais sentiments de son sexe et douée de ce tact exquis, de cette intelligence toujours sûre d'elle-même, spéciale aux femmes de cette sorte.
— Ho! ho! cousin, voilà une heureuse rencontre. Ici, au coin, vois-tu venir la contre-partie de ce tableau. Comment trouves-tu cette jeune fille, cousin?

MOI. —Oh! quelle tournure svelte et mignonne;—jeune, —alerte,—regardant le monde autour d'elle d'un œil libre et hardi. — Au ciel, toujours l'éclat du soleil; — dans les airs, toujours joyeuse musique. — Comme elle s'avance fière et sans gêne au milieu de la foule pressée! — La servante qui la suit avec un panier ne semble pas plus vieille qu'elle, et une certaine cordialité semble régner entre ces deux femmes. — La demoiselle est bien habillée; — le châle est moderne, — le chapeau très-convenable pour une toilette du matin, aussi bien que la robe qui est de fort bon goût. —Tout est bien convenable. — Ah! mon Dieu, que vois-je? La demoiselle a mis des souliers de satin blanc! —Une chaussure de bal usée pour venir au marché!

— En somme, plus j'observe cette jeune fille et plus je suis frappé de certaines particularités que je ne puis exprimer avec des mots. C'est vrai, elle fait, à ce qu'il me semble, les achats avec une soigneuse attention ; elle choisit, elle marchande, elle parle, elle gesticule à propos de tout d'un air animé ; mais on dirait qu'elle voudrait acheter autre chose encore que des provisions de ménage.

LE COUSIN.—Bravo ! bravo ! cousin, ton regard s'aiguise. Vois-tu, mon cher, malgré l'élégance simple de l'habillement et abstraction faite de la démarche alerte, ces souliers de satin blanc au marché auraient déjà dû te faire deviner que la petite demoiselle appartient au ballet ou au moins au théâtre. Ce qu'elle désire ne sera pas long à se révéler. — Ah ! c'est cela ! Regarde donc, cher cousin, un peu à droite en haut de la rue, et dis-moi qui tu vois sur le trottoir, devant l'hôtel, à un endroit un peu désert ?

MOI. — Je vois un grand jeune homme élancé, à courte redingote jaune avec un collet noir et des boutons d'acier. Il porte une petite casquette rouge brodée d'argent, sous laquelle flottent de belles boucles de cheveux noirs peut-être un peu trop touffus. La petite moustache noire de la lèvre supérieure rehausse à merveille ce visage pâle, énergique et bien coupé. Il a un carton sous le bras ; — ce ne peut être qu'un étudiant qui se rend au cours. — Mais il reste là comme enraciné, le regard fixement tourné vers le marché, et il semble avoir oublié l'heure de son cours et tout ce qui l'environne.

LE COUSIN.—Tu y es, cher cousin. Toute son attention est dirigée vers notre petite comédienne. Il s'approche du grand marché aux fruits, dans lequel les plus belles marchandises sont empilées d'une manière appétissante, et il semble demander certains fruits qui justement ne se trouvent pas à la main. Il est tout à fait impossible de faire un bon dîner sans des fruits au dessert. Il faut donc que notre petite comédienne termine ses emplètes en s'adressant à cette boutique. Une pomme ronde et rouge échappe espièglement de ses petits doigts. — L'étudiant à la redingote jaune se baisse, ramasse la pomme. La petite fée de théâtre fait une gracieuse révérence. — La conversation est en train. — De réciproques conseils et une réciproque assistance à propos d'un choix d'oranges assez difficile complètent une connaissance qui certainement a déjà été commencée ailleurs, car voilà qu'en même temps se conclut un gracieux rendez-vous, qui certainement se répétera en se variant de bien des manières.

MOI. — Que ce nourrisson des Muses batifole et choisisse des oranges tant qu'il voudra, cela ne m'intéresse pas, et d'autant moins, qu'au coin de la façade du théâtre, où les marchandes de fleurs ont leur étalage, l'angélique enfant, la ravissante fille du conseiller secret, vient de reparaître.

LE COUSIN. — Je n'aime pas à regarder du côté de ces fleurs, cher cousin, et pour cause. La fleuriste qui y vend les plus beaux choix d'œillets, de roses et d'autres plantes rares, est une toute belle et toute gentille jeune fille, cherchant à cultiver son esprit; quand son commerce ne l'occupe pas, elle lit avec attention des livres dont la reliure prouve qu'ils appartiennent au grand corps d'armée esthétique de *Kralowski* [*], qui répand victorieusement la lumière de l'instruction jusque dans les coins les plus

[*] Cabinet de lecture de Berlin.

éloignés de la résidence. Une lectrice fleuriste est pour un romancier un spectacle irrésistible. Il advint donc qu'après avoir depuis longtemps passé devant cet étalage, — qui est du reste exposé tous les jours, — en voyant lire la fleuriste, je m'arrêtai tout surpris. Elle était assise comme sous un épais berceau de géraniums en fleurs, le livre ouvert sur ses genoux, la tête appuyée dans les mains. Il fallait que le héros du roman se trouvât alors dans un danger sérieux ou que la lectrice en fût arrivée à un des moments importants de l'action, car les joues de la jeune fille s'animaient, ses lèvres frémissaient ; elle paraissait avoir complétement oublié son entourage. Cousin, je veux t'avouer d'une manière désintéressée la faiblesse étrange d'un écrivain. Tantôt j'étais pour ainsi dire cloué sur place ; tantôt je trottinais de ci et de là. Que peut donc lire cette jeune fille? Cette idée occupait toute mon âme. La vanité d'écrivain s'agitait et me chatouillait du pressentiment que c'était une de mes œuvres à moi qui emportait en ce moment cette jeune fille dans le monde fantastique des rêveries. A la fin, je pris mon cœur à deux mains, j'entrai et m'informai du prix d'un pied d'œillets qui était au rang le plus éloigné. Pendant que la jeune fille allait me le chercher, je me mis à dire : — Qu'est-ce que vous lisez donc là, ma belle enfant? en m'emparant du livre ouvert. Oh ! ciel ! c'était en effet un de mes livres. La jeune fille m'apporta les fleurs en m'en disant le prix. Que m'importaient les fleurs et les pieds d'œillets ? La jeune fille était pour moi en ce moment un public bien autrement précieux que tout le monde élégant de la résidence. Ému et tout enflammé du plus doux sentiment d'auteur, je demandai avec une indifférence simulée comment la jeune fille trouvait ce livre. — Eh! mon cher monsieur, c'est un tout drôle de livre; d'abord il vous trouble la tête, mais bientôt c'est absolument comme si on était assis au beau milieu de l'histoire. A ma surprise très-grande, la jeune fille s'empressa de raconter le roman si nettement et si bien, que je compris qu'elle avait dû déjà le lire plusieurs fois. — Quel livre singulier! reprit-elle; parfois il m'a fait rire de tout cœur, puis, d'autre fois, j'avais envie de pleurer. Je vous conseille, si vous ne l'avez pas encore lu, d'aller le chercher après-midi chez M. Kralowski, car c'est cette après-midi que je change mes livres. Le moment devenait solennel. Les yeux baissés, d'une voix d'une douceur comparable à celle du miel de l'Hybla, le sourire béat d'un auteur dans l'enchantement, je me mis à gazouiller : — Mon doux ange, l'auteur de ce livre, qui vous a tant fait plaisir, est devant vous en personne... C'est moi! La jeune fille me regarda de ses grands yeux, et resta sans rien dire la bouche ouverte. Je prenais cette manifestation pour l'expression du plus grand étonnement, d'un certain effroi joyeux, de voir le sublime génie qui avait fait une pareille œuvre apparaître tout à coup près des géraniums. — Peut-être, me dis-je en voyant que la figure de la jeune fille ne changeait pas, peut-être ne peut-elle croire à l'heureux hasard qui amène près d'elle le fameux auteur de ***. Je cherchai à établir mon identité par tous les moyens possibles, mais on eût dit que la fleuriste était pétrifiée; de ses lèvres il ne s'échappait pas autre chose que des : — Hum! — Vraiment! — Tiens, tiens, tiens! Mais comment te décrire la honte qui me saisit au même instant? Il se trouvait que cette jeune fille n'avait jamais pensé que les livres lus par elle avaient été préalablement inventés. L'idée d'un auteur et d'un poëte lui était absolument étrangère ; et, je crois en vérité qu'en insistant un peu, elle m'eût avoué avoir cru jusques-là que le bon Dieu faisait pousser les livres comme les champignons. Je me remis à demander tout capot combien coûtait le pot d'œillets. Cependant, il fallait qu'il fût vaguement venu à la jeune fille une autre idée sur la composition des livres ; car, lorsque je lui comptai l'argent, elle me demanda naïvement si c'était moi qui avais fait tous les livres de la librairie de Kralowski. Plus rapide qu'un trait, je m'enfuis avec mon pot d'œillets.

MOI.—Cousin, cousin, j'appelle ceci vanité d'auteur punie. Pendant que tu me racontais ta tragique histoire, je n'ai pas détourné l'œil de mon idole. Ce n'est qu'auprès des fleurs que l'orgueilleux démon de la cousine lui a laissé toute liberté. La grognarde cuisinière avait posé son lourd panier à terre, et s'abandonnait avec trois collègues aux indicibles charmes de la conversation, en croisant ses bras replets tantôt l'un sur l'autre, tantôt en les plantant sur la hanche, selon les exigences de l'expression rhétorique mimée de ses discours, regarde dans la belle collection de fleurs que ce bel ange s'est choisie et que lui emporte ce fort gaillard qui la suit. Comment?... Ah! par exemple, voilà qui ne me plaît guères : tout en marchant, elle grignote des cerises de son petit panier... Des cerises, avec le fin mouchoir de batiste qui est certainement dans ce même panier, doivent faire un vilain ménage.

LE COUSIN.—Les jeunes appétits ne s'inquiètent pas des

taches de cerises, qu'il est facile d'enlever avec du sel d'oseille. Et voilà précisément le vrai sans-gêne de l'enfance ; une fois sortie de la cohue de ce maudit marché, la petite profite en plein de sa liberté retrouvée.

LE COUSIN, *continuant la conversation*. — En attendant, voilà déjà longtemps que cet homme m'a frappé, et qu'il reste pour moi une énigme indéchiffrable; tu vois bien, cet homme que voilà là-bas près de la seconde pompe, vers cette voiture, sur laquelle cette femme vend à même d'un grand tonneau de la marmelade aux pruneaux. D'abord, les grosses ventes d'une livre, d'une demie et d'un quart, puis viennent les lécheurs impatients, qui tendent leurs petits papiers et même leurs casquettes à poils. Elle leur jette, avec la rapidité de l'éclair, la petite quantité de confitures qu'ils demandent et qu'ils dévorent aussitôt avec bonheur, comme un bon repas du matin. *Caviar* du peuple*! A cette adroite distribution de confitures, au moyen de la cuiller renversée, il me souvient d'avoir entendu raconter une fois dans mon enfance que, dans une riche noce de paysans, tout avait été fait d'une manière si splendide, que le riz délicat, sur lequel s'étendait une superbe croûte de cannelle, de sucre et de girofle, avait été partagé entre les convives à coups de fléau. Tous les convives n'avaient qu'à ouvrir bravement la bouche pour recevoir leur part, de sorte qu'ils étaient là tout à fait comme dans un pays de Cocagne. Eh bien, as-tu trouvé mon homme ?

MOI.—Parbleu, oui. Quelle drôle de tournure ! Au moins

---

* *Caviar*, composition faite avec des œufs d'esturgeon. C'est un mets tellement recherché par les hautes classes, qu'Hoffmann l'a comparé aux confitures du peuple.

six pieds de haut, sec comme une trique et raide comme un cierge, avec une bosse au dos. Dessous un petit tricorne applati sous la cocarde d'une bourse à cheveux, qui retombent doucement tout au large de son dos. Son habit gris, d'une mode déjà bien vieille et boutonné par-devant du haut en bas, sans faire un seul pli au corps; et, à mesure qu'il approchait de la voiture, j'avais déjà remarqué sa culotte noire, ses bas noirs et les grandes boucles d'étain de ses souliers. Que peut-il donc avoir dans la boîte carrée qu'il porte si soigneusement sous le bras gauche, et qui ressemble presque à la balle d'un colporteur?

LE COUSIN. — Tu vas bientôt le savoir, fais seulement attention.

MOI. — Il ouvre le couvercle de sa boîte, — le soleil donne dedans, — reflets rayonnants; — la caisse est doublée de plomb. — Il ôte son chapeau et fait à la marchande de confitures une courbette presque respectueuse. Quel est donc ce visage original? Lèvres finement closes, — un nez de vautour, — grands yeux noirs, saillants et fortes prunelles, — un front haut, — cheveux noirs, — le toupet frisé en cœur avec de petites boucles raides sur les oreilles. — Il tend sa boîte à la marchande, qui la lui remplit de confitures et qui lui sourit amicalement; puis, après avoir refermé sa boîte, l'homme s'éloigne avec une seconde courbette : voici qu'il passe près d'une tonne de harengs; il tire un petit tiroir de sa boîte, y fourre quelques harengs qu'il vient d'acheter et referme le tiroir. — Un troisième tiroir me paraît destiné, à ce que je vois, à loger le persil et d'autres herbes. — Maintenant, il traverse en différents sens le marché d'un pas lent et plein de gra-

17.

vité, jusqu'à ce qu'il soit arrêté par la vue d'une belle volaille plumée, étendue sur une table. Comme partout il fait quelques profondes courbettes avant de marchander; il cause longtemps à la femme qui l'écoute avec une mine particulièrement amicale. — Il pose avec précaution sa boîte à terre et prend deux canards, qu'il enfile très-commodément dans ses grandes poches. — Ciel! voilà qu'une oie prend également le même chemin. Quant à la dinde, il se contente de lui faire les yeux doux, et cependant il ne peut s'empêcher de la toucher un peu, en la caressant de ses deux doigts. — Il reprend vite sa boîte, s'incline devant la marchande avec beaucoup de politesse, et s'éloigne en s'arrachant avec effort du séduisant objet de son envie, — et va tout droit aux étalages de viande. Serait-ce un cuisinier qui a un grand festin commandé? Il marchande une cuisse de veau qu'il fait encore glisser dans ses poches gigantesques. Maintenant voilà ses emplètes terminées. Il monte la rue *Charlotte* d'un air aussi étrange que s'il venait de tomber du ciel.

LE COUSIN.—Je me suis déjà plus d'une fois cassé la tête à propos de cette figure exotique. Que vas-tu penser de mon hypothèse? Cet homme est un vieux maître de dessin, qui a passé sa vie dans de médiocres institutions scolaires et qui l'y passe peut-être encore. Il a gagné beaucoup d'argent dans toutes sortes d'entreprises industrielles. Il est avare, méfiant, célibataire cynique, ordurier. — Il n'a qu'un dieu, — son ventre; — tout son plaisir consiste à bien manger seul dans sa chambre. Il n'a pas de domestiques; il fait tout lui-même, va au marché chercher ses provisions pour la moitié de la semaine, et prépare sans aide,

CHAPITRE XIII.

dans une petite cuisine, qui est tout à côté de son misérable cabinet, ses repas qu'ensuite il dévore avec un appétit féroce et même bestial. N'as-tu pas remarqué comme il a adroitement et commodément converti une vieille boîte à couleurs en panier de marché ?

MOI. —Arrière cet homme repoussant !

LE COUSIN. —Pourquoi, repoussant ? Il faut qu'il y ait aussi de ces originaux, a dit un homme qui savait le monde ; et il a raison, car la variété ne peut jamais être assez bizarre. Cependant, puisque cet homme te déplaît tant, cousin, je puis encore sur ce qu'il est, sur ce qu'il fait, te fournir d'autres hypothèses. Quatre Français, et qui plus est quatre Parisiens, un maître de langues, un maître de danse, un maître d'armes et un pâtissier, sont venus en même temps à Berlin pendant leur jeunesse ; comme cela ne pouvait manquer alors, vers la fin du siècle passé, ils y gagnèrent beaucoup d'argent. Depuis le moment où ils se trouvèrent en diligence, ils se lièrent de la plus étroite intimité, ils ne firent plus qu'un cœur et qu'une âme, et, leur travail fini, ils passaient toutes leurs soirées ensemble, comme de vrais Français, en soupant frugalement et en causant avec animation.

Les jambes du maître de danse se sont rouillées. Le bras du maître d'armes s'est énervé avec l'âge. Des rivaux qui se vantaient de posséder les plus nouvelles locutions parisiennes ont supplanté le maître de langues, et les inventions raffinées du pâtissier ont été surpassées par de jeunes fricoteurs, élèves des plus subtils gastronomes de Paris ; mais chaque membre de ce quatuor si fidèlement uni avait fait de certaines économies. Ils s'installèrent dans un logement spacieux, retiré, mais agréable, abandonnèrent leurs professions et vécurent ensemble à la vieille mode française, tout joyeux et sans soucis, car ils surent échapper aux tourments et aux charges d'une malheureuse époque. Chacun a sa tâche à part, d'où la société tire joie et profit. Le maître de danse et le maître d'armes vont rendre visite à leurs anciens élèves, des officiers en retraite d'un grade élevé, des chambellans, des maréchaux, etc., etc. Ils avaient une clientèle de haut parage, et ils recueillent ainsi les nouvelles du jour pour servir d'étoffe à leurs conversations qui ne doivent jamais chômer. Le maître de langues fouille les boutiques de bouquinistes pour y découvrir de belles œuvres classiques; le pâtissier veille à la cuisine; il achète lui-même les vivres aussi bien qu'il les apprête, avec l'aide d'un vieux domestique français. En outre, le service est augmenté d'un gamin joufflu, que les quatre associés ont retiré des *Orphelins français*, depuis la mort d'une vieille Française sans dents, qui, de gouvernante est devenue relaveuse. — Voilà un petit homme habillé de bleu, portant des pains blancs dans le panier du bras droit, et une salade dans celui du bras gauche. Ainsi, j'ai en un instant transformé le sale et cynique maître de dessin allemand en un agréable pâtissier français, et je crois que son extérieur ainsi que toute sa personne y répond parfaitement.

MOI. — Cette découverte fait honneur à ton talent d'écrivain, cher cousin. Cependant voici quelques minutes que de grandes plumes blanches flottantes, qui se dressent là-bas au plus épais de la foule, captivent mon attention. Enfin voilà l'apparition juste auprès de la pompe. — C'est

CHAPITRE XIII.

une grande créature svelte qui n'a pas trop mauvaise apparence. — Son surtout d'épaisse soie rose foncé est tout à fait neuf. — Le chapeau et le voile brodé de riches dentelles, sont de la dernière mode. — Des gants glacés blancs. Qu'est-ce qui oblige donc cette élégante dame, invitée à quelque déjeuner, à se hasarder au milieu de la cohue du marché! — Ah bah! elle aussi, c'est une acheteuse. Elle s'arrête et fait signe à une vieille femme sale et déguenillée, image vivante de la misère dans la lie du peuple, qui se traîne péniblement après elle en boitant. L'élégante dame reste au coin du théâtre pour donner une aumône à cet invalide aveugle de la *landwehr*, qui est appuyé contre le mur. Elle tire avec difficulté le gant de la main droite. — Ah! Dieu! il en sort un gros poing tout rouge et de forme passablement masculine. Cependant, sans beaucoup chercher et choisir, elle met dans la main de l'aveugle une pièce d'argent, court rapidement jusqu'au milieu de la rue Charlotte, et prend là un majestueux pas de promenade, sans se soucier davantage de la guenilleuse qui la suit; elle gagne ainsi l'allée de tilleuls au-dessus de la rue Charlotte.

LE COUSIN. — La vieille a mis pour se reposer son panier à terre, et d'un regard tu peux voir toutes les emplètes de la belle dame.

MOI. — En effet c'est assez singulier. — Une tête de chou, beaucoup de pommes de terre, un petit pain, quelques harengs enveloppés dans du papier, un fromage de brebis qui n'a pas l'air trop frais, un foie de mouton, un petit rosier, une paire de pantoufles, un tire-bottes.

LE COUSIN. — Silence, silence! Assez, assez de la femme

au surtout rose. Observe attentivement cet aveugle auquel la frivole enfant de corruption fait l'aumône. Y eut-il jamais une plus émouvante image de la misère humaine non méritée, et de la résignation la plus absolue et la plus confiante en Dieu et le destin. Le dos appuyé contre le mur du théâtre, ses deux mains osseuses et sèches croisées sur le bâton, qu'il a eu la précaution d'avancer un peu devant lui pour que la foule brutale ne lui écrase pas les pieds, sa face livide levée en l'air, la casquette landwehr rabattue sur ses yeux, dès le grand matin jusqu'à la fin du marché, il est là immobile à la même place.

MOI. — Il mendie; cependant ne prend-on pas grand soin des militaires devenus aveugles?

LE COUSIN. — Tu es dans une grande erreur, cher cousin. Ce pauvre homme sert de domestique à une femme qui vend des légumes et qui appartient à la basse classe des marchandes, car les jardiniers plus aisés font arriver les légumes emballés dans des paniers et sur des voitures. Cet aveugle vient donc tous les matins chargé de légumes comme une bête de somme; si bien que la charge le courbe presque jusqu'à terre et qu'il a grand'peine à arriver, d'un pas chancelant, en se soutenant avec son bâton. La grande et robuste femme au service de laquelle il est, et qui ne s'en sert que pour transporter ses légumes au marché, daigne à peine, quand les forces de l'aveugle sont presque épuisées, le prendre par le bras pour l'aider à arriver à l'endroit où le voilà maintenant. Là elle lui enlève de dessus son dos ses paniers, qu'elle porte elle-même de l'autre côté, et le laisse sans s'inquiéter de lui, jusqu'à ce que le marché finisse et qu'elle lui remette ses paniers vides sur le dos.

CHAPITRE XIII.

MOI. — C'est cependant une chose remarquable que l'on reconnaît immédiatement les aveugles, quand même ils n'ont pas les yeux fermés, et que rien dans le visage ne trahisse d'ailleurs cette infirmité, à cette seule manière de tourner la tête en haut, qui est propre à tous les aveugles. Il semble qu'il y a en eux comme un effort opiniâtre de voir quelque clarté dans la nuit qui les enveloppe.

LE COUSIN. — Rien ne m'émeut autant que de voir ainsi un aveugle, qui, la tête en l'air, paraît regarder dans le lointain. Le crépuscule de la vie a disparu pour le malheureux ; mais son œil intérieur tâche d'apercevoir déjà l'éternelle lumière qui luit pour lui dans l'autre monde, plein de consolations, d'espérances et de béatitudes.— Mais je deviens trop sérieux. — A chaque marché le vieux landwehr aveugle me fournit un trésor d'observations. Tu t'aperçois, cher cousin, comme l'esprit charitable des Berlinois se montre à l'occasion de ce pauvre aveugle. Souvent il passe devant lui une grande quantité de gens, et pas un de ces gens ne manque de lui faire une aumône. Mais c'est dans la manière dont l'aumône est faite que se trouve le prix... Regarde un instant, cher cousin, et dis-moi ce que tu aperçois.

MOI. — Voici justement trois, quatre, cinq superbes et fortes servantes ; leurs paniers trop remplis et trop chargés de marchandises leur coupent presque les bras, qui se gonflent en bleuissant. Elles devraient être pressées d'aller se débarrasser de leur charge, et cependant elles s'arrêtent un moment, cherchent dans leur panier et mettent une pièce de monnaie dans la main de l'aveugle, sans même le regarder. Cette dépense compte comme nécessaire

et indispensable sur la note du jour de marché. C'est bien.
— Voici venir une dame à la mise de laquelle on reconnaît clairement l'aisance. — Elle s'arrête devant l'invalide, tire une toute petite bourse, cherche et cherche, et ne trouve pas de pièce de monnaie assez menue pour faire la charité. — Elle appelle sa cuisinière. — Mais celle-ci a dépensé également sa petite monnaie. — Il faut qu'elle change d'abord auprès de la jardinière. — Enfin voilà une pièce de trois *hellers* (liards) trouvée, elle frappe alors sur la main de l'aveugle pour le bien avertir qu'il va recevoir une offrande. — L'aveugle ouvre le creux de sa main; la bienfaisante dame lui met la pièce dedans, puis lui referme la main de peur qu'il ne perde ce splendide cadeau. — Pourquoi cette mignonne petite demoiselle trottine-t-elle ainsi de côté et d'autre en s'approchant toujours de plus en plus du côté de l'aveugle? — Ha! elle lui a vite glissé en passant une pièce que personne n'a certainement vue que moi, qui tiens le bout de ma lorgnette braqué sur elle. — Ce n'est pas une misérable pièce de trois *hellers*.
— L'homme important et gros, en habit brun, qui arrive là-bas, est certainement un riche bourgeois. Lui aussi s'arrête devant l'aveugle et entre en longue conversation avec lui, ce qui bouche le chemin aux autres gens et les empêche de faire leur aumône à l'aveugle. — Enfin, enfin, il tire une grosse bourse verte de sa poche, la dénoue, non sans peine, et fouille si vivement dans son argent, qu'il me semble l'entendre cliqueter d'ici. — *Parturiunt montes* *. — Cependant je veux réellement croire que, saisi par l'image de la misère, le noble philanthrope

---

* La montagne accouche.

se sera fendu de quelque gros goschen. Tout cela me donne à croire que l'aveugle fait une certaine recette les jours de marché, et je m'étonne qu'il prenne tout sans donner le moindre signe de reconnaissance ; seulement un mouvement de lèvres, que je crois apercevoir, montre qu'il murmure quelques mots de remerciement sans doute... quoique je ne remarque ce mouvement que de temps à autre.

LE COUSIN. — Tu as là l'expression parfaite de la résignation complétement concentrée. A quoi bon cet argent ? Il ne peut l'utiliser. Ce n'est que dans la main d'un autre, auquel il est obligé de s'en rapporter sans restriction, qu'il reprend sa valeur. — Je peux me tromper beaucoup, mais la femme dont il porte les paniers de légumes me paraît une mauvaise créature qui agit mal avec l'aveugle, quoique très-probablement ce soit elle qui s'empare de tout l'argent qu'il reçoit. Chaque fois qu'elle revient du marché, elle se met à grogner contre l'aveugle plus ou moins fort, selon qu'elle a fait bon ou mauvais marché. Déjà la mine livide, la tournure affamée, les habits en lambeaux de l'aveugle, donnent à supposer que sa position est assez triste, et un ami de l'humanité devrait veiller à sa situation.

MOI. — Pendant que je contemple tout le marché, je remarque que ces voitures à farine, là, sur lesquelles sont étendues des toiles comme des tentes, donnent quelque chose de pittoresque à l'ensemble, parce qu'elles servent de fonds sur lequel la foule bigarrée se détache en groupes distincts.

LE COUSIN. — Je vois aussi un certain contraste dans ces blanches voitures de farine, entourées de garçons meuniers poudrés à blanc et de filles de moulin aux joues rouges, dont chacune représente une *bella molinera*. Je regrette de ne pas apercevoir une famille de charbonniers, qui d'ordinaire étale sa marchandise vis-à-vis ma fenêtre, là, près du théâtre ; il faut qu'elle soit aujourd'hui de l'autre côté. Cette famille se compose d'un homme grand et robuste, au visage très-expressif, aux traits énergiques, vif, presque violent dans ses mouvements, en un mot le véritable type des charbonniers de romans. Certainement, si je rencontrais seul cet homme dans un bois, je frissonnerais bien un peu ; et sa disposition amicale dans cet endroit serait ce qui pourrait m'être le plus agréable au monde. Comme contraste à cet homme, vient le second membre de la famille, un gaillard de quatre pieds de haut à peine, et bizarrement tourné, qui est la drôlerie même. Tu sais, cher cousin, qu'il existe des gens de tournure si étrange, qu'au premier moment on les croit bossus, et cependant, en les considérant plus attentivement, on ne sait pas où est effectivement leur bosse.

MOI. — Ceci me rappelle le naïf propos d'un militaire très-spirituel qui, dans l'exercice de ses fonctions, fut mis un jour en face d'un cas singulier de bizarreries semblables : « Le malheureux, disait-il, a cependant une bosse, une vraie bosse ; mais, où elle se trouve, voilà ce que le diable est seul à savoir. »

LE COUSIN. — La nature se proposait de faire de mon petit charbonnier un géant d'au moins sept pieds, cela se devine à la dimension colossale de ses pieds et de ses mains, les plus grands peut-être que j'aie vus de ma vie. Ce petit gaillard, vêtu d'un petit manteau à grand collet, une bizarre casquette à poils sur la tête, est en agitation continuelle. Il trottille et saute de tous côtés avec une mobilité désagréable ; il est tantôt ici et tantôt là ; il s'efforce de jouer le rôle d'aimable, de charmant, de *primo amoroso* du marché. Il ne laisse passer aucune dame, à moins qu'elle n'appartienne à la haute classe, sans trottiller après elle et sans lui lancer avec des poses, des gestes et des grimaces inimitables, des douceurs qui doivent être bien certainement dans le goût des charbonniers. Parfois il pousse si loin sa galanterie que, tout en causant, il passe doucement son bras autour de la taille d'une jeune fille, et, la casquette en main, rend hommage à sa beauté ou lui offre ses services chevaleresques. Il est assez remarquable que non-seulement les jeunes filles en prennent leur parti, mais qu'elles rendent un sourire amical à ce petit monstre, et semblent enchantées de ses galanteries. Ce petit gaillard est sans doute doué d'une forte dose de causticité naturelle et d'un talent remarquable pour la drôlerie. C'est le paillasse, le *Tausend saza* [*] connu de tout le pays aux environs. Il n'y a ni baptême, ni noces, ni ripailles, ni bal dans les tavernes sans lui ; chacun s'amuse de ses farces plaisantes et en rit une année durant. Le reste de la famille ne se compose, sauf les enfants et les servantes restés à la maison, que de deux femmes de robuste nature et de mine sinistre et grognarde, ce à quoi contribue beaucoup la poussière de charbon qui est collée dans les plis de leur visage. L'attachement tendre d'un gros *loulou*, qui partage tous les morceaux que la famille mange pendant le marché, me fait voir que dans une ca-

[*] Mot allemand, sans sens précis, qui signifie à peu près : Heureux farceur.

bane de charbonnier les choses peuvent se passer très-patriarcalement. Le petit charbonnier est, du reste, d'une force de géant, et la famille s'en sert pour faire porter les sacs de charbon aux pratiques. Je l'ai vu souvent, chargé par la femme d'au moins dix grands paniers empilés sur son dos, et il s'en allait en sautillant comme s'il n'eût pas senti le poids. Par derrière, sa tournure est on ne peut plus comique et extravagante à voir. Naturellement on n'aperçoit pas le plus petit brin de la figure du gaillard; on ne voit qu'un horrible sac à charbons sous lequel on dirait qu'il a poussé deux petits pieds. Il ressemble à une bête fabuleuse, à une sorte de kangourou impossible qui sautille à travers le marché.

moi. — Tiens, tiens, regarde, cousin, là-bas, près de l'église, on fait vacarme. Deux jardinières se sont probablement prises de querelle à propos du tien et du mien, et, à les voir les poings sur les hanches, nul doute qu'elles ne se débitent les propos les plus délicats. Le peuple accourt, un cercle épais se forme autour des querelleuses; leurs voix deviennent de plus en plus fortes et perçantes, leurs mains fendent l'air avec vivacité. Elles se rapprochent de plus en plus; tout à l'heure les coups de poing vont pleuvoir. La police se fait faire place. Comment? tout à coup j'aperçois une foule de chapeaux luisants entre les furieuses; on réussit à calmer les têtes échauffées des deux commères. La dispute est finie sans l'aide de la police. Les femmes retournent paisiblement à leurs paniers de légumes. Le peuple qui, aux instants les plus violents de la dispute, manifestait son approbation par ses bruyantes clameurs, se disperse.

CHAPITRE XIII.

LE COUSIN. — Remarque, cher cousin, que depuis que nous sommes à la fenêtre, c'est la seule querelle qui ait eu lieu sur le marché, et encore a-t-elle été apaisée par le peuple lui-même. Une dispute, fût-elle plus sérieuse et plus menaçante, serait également calmée par les gens du marché? La dernière fois il y avait entre les boutiques de bouchers et de fruitiers un grand gaillard en guenilles, d'une mine insolente et sauvage, qui, tout à coup, se prit de querelle avec un garçon boucher qui passait devant lui : sans autre forme de procès il voulait tomber sur le garçon avec l'énorme trique qu'il portait dans ses bras comme un fusil, ce qui eut infailliblement étendu par terre le boucher, s'il n'avait eu l'adresse de s'esquiver et de se réfugier dans sa boutique. Une fois là, il s'arma de sa pesante hache de boucher et voulut s'élancer sur son adversaire ; tout donnait à croire que cette rixe se terminerait par un coup mortel, et que le tribunal criminel en verrait le dénouement. Mais les fruitières vigoureuses crurent de leur devoir d'étreindre si tendrement le garçon boucher qu'il ne put faire un mouvement. Il était debout, la hache levée, comme il est dit dans le discours du farouche Pyrrhus, ainsi qu'un barbare en peinture qui, indécis entre la force et la volonté, ne peut agir. Pendant ce temps d'autres femmes et des marchands de brosses, de tire-bottes, etc., avaient cerné le gaillard ; la police put s'approcher et s'emparer de cet homme qui ressemblait à un affreux bandit.

MOI. — Ainsi tu penses qu'il règne dans le peuple un sentiment de l'ordre qui ne peut être que profitable à tout le monde.

LE COUSIN. — En tout cas, mon cher cousin, les observations du marché m'ont fortifié dans mon opinion qu'il s'est opéré un remarquable changement dans notre peuple berlinois, depuis cette époque de malheur où un ennemi téméraire et orgueilleux s'emparait du pays et s'efforçait en vain d'écraser cet esprit qui devait bientôt, comme un ressort, se redresser avec une force toute nouvelle. En un mot le peuple a gagné une moralité extérieure, et si tu te donnes une fois la peine, par une belle journée d'été, d'aller visiter les tentes et d'observer les sociétés qui s'embarquent pour aller à Moabit, tu remarqueras parmi les filles du commun et les ouvriers une aspiration à une certaine politesse qui a son côté comique. Il en est de la masse comme des individus, qui ayant beaucoup voyagé, beaucoup regardé, ayant éprouvé beaucoup de sensations extraordinaires, ont gagné l'aménité des formes extérieures tout en subissant le *nil admirari**. Autrefois le peuple berlinois était rustre et brutal; un étranger pouvait à peine demander des renseignements sur une rue, une maison, sans essuyer une moquerie grossière pour réponse, à moins qu'on ne le bernât par une fausse indication. Le gamin de Berlin qui se servait du moindre prétexte, d'une toilette un peu voyante, d'un malheur drôlatique arrivé à quelqu'un, pour en faire un sujet de risée, n'existe plus. Quant à ces jeunes drôles que l'on voit aujourd'hui offrir sous les portes des cigares de Hambourg *avec du feu*, ces gibiers de potence qui vont finir leur vie à Spandau ou à Straussberg, ou, comme cela est encore arrivé dernièrement à un de leur race, sur l'échafaud, il ne faut pas les confondre avec le vrai gamin berlinois, lequel n'est pas

* Ne rien admirer.

vagabond, mais bon apprenti chez quelque maître et qui, cela est risible à dire, malgré toute la dépravation qui court les rues, a cependant un certain point d'honneur, et ne manque pas d'un certain esprit naturel de saillies.

MOI. — Laisse-moi pourtant te dire, en passant, cher cousin, combien une de ces maudites saillies populaires m'a révolté dernièrement. Je sors par la porte de Brandebourg, je suis poursuivi par les cochers de fiacre de Charlottenbourg, qui m'offrent de monter dans leur voiture. L'un d'eux, un gamin de seize à dix-sept ans au plus, pousse l'impudence jusqu'à me saisir par le bras avec ses mains sales : « Veux-tu bien me lâcher ! lui dis-je tout en colère. — Eh mais ! me répond tout bonnement le gamin en me regardant en face fixement, eh ! mais, Monsieur, pourquoi donc vous lâcher? auriez-vous peur d'être arrêté?

LE COUSIN. — Ha! ha! cette saillie en est vraiment une, mais sortie des fosses puantes de la plus profonde dépravation. Les pointes des fruitières de Berlin étaient jadis célèbres, et on leur faisait même l'honneur de les appeler shakspeariennes, bien que, considérées plus attentivement, leur énergie et leur originalité consistaient avant tout dans une impudente effronterie qui leur faisait prendre pour un ragoût très-épicé ce qui n'était que de basses grossièretés. Autrefois le marché était le théâtre de disputes, de batailles, de tricheries, de vols, et pas une honnête femme ne pouvait se hasarder à surveiller elle-même ses emplettes, sans s'y exposer aux plus grands outrages. Car non-seulement alors les revendeurs étaient en lutte entre eux, mais avec tous les acheteurs; il y avait aussi des hommes qui prenaient à tâche de provoquer du tumulte afin de pêcher en eau trouble. Vois, cher cousin, comme aujourd'hui, au contraire, le marché offre la gracieuse image du bien-être et de la paix morale; je sais qu'il y a des rigoristes enthousiastes, des enragés patriotes qui voient d'un mauvais œil cette augmentation de bonne tenue extérieure du peuple, en s'imaginant que ce vernis de mœurs lui fait perdre son cachet populaire. Quant à moi, j'ai la ferme et intime conviction qu'un peuple peut traiter son compatriote aussi bien qu'un étranger, non avec grossièreté et un esprit railleur, mais avec politesse, sans perdre nullement par là son caractère. Et cependant je serai fort mal reçu desdits rigoristes quoique avec de frappants exemples à l'appui de la vérité de mon opinion.

La cohue avait diminué de plus en plus, le marché se vidait peu à peu; les marchands de légumes emballaient leurs paniers sur des voitures, ou les transportaient à bras. Les voitures de farine partaient; les jardinières entassaient sur de grandes brouettes les fleurs qu'elles n'avaient pas vendues. La police se montrait active à maintenir l'ordre dans les files de voitures; et cet ordre n'eût pas été troublé, s'il n'était arrivé de temps en temps quelque jeune paysan schismatique ayant la prétention de créer un nouveau détroit de Behring à travers la place et de diriger sa course hardie au milieu des étalages de fruits, juste contre la porte de l'église allemande. Il en résultait alors bien des cris et bien des malheurs pour l'audacieux charretier. Ce marché, se mit à dire mon cousin, est encore maintenant une fidèle image de la vie toujours changeante. Une activité fiévreuse, le besoin du moment réunit des masses d'hommes; puis, au bout de quelques instants, tout redevient désert ; les voix, qui se croisaient en tous sens dans un brouhaha confus, s'assoupissent, et chaque place vide n'exprime que trop vivement l'horrible : cela fut !

Une heure sonna. L'invalide entra dans le cabinet et dit d'un air grognon : « Monsieur devrait pourtant enfin quitter la fenêtre et manger, sans quoi tout va se refroidir. — Est-ce que tu as de l'appétit, cher cousin ? demandais-je. — Oh ! oui, répondit le cousin avec un douloureux sourire ; tu vas le voir immédiatement. » L'invalide le roula dans la chambre. Le dîner consistait en une petite assiette à soupe pleine de bouillon gras, en un œuf mollet debout dans un coquetier et en un demi-petit pain blanc.

— Une seule bouchée de plus, dit doucement et tristement le cousin en me serrant les mains, le plus petit morceau de viande légère m'occasionnent les souffrances les plus insupportables, m'enlèvent toute énergie et me font perdre cette dernière étincelle de bonne humeur qui tâche encore de se réveiller par-ci par-là[*].

Je regardais la feuille de papier attachée au paravent, en me jetant dans les bras du cousin et le pressant vivement contre moi.

— Oui, oui, cousin, s'écria-t-il d'une voix qui me pénétra jusqu'au plus profond de mon cœur ; puis il ajouta avec une mélancolie navrante : Oui, cousin, *et si male nunc, non olim sic erit.*

Pauvre cousin !

[*] Peinture exacte de la situation où se trouvait alors Hoffmann. (*Note d'Hitzig.*)

CHAPITRE XIV

Duo extrait des Sechs Italienische Duettinen für Sopran and Tenor

par E.-T.-A. HOFFMANN

(Édité par Champfleury)

CHAPITRE XIV. 315

CHAPITRE XIV.

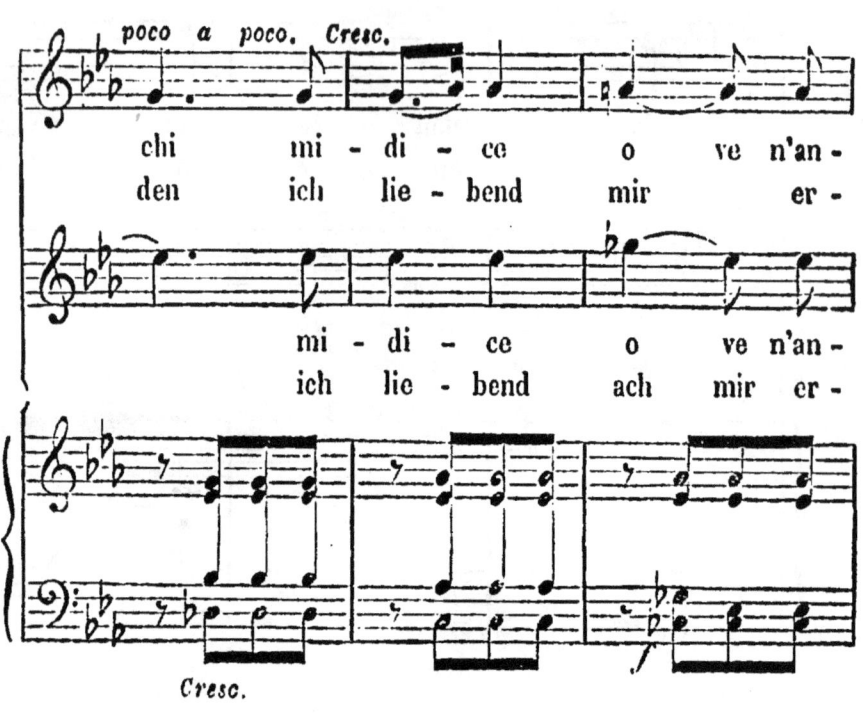

CHAPITRE XIV.

322 CONTES POSTHUMES.

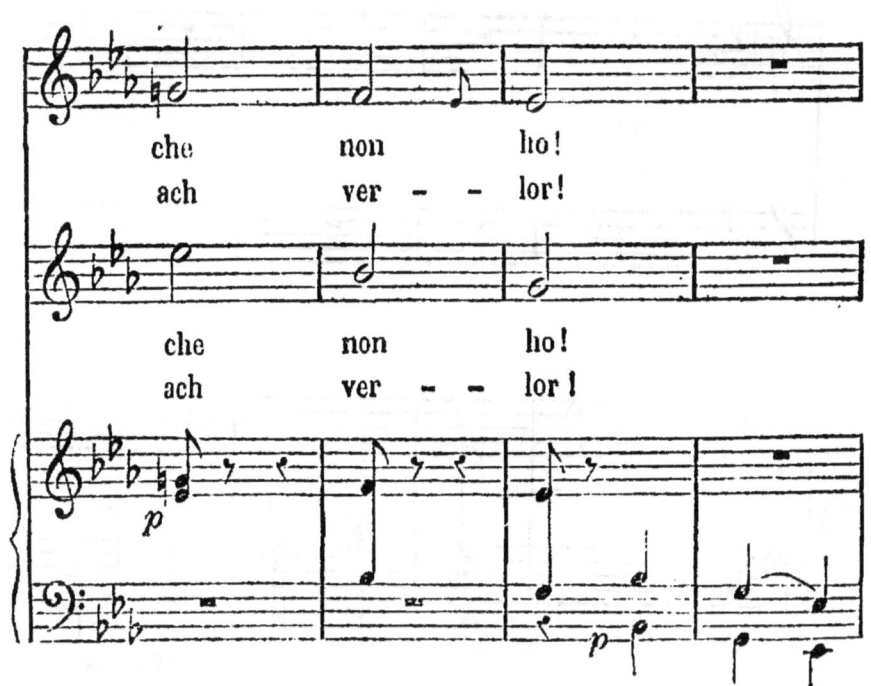

CHAPITRE XIV.

TABLE DES MATIÈRES

CHAPITRES.		Pages.
Ier	— De l'Introduction des Contes d'Hoffmann en France.	1
II.	— Essai sur les Œuvres d'Hoffmann.	20
III.	— Vie d'Hoffmann par Rochlitz.	42
IV.	— Quelques traits sur la caractéristique d'Hoffmann, par son ami Funck.	59
V.	— Extraits du livre de notes d'Hoffmann pendant la dernière année de sa vie. — Son testament.	73
VI.	— Les portraits d'Hoffmann. — Ses dessins.	83
VII.	— Hoffmann musicien.	91
VIII.	— Correspondance musicale d'Hoffmann.	96
IX.	— Journal musical d'Hoffmann, écrit à Plozk en 1803.	105
X.	— De la musique d'Hoffmann. — Opinions de Weber sur Ondine.	114
XI.	— Correspondance d'Hoffmann. — Années de jeunesse. De amicitiâ.	125
XII.	— Fragments de lettres d'Hoffmann à ses amis.	140
XIII.	— Contes :	166
	— Les Suites d'une queue de cochon.	168
	— Histoire de l'Irlandais Ewson.	172
	— Dernières aventures d'un aventurier.	185
	— Haimatochare.	194
	— Lettre du maître de chapelle Jean Kreisler.	214
	— Les Méprises.	222
	— La Fenêtre du coin du cousin.	276
XIV.	— Duo (paroles et musique d'Hoffmann).	314

LAGNY. — Imprimerie de VIALAT et Cie.

www.ingramcontent.com/pod-product-compliance
Lightning Source LLC
Chambersburg PA
CBHW060650170426
43199CB00012B/1739